接纳

不完美的自己——心理咨询纪实

董燕 ◎ 著

清华大学出版社
北京

图书在版编目（CIP）数据

接纳不完美的自己：心理咨询纪实 / 董燕著 . —北京：清华大学出版社，2019.11（2024.5重印）
ISBN 978-7-302-53831-8

Ⅰ . ①接… Ⅱ . ①董… Ⅲ . ①心理咨询 Ⅳ . ① B849.1

中国版本图书馆 CIP 数据核字（2019）第 205982 号

责任编辑：李　君　周婷婷
封面设计：吴　晋
责任校对：王淑云
责任印制：沈　露

出版发行：清华大学出版社
　　　　　网　　址：https://www.tup.com.cn, https://www.wqxuetang.com
　　　　　地　　址：北京清华大学学研大厦 A 座　　邮　　编：100084
　　　　　社 总 机：010-83470000　　　　　　　　邮　　购：010-62786544
　　　　　投稿与读者服务：010-62776969, c-service@tup.tsinghua.edu.cn
　　　　　质量反馈：010-62772015, zhiliang@tup.tsinghua.edu.cn
印 装 者：三河市君旺印务有限公司
经　　销：全国新华书店
开　　本：165mm×235mm　　　印　　张：18.25　字　数：292 千字
版　　次：2019 年 11 月第 1 版　　印　　次：2024 年 5 月第 4 次印刷
定　　价：58.00 元

产品编号：083221-01

谨以此书给我爱的人

前　言
——生命故事与心灵智慧

宇宙，如此浩瀚！

对于短暂生命而言，每一个关于他（她）的故事都是无比珍贵的！

心理诊室，是一个神奇、静谧而又充满希望和温暖的地方，是一个生命与另一个生命相遇的地方。在这里，心理医生陪伴着每一位来访者，一起步入心灵最深处，让一幅幅生命故事的画卷被洞见、丰盈与重构。

作为心理医生，能够分享彼此生命里的故事，都是我心中至诚且柔软的夙愿。

生命一场，唯有故事！

本书之缘起

6年前，一位22岁女大学生，在咨询结束时对我说："董医生，在咨询中您和我说的话，跟父母、老师和朋友说的都不一样，既没有训导，也没有劝解。但是，我却在不知不觉中改变了。如果您能把跟我说的话让更多的人听到，我想，一定能帮助很多像我一样无助、伤感而又迷茫的人。"

她语气之诚恳，口吻之坚定，给我留下了深刻的印象。至今，她质朴的话语犹绕耳畔，成为了我提笔完成这本书的最初缘由。

6年之后的今天，终于有了这本书。

心理诊室的故事，总是关乎情，关乎爱，关乎人生的迷茫和生命的伤痛。来访者带着他们自己的故事走进诊室，心理医生陪伴着他们，一起历经生命里的春、夏、秋、冬，寻找、拼接与修复他们记忆中的碎片，疗愈情爱里的伤痛，纾解职场上的压力，弥合亲子间的关系，最终穿越抑郁、焦虑与恐惧的"情绪隧道"，让他们的心灵重获宁静自在！

我深深感到，心理医生与来访者的关系，其实就是"我和你"！

我们的生命有着一样的归途，是人生旅途上的伙伴。

生命的不容易

2008 年汶川大地震！作为心理医生，我随着救援队奔往灾区。在那些焦灼、忧伤与难忘的日日夜夜，我目睹了生命匆匆逝去的悲凉，心痛不已！

从那时起，我对生命意义有了更多的思考：人究竟为什么活着？人生的意义何在？怎样的人生是值得过的？假如我的生命也突遇死亡，那么怎样地活过能让我坦然面对、无怨无悔？这些有关人生意义价值的终极问题，也在自我不断地追问学习思考中，感悟的更加丰富、深刻与清晰了。

确实，如何破解人类生命的终极归属，是一个现代科学无法给出标准答案的终极命题。

然而，哲学是伟大的！

它像一盏明灯，引领人们对生命的本质意义进行思考，并且成为我们坦然面对生命终极困惑的智慧力量。存在主义心理学认为，每一个生命都存在终极的心理冲突，包括死亡、孤独、自由与无意义感。这些蕴含于生命中的深层心理冲突，将会在不同的时空里与每一个生命相遇！

这种"遇见"，既是每个生命与生俱来的痛，也是每个生命与生俱来的潜在精神财富。

直视骄阳，才能让生命之花在骄阳的炙烤下尽情绽放！

长期从事心理咨询与治疗工作，也不断扩展了我在哲学层面的思考，深化了我对人性、爱恨、生死与各种心理冲突的理解，这为我完成复杂个案的咨询与治疗，以及心理创伤的修复疗愈，带来了很多的启发、力量与助益。

心灵智慧觉醒

在人们眼中，走进心理诊室的人似乎都是不幸的，他们或者遭遇了职业危机与感情伤痛，或是学业挫折与人生的迷茫。

但在我眼中，能来到这间心理诊室的人又都是幸运的。因为，在这里，他们大多能在心灵深处遇见"另外一个自己"，在与内在自我真诚的对话之中，最终达成了自我理解与和解，令人们有机会发现、触碰与觉醒一种神奇的，能够成长的东西——心灵智慧。由此，他们有了自我驱动的内在力量，追寻着属于他们的阳光，跨过途中的阻碍，越过人生的沼泽，继续奔向他们自己的诗和远方。

相较于二十多年前，目前中国的心理咨询与治疗进入了快速发展期。但是，这个职业仍然面临着一些困扰和误解。

由于心理问题的个体性，使人们对心理咨询过程缺乏真实体验，因此，心理咨询常被过度神秘化了，让人望而却步；但有时它又被过度技术化了，让人因冰冷而生畏惧。

于是，我决定要写一本好读易读的心理咨询书，尽量避免抽象的理论、空洞的讲解和机械的语言罗列，而是尽可能地用真实的生命故事，生动的现场语言，展现心理咨询中情景与氛围的变化、情感和理性的切换、语境和语序的运用，同时兼具理论与技能的实操性等。

重构自我拼图

亚里士多德认为：灵魂，是动物生命的本源，犹如自然和呼吸一样。

每一个生命的喜怒哀乐，爱恨情愁，无一不是心理精神活动的结果。当下，渴望了解心理学的人越来越多，想用心理知识调适自我的人也越来越多。因此，了解心理咨询技术如何运用的渴望也就越来越迫切了。

据此，本书在内容结构编排上，除了采用生命故事的进程展示技术过程外，还增加了相关心理学理论与技术的注释，帮助读者对心理咨询有一个更深入的理解。所有这些，都是基于心理咨询与治疗是一个需要长期专业训练与经验积累的职业。

毕竟，心理咨询与治疗是一门专业性很强的科学，为了满足读者进一步学习与理解心理知识的需要，本书在每一篇心理咨询篇章之后，都特意安排了"轻松心理咖啡屋"，希望为读者创设一个自由阅读氛围，助力大家汲取点滴心理学小知识，学做自己的心理疗愈师。

心理诊室中的咨询与治疗，不仅要有内在感悟、有理性逻辑、有判断分析，还要有简洁的归纳，有浓缩的提炼，更要有对理论与技术整合运用的实务技巧与能力。另外，在只有直播，没有彩排的心理咨询与治疗现场，面对不同年龄、性别和个性特征的来访者，还需要具有在理论、技术与经验积淀下的灵活性、创造性与艺术性。所以，心理咨询与治疗，需要的绝不仅仅是心理学方面的知识。

这些，也正是我在此书中想要表达的观点。

书中个案的心理咨询与治疗，为了达成短程疗愈的目标，均采用了整合式短程心理工作的技术路线，涉及了数种不同的心理治疗流派、分支和技术方法。

生命唯有故事

哲学家萨特认为：人永远是讲故事者，他生活在自己的故事和别人的故事中。他通过故事来看他自己所遭遇的一切，而且也会努力像他讲的那样去生活。

期待每一个不经意间翻开这本书的读者，在阅读生命故事的过程中，也能与内心深处的自我对话——看见自我，走进自我，觉醒自我！创造机会，与一个更好的自己在此相遇，一起在心理学浩瀚的海洋里，获取心灵成长的养分，收获属于自己生命里的五彩珍珠！

心理咨询与治疗，不仅仅是助人解开心结，让人内心宁静丰盈的技能，更是一种心灵与心灵之间沟通的艺术！

书中的咨询与治疗个案，均做了细致与审慎的处置，以保护来访者的隐私。

《接纳不完美的自己》一书，是我呈献给大家的一份生命礼物，也承载着作为心理医生的我，在长期职业生涯中，对生命与心灵世界的一些思考、理解和感悟。

智慧，不仅仅是知识，更是我们运用知识的能力。

期待，本书能为各位读者的生活、情感和事业带来益处。

董　燕

2019 年 1 月 19 日

北　京

目　录

第1篇　分手后，我像一只离群的孤雁

人物独白： 我与他相爱了8年，最后还是分手了。分手后的焦虑和不安，
让我的日子越来越糟，就像一只离群的孤雁，独自徘徊……

轻松心理咖啡屋——做自己的心理疗愈师

第2篇　"害怕"，让我无法做自己

人物独白： 我害怕异性，无论是相识或者不相识的人我都害怕！我不知道
为什么，但心里总有一种感觉，伤害我的箭随时都会射出来！

第3篇　婚姻，是爱情的"坟墓"吗

人物独白：两年前，我很笃定自己遇到了爱情！一年半前，我穿上了白色的婚纱，与我爱的人步入了婚姻。如今，儿子出生了，我却无论如何也快乐不起来，爱情再也找不到了！

第4篇　我的忧郁，说不清道不明

人物独白：我的情感似乎麻木了，对什么都没有了兴趣，身边的人也都无法理解我，我感觉很孤单，也很迷惘。没有人喜欢我，我也不喜欢这个世界，甚至我都不知为什么活着，我只感觉到很累很累……

轻松心理咖啡屋——做白己的心理疗愈师

第 5 篇　我是爱情的"备胎"

人物独白： 从我们相遇的那天起，我就爱上了她，一起共同生活了 5 年。可是，现在她却决定回到前男友的身边。她走了，我的爱将如何安放？难道我只是她爱情的备胎？

轻松心理咖啡屋——做自己的心理疗愈师

第 6 篇　焦虑失眠的始作俑者

人物独白： 再过一个月我就要参加英语考试了，可我不知道为什么却越来越焦虑，晚上睡不着觉，心里一阵阵地慌乱、紧张害怕。我很想让自己好起来，可是无论怎样努力也控制不了自己，这让我有一种失控感！

轻松心理咖啡屋——做自己的心理疗愈师

第 7 篇　控制不住的"手瘾"

人物独白：最让我上瘾的事情，就是不断地买新衣服。但是，那种购物带来的快乐稍纵即逝！我很不解，为什么不买衣服我难受，但买了我又后悔，而且这种情景反复地循环，无法控制！

轻松心理咖啡屋——做自己的心理疗愈师

第 8 篇　怀疑恐惧，我究竟得了什么病

人物独白：我一直处于焦虑之中，总怀疑自己得了什么病。我看了很多医生，也做了很多检查，但什么病也没有发现。可我还是感觉心慌、焦躁不安，夜晚睡不踏实。直到有一天，我终于明白自己发生了什么……

轻松心理咖啡屋——做自己的心理疗愈师

第9篇　人将死去，活着有何意义

　　人物独白：父母相继逝去，我彻底失眠了！是一宿连着一宿的、彻夜无法入睡的，很难想象的一种痛苦与折磨！无奈之下，我才愿意试一试心理治疗。结果让我惊讶地发现，原来是我内心世界发生了海啸……

轻松心理咖啡屋——做自己的心理疗愈师

心理咨询学习之旅

第 *1* 篇
分手后，我像一只离群的孤雁

人物独白： 我与他相爱了8年，最后还是分手了。分手后的焦虑和不安，让我的日子越来越糟，就像一只离群的孤雁，独自徘徊……

◆存在主义心理治疗认为，孤独感是人终极心理冲突之一。当爱离去的时候，恰恰是我们对孤独体验最真切的时候，所以，紧紧抓住爱的过往不松手，其深层心理根源就是无法直面孤独。

分手了，让我怎样忘记你

情绪就像蓄水池里的水，积攒得越久，堆积得越多，心情就越沉重。

"吱！"心理诊室的门被推开了。

一个身材高挑、体形修长、肤色白皙的女性走进了我的诊室。她披肩的长发略显凌乱，眼神里透出一丝不安。

罗雨菲，39 岁，大学英语老师。8 个月前因心脏不适，在北京某医院诊断出"反复发作性焦虑症"，建议她在服药的同时，接受系统的心理治疗。

述说病史时，她忐忑地说："医生，我是不是焦虑症复发呀？以前我就得过这个病，特别的痛苦，好不容易才好了，难道它又……"

她欲言又止，眉头紧锁。

我仔细看了她递给我的病历记录本，得知两年前她因心慌、头昏伴恐惧被诊断为"惊恐障碍"，一种被称为急性焦虑症的心理障碍，心脏不适为其首要症状，临床上不易发现。

人一旦患过急性焦虑症，就会变得敏感紧张，甚至谈"焦虑"色变，生怕一辈子都甩不开这个包袱。但越是拒绝，"标签"就像牛皮糖一样黏得越紧，想甩都甩不掉。

这个标签一旦贴上，人就会陷在"病人"这个角色里，内心缠扰挣扎。

因此，我不愿意给她再贴上一个"复发性焦虑症"的标签。

于是，我反问："你感冒过吗？"

"嗯，感冒过呀！"罗雨菲回答中带着一丝不解。

"感冒是常见病，每年都有人感冒，对吗？那我现在假设，你去年感冒了，今年又感冒了，你认为是'感冒复发'吗？"

罗雨菲摇了摇头，回道："不会啊！前后两次感冒没什么关系呀！"

"对啊！你刚说的焦虑症也是同样道理。虽然你没说上次是因何焦虑，这次又是为何焦虑。诱因不同，病情各异，需要做具体分析。"

我将感冒话题，引到了她担心焦虑症复发的话题上。

"嗯，不瞒您说，确实我自己也感觉到了，这次的病症与上次有很不一样的地方。"罗雨菲点头。

我们开始切入正题了。

她说，做任何事情都心烦意乱，有时心慌突然发作，就觉得自己患上了心脏病，前不久还去了急诊科，做了心电图，但一切都正常，内心却越来越不安。现在，还有了胸闷头晕和彻夜失眠。

紧接着，她又补充了一句："甚至，我母亲都令我心烦，不想听她的问候电话，不想吃东西。我知道不应该，但满脑子都是难受、担心和害怕，就顾不上那么多了。"

罗雨菲说的心烦、心慌、气憋、头昏，对未来不确定的忧虑和担心，失眠多梦、易激惹发脾气等症状，都是**焦虑症的主要表现**。

> **焦虑症的主要表现**：包括生理性变化、行为特征变化与认知情感变化等，症状有情绪不安、心跳加快、紧张回避、偏执易怒、过分恐惧、睡眠障碍以及头晕、疲乏等。

她描述的身体症状很多，主题也很凌乱，我开始探寻她和同事之间的关系，澄清问题根源。

"之前，我和同事私交不多，但平时工作上交流还比较顺畅的。"她说。

"那跟其他人的关系呢？比如家里人或者朋友？"我接着问。

"还行吧！之前我妈跟我住了一段时间，不久前她刚离开。"她回到。

一瞬间，我看到她眼中有一丝闪躲，她的回答也是避重就轻，似乎绕了个弯子。

这引起了我一丝好奇。

直觉告诉我，她和母亲以及朋友的关系可能是困扰她的一个重要因素。

"你平时和母亲关系怎么样？"我问。

"她关心我，就是经常会叨叨让我早点结婚生子，有时会感到很烦，争吵不少。"罗雨菲脸上浮现出不耐烦。

"那你的情感关系如何呢？"我紧贴话题继续问。

罗雨菲一下就僵住了。之后挤出一丝苦笑，说道："我一个人，现在还单身呢！"

39岁的成熟女人，回答情感问题时犹豫、僵硬躲闪的神情，我意识到这可能是引发她焦虑的一个重要心理原因。

我单刀直入，问道："情感对女人来说都很重要，但它萦绕于心却很难把控。不知可否请你谈谈你的情感经历？"

罗雨菲看了看我，拧着眉头，眼光低垂。

此刻，我能清楚地感觉到她内心的纠结、犹疑和挣扎。

不一会，她抬起了眼睛望向我，似乎做出了某种决定。

她说："我和前男友是在国外读研究生时认识的……"

罗雨菲的前男友赵月轩是她的师兄。那时，她在语言文化系念硕士，赵月轩攻读经济学博士，两人在筹备新年晚会时相遇了。当他们眼神交汇的一刹那，都有一种心动的感觉。女孩知性优雅之中透着一股单纯，男孩成熟稳重又不失幽默，两人对彼此的第一印象都非常好。从心灵相悦而发展出的爱情，单纯美好，感情十分融洽。

赵月轩是一个有理想的人，十分上进、对事业有追求，毕业之后他开始创业。他向罗雨菲许诺，让她等几年时间，闯出一片天之后再娶她为妻。

他们彼此相信爱情，怀抱着对爱情的信仰，他们也相信美好和幸福将会是永远的。可是，在两人交往的第 4 年，罗雨菲意外怀孕了。

她怀着忐忑而又期待的心，电话连线了在新加坡洽谈项目的赵月轩。

但是，大洋彼岸的赵月轩听到这个消息后，陷入了沉默，然后闷声说道："我们能不能先奋斗几年再要孩子？那时也可以给孩子更好的成长环境。"

罗雨菲听出来了，这个孩子来的不是时候。就这样，她把腹中的胎儿打掉了。说到这里，罗雨菲神情显得有些伤感。

原本，她以为这只是他们完美爱情中无意间掉落的一颗小石子，就算泛起了涟漪，也会在涤荡后平复。

但是，两个人的关系在潜移默化之中出现了变化，罗雨菲觉察到自己被忽略了。

她原本外向开朗的性情，也逐渐变得沉闷了起来。这也让两人的感情产生了裂隙，而且裂口越来越大。加之赵月轩工作一直很忙，两人相处的时间也越来越少，即使罗雨菲主动联系他，男友的回应也让她很失望。

她感到，他已没有了往日的温暖、细腻和体贴。

此后，半年之中，两人只要电话联系或见面相聚，基本上就是不欢而散。

最后一块击毁他们情感关系的石子，是她意外地知道了被赵月轩隐瞒的家庭真实境况：赵月轩父母在他 5 岁时就离婚了，从此他就再也没见过母亲了。他的父亲后来结了一次婚。但现在，却是一个人独自过着日子。

原来，赵月轩家庭境况的真实情形，离他曾经口口声声的和谐、美满和幸福，竟是天壤之别，如此遥不可及！

罗雨菲愤怒了，她认为这是欺骗，而且还骗了她这么多年。

她心里搁不下这块巨石，内心那个最柔软的地方开始破碎！终于，他们分手了。

曾经付出的爱，曾经坚信的爱与海誓山盟，就这么悄然轰塌了！

"分手后我爸妈和身边的朋友，都说我人瘦了一圈，脾气变大了，经常发火。身体也不舒服，胸闷心慌、烦躁、睡不着觉，没有了精气神。我去医院看病，结果就被诊出焦虑症了。"

"我记得，分手的那一刻，突然感觉自己解脱了……"她嘴角咧开，似乎笑着，但她的眼角却流出了泪。

我将桌上的纸巾盒递给了她。我没有催促她。

她说，自己是真的很爱他。但是，她却选择了放手。

也许，女人一旦真的爱了，都是"全或无"型的，爱恨分明。

她平静了一下起伏的情绪，用纸巾拭去了泪滴。然后，她抬起眼睛转向我，说道："把憋在心里的这些事情说出来以后，我觉得比之前要轻松一点了。"

情绪就像蓄水池里的水，积攒得越久，堆积得越多，心情就越沉重。把压抑的情绪释放出来，就如同开闸泄洪一样，内心自然感觉好了一些。

看到她松弛下来的神情，我对她说："每个人情感的故事，都是自己生命中难得的经历和体验。你回去后，试着把以前的情感过程做一些梳理，这个过程会帮助到你。"

"好，我下周来。"罗雨菲答应了。

情爱森林，我找不到自己

"紧紧抓住爱的过往不松手，其深层心理根源就是无法直面孤独。"

按照约定的时间，罗雨菲来了。

她进门落座后，望向我报以礼貌性地微笑。只是，她的笑容依然有些僵硬。

"这一周过去了，你好吗？"我主动问。

"不太好，我这周情绪起伏比较大。"她回说。

对罗雨菲情绪的起伏，我并不感到奇怪。

情绪，实质上是一种与情境相关的、流动变化的心理能量。若它找不到合适的出口，无论流到哪儿都会引起一片灼伤，甚至引起锥心的痛。

罗雨菲直言不讳，接着说道："咨询后，最初几天情绪还是有所缓和的。但是，前两天一个好朋友给我打电话，让我想起了前男友，我又感到特别难受了。"

看得出，罗雨菲对赵月轩的感情卷入得颇深，如今仍深陷其中。

我等她平复情绪的涌动。不一会儿，罗雨菲呼吸渐渐平稳了。

我需要细节，为了更精准地聚焦问题，我采用了**具体化技术**的方式问道："那个朋友电话说了什么，让你感到如此难过？"原来，是罗雨菲的好友有了孩子。

> **具体化技术**：当来访者叙述思想、情感、事件模糊不清、矛盾、不合理的时候，心理师协助其清楚、准确地表达他们的观点以及他们所用的概念、所体验到的情感和所经历的事情。

"她打电话说自己怀孕了，特别开心。只不过，我听了之后，一下就想到了十年前我怀孕时的情况，突然心痛得要死！一股无名火蹭地一下燃起来了，说了很多难听的话。"

情绪伴随着情感问题，它需要一个觉察、转换和化解过程，伴随着一个隐秘曲折的心路历程。

"你愤怒的具体对象，是你的朋友？还是你的前男友？"我问。

"好像是前男友。虽然我对好朋友发火，但是，我更多的是说前男友对我的伤害。"罗雨菲想了想说。

当年她跟前男友因为意外怀孕流产的事情，演变成冷战。后来，才有了爱心渐冷，毅然决然的分手。她讲述与前男友过往时，爱恨交织的感情依然很真实，也很强烈。

我问道："你们分手几年了？"

罗雨菲低声道："好些年了，应该有七八年了吧。"

我暗自思忖：两人分手这么久了，但至今，她对这段情感仍念念不忘。

这该是一段多么刻骨铭心的情感啊！

然而，事实总是需要我们去面对，无论它有多么残酷，无论你有多么不愿意，但是，认知心理疗愈的逻辑都反复告知你，在恋人分手后防御性回避和否认分离，不仅不能解决问题，而且还是痛苦的放大器。

"时间过去这么久了，他在你心里的位置还这么大，还让你这么痛苦，甚至不能触碰。我想知道，这些年来属于你自己的生活是什么？"我问。

她说："医生，我觉得好像掉进一个陌生的森林里，再也找不到自我了！我现在总是感到心慌、害怕，觉得自己特别孤单，特别孤独，有事也不敢跟父母说，他们也帮不了我。"

"你在孤单的时候，脑子里出来的念头是什么？"我追问。

"就是感到很孤独，很无助。孤孤零零一个人在这个城市，很迷惘，找不到方向，也没有力气了。"她回说。

她所说的孤单、迷惘和无助，我能懂，也能理解。相爱相守的这些年，他们一定共度过很多美好的奇妙时光，从彼此身上汲取了只有爱情能够给予的内在热情和力量。

至今，这些曾经的拥有，已经黯然退出了她的生活，彻骨的丧失感让罗雨菲感到了自我的孤单、弱小和无力。

当曾经拥有的亲密关系已经结束时，若她依然无法面对关系分离的事实，而陷入自我编织的依恋臆想之中，也就不再拥有内在独立的自我。

如何才能帮助罗雨菲找回失去的自我？如何才能让她面对、接纳前一段亲密关系的结束？消弭与前男友的恩怨，把情感中最珍贵的、最温暖的部分留在生命中。

接下来心理咨询，就是要给这些她一直未能解决的问题找到答案。

"医生，我忘不了他。每当我孤单无助的时候，就会想到他，那是一种如同父亲般的保护和温暖。"罗雨菲说。

"父亲一般的？"听到男友与父亲角色的联结，我连忙问。

她点点头，说："对。之前我在其他医生那里咨询过，当时医生给我解释的是，我有恋父情结。"

> **恋父情结**：弗洛伊德精神分析术语，指女孩恋父仇母的复合情绪状态，是女孩性心理发展第三阶段的特点。

　　罗雨菲说，赵月轩就是比她成熟很多。在刚入职时，为她出谋划策，帮她规避了很多职场雷区。

　　一起同居生活时，清晨他会早起做饭留给她。这种呵护，似乎让她又回到了童年，有了被父亲爱着的舒适感。

　　她儿时的这种感觉很让她迷恋。但是，这却让我有了一丝不安。

　　咨询中，运用心理学原理对某些情感与行为进行解释，是为了让来访者更好地了解自己为什么会产生这种行为，以便自我觉察与整合。但是，如果对某些心理学解释的理解出现过度加工，就容易固着于这种术语解释，把自我心理问题"合理化"，反而强化了某些过度加工的、跨边界的情感。在潜意识里，将失去男友与失去父爱两个独立事件，混淆链接为某种具有一体性的存在。

> **固着**：是一种心理防御机制，是一种不断重复的心理模式和思维特征。

　　因此，罗雨菲需要重新对这种混淆的感受进行澄清、审视和梳理。

　　于是，我对她说："认知心理学的研究发现，人仅凭想象就可以形成信念，也可以凭借语言来建构概念。当你用重复固定的内在语言，把男友与父亲内化在一起时，就会在潜意识中与前男友发生移情性情感纠葛。"

　　此时，心理医生要澄清这种混淆的角色关系。

　　"所谓恋父情结，只是基于精神分析理论的一个解释。确实，现实中发生的任何一段爱情，在最初都是亲密美好的，但是最后为什么会分开呢？"

　　"因为两个人争吵越来越多，所以感情就变得越来越淡了。"罗雨菲说。

　　她说出了表象，但未触及关系背后的潜在原因。

　　现实中，每个人都是独立存在的，两性关系亦是如此。最终让彼此分离的，就是无法调和的、持续存在的矛盾与冲突，是两个成年人在情感需求上、认知思想上、行为方式上无法消弭的差异，也就是生活中常说的"三观不合"。

　　"为什么争吵会越来越多呢？这背后深层的原因又是什么呢？"我期待让她不加主观评价地来看情感变化的过程。

　　恋人之间的亲密关系，让他们产生了强烈的一体感，这种融合感，导致人际边界的模糊，出现跨越边界的心理需求。如若无法满足这种需求，有可能引发过度情绪化的反应，不仅对情感造成伤害，甚至造成破坏性伤害。

"医生，我是爱他的，我心里是不想和他分手的。"罗雨菲一提到前男友，情绪依旧很激动。

"如果你们之间的关系是温暖、融洽和舒适的，人怎么会要离开那个港湾呢？"我反问。

"嗯，我跟他分手的原因，就是觉得他冷漠，让我把胎儿流掉，还有后来他欺骗我，把我心伤透了，就感觉像刀割一样！"

罗雨菲捂着胸口，似乎依旧能感受到那份痛。

她说，因为舍不得这段感情，后来还去找过赵月轩，但没想到他的身体和情绪状态比她还糟糕，连他最在意的事业都搁置了下来，在家病休了。她感觉两个人不能再在一起了，爱的情感已经没有力量支撑了。

"最后，分手是我提出的。"她说。

我没有回应她的话。

"放手之后，我的坏情绪、失眠紧张和焦虑，都明显减轻了。后来，我就到医院去接受治疗了。现在看来，我当时的选择是对的，否则病得会更严重。"罗雨菲不由自主地松了一口气。

"爱恋中所有的苦与甜，唯有你知道。只有当彼此之间的冲突不断，又无法弥合时，才会心力交瘁。所以说，只有你能真正面对与前男友分离的现实，并且接纳这种分离，才能松解这种情感纠缠，重新找回你自己，这是一种成长。"我说。

"哦？您能跟我说一说怎样才能让自己成长吗？"罗雨菲有点为难。

"成长，就是不再复制以前的心理行为模式，就是觉察、思考和改变。比如，如何接纳情感分离？有情绪如何表达？这都是需要学习的。"我说。

最初的爱恋都是美好的，只是随着关系越来越密切，每个人就越来越接近**客观存在的自我**，两个人之间本质的差异也就凸现了。

> **客观存在的自我：**存在主义心理治疗理论认为，每个人都存在三种自我：自我认识的自我、他人眼中的自我、客观存在的自我。

罗雨菲认同地点点头，但紧接着又皱眉道：

"我这几年也试过交新男朋友，但每一次靠近他们，总会让我想起赵月轩。只要一想到他，想到我们拥有过的既往，就会觉得很伤心、很痛苦。"

"也许表面上看这一切很糟糕。但也可能是一个机会，就是能够从中体悟到一些新的东西，走过对前男友说再见的心路历程。"我说。

"可是我究竟怎么才能真正跟他说'再见'？医生，是不是我对自己说过去的事和现在的我没关系了，我就可以走出来？"

罗雨菲似乎看到了一丝希望，但却又有一些疑惑，迫切地探寻答案。

她说："分手之后，我生病时他会电话问候，生日时他也会祝福。每当他跟我联系时，我就觉得他还是爱我的，我都会情不自禁地想起当年我们在一起的那些时光……"说到这里，罗雨菲的语调低沉了下来。

是啊！当初相爱有多深，分手时就会有多痛。

"在我看来，曾经彼此爱过的人，分手后至少是能善意相待的。就像你刚才说的，你生病时同事朋友的问候，你看作是友情关心，而唯独把赵月轩的问候解读为爱。显然，这是你自己相信这种解释。"

这就是认知上的差异，对因果关系归因做出的不同解读。

"那么，就是他再也不爱我了？"她的眼神显得有些黯淡。

"跟他分开的这些年，我过得很糟糕，心里一直很空、很孤单、很害怕。我发现自己很无助，不知道想要什么，除了心烦，就是无力。"她的话很真实。

我意识到，她的情感依然与前男友纠葛着，难以释怀。而这背后的真正根源，是她无法接受随之而来的深层**存在性孤独**。

> **存在性孤独：**孤独是个体的四大终极心理冲突之一。存在性孤独与常见的人际孤独和心理孤独不同，指的是个体自身与任何其他生命之间无法跨域的鸿沟，是一种更深层的孤独。

存在主义心理治疗认为，孤独感是人终极心理冲突之一。当挚爱离去，亲密关系分离时，恰恰是现实中孤独体验最真切的时候。所以，紧紧抓住爱的过往不松手，其深层心理根源就是害怕直面孤独。

因此，心理治疗中不仅要直视孤独，还要能够接纳孤独，才能真正回归自我。

我准备切入这个主题。

"失恋后你感觉很孤单、空虚和无助，这些感受是真实的。但是，情感关系已经松开了，你越想把既往抓回来，纠缠得就越紧。"

罗雨菲似乎听懂了，我继续说道："你不想松开这段感情，但是不管你有过多么亲密的关系，人都是独立存在的，你心灵深层的孤独感一直都是存在的，就如你内心的苦乐哀愁，只有自己能体验到，其他任何人都无法去替代，包括你曾经爱过的人。"

"医生，您点醒了我，似乎我是用对爱纠缠的方式，来填补自己心里的难过和虚空。但好像这解决不了我的痛苦，反而让我更纠结、更空虚。"她说。

她告诉我，这么多年来，自己蜷缩在一个靠想象支撑的小世界里，紧紧抓住"爱的影子"不愿放手，甚至故意忽略掉了赵月轩三年前已结婚生子的客观事实。

她开始省思了，这是她疗愈的一个重要内在力量，而我现场的见证和支持，也将是她重要的心理资源。

于是，我说："现在试着放开'爱的影子'！重要的是要找回你自己，重新唤醒你内心的力量，重建内在精神世界，发现你独有的美好、智慧和能力。因为，爱是独立生命之间的彼此吸引，是独立自我散发出的一种香气。"

"好像我有些懂了。的确，我在与赵月轩的这段情感里面，是真的找不到自己了。"罗雨菲点头说。

这次的咨询时间到了。

希望再见到罗雨菲时，她能够直面自己的存在性孤独，接纳已经分离的恋情。

真想知道，爱情最好的样子

"在心理学研究中，个体最初的婚姻原型就是他的父母关系，它将带给个体持久深刻的心理印记。"

一周后，罗雨菲走进了心理诊疗室。

她身着粉白色运动服，看起来精神了不少。

罗雨菲笑着说道："上次和您谈完之后，最初几天思绪还是有点乱，但这两天我感觉自己好像能够开始思考梳理了。"

"对你有帮助吗？"我问。

引入对**此时此地**感受的反思，是一种重要的觉察。

> **此时此地**：是在治疗当下出现的情景事件。存在主义心理治疗理论认为，"此时此地"在来访者身上显现的一切事件，都是重要的治疗资源。

"分手后，不少人给我介绍过对象，我都不太想去见。其实我并不是排斥相亲，而是对之后可能发生的恋情，或是最终的婚姻感到恐惧，我觉得自己没有能力把控它。"她说。

"早先，我觉得爱情和婚姻是美好的，是令人向往的。但是，在那段情感后，那些美好就变得不确定了，让我觉得它们都是有风险的。"

罗雨菲神情有些落寞。

"为了回避这种风险，我变得不愿意去尝试。但现在，当我清楚地知道自己发生了什么，也能够认识到，以前出现的问题也有我自己的原因时，就不再那么担心了。"她说。

她的语言和叙事风格跟以前相比，有了变化，开始回归到自己的想法和行为上了。

之后，她用肯定的语气告诉我，如果问题的根源是她自己，那么她就可以去尝试调整和把控，恐惧就减少了。

人是会思考的动物。这意味着，人一旦进入理性判断的轨道，不断地成长，就有了自我的助力。

这是她认知行为改变的一个关键所在。

"你说在与赵月轩的情感困扰里，有一些问题是你的原因，能具体说一说吗？"我问。

"我很容易情绪化，在两性关系里我更像一个小孩，不高兴就会马上发脾气。还会理所当然地认为，如果他爱我，就应该接受我这个脾气。"她说。

"以前，当我觉得某个男人会喜欢我时，就会无意识地隐藏起优点。我希望他能看到并接纳我的缺点。但对其他人我不会这样，只会对喜欢我的人这样。"罗雨菲皱起了眉头。

"你是想要考验他吗？"我直接回道。

"嗯，好像被您说中了。"罗雨菲点头回道。"这是对关系焦虑的表达，是一种心理防御，潜在的问题是对两性关系的恐惧，是下意识的。"我回道。

在心理学研究中，个体最初的婚姻原型就是他的父母。如果父母的婚姻并不是一个好的模板，步入成年期后遇到两性关系挫败的体验，可以唤醒或强化其在儿童期的负面记忆，会出现对亲密关系的惧怕，或者为了安全出现过度回避性防御，不敢涉足新的情感关系中。

"你对父母婚姻关系的感觉是什么？"我问。

"不太好。"她低声说。

"记忆里，他们是如何相处的？"我问道。

她说：小的时候父母经常吵架，现在也还为鸡毛蒜皮的事吵架。他们对彼此的言行很敏感，很计较。但她却觉得他们并不爱对方，每次吵架，父母都是指责对方，强调自己是对的，很少见到他们之间能好好说话。

之后，她抬起眼睛，问我："您能跟我说一说，什么样的爱会让彼此都舒服？"

"怎样的爱能让彼此都舒服呢？'舒服'这个词我喜欢，我想，要让彼此都舒服的爱，就是既欣赏他的优点，又能容纳他的不足。"我回应道。

"容纳不足！也该有个限度吧？真正让我放弃情感的，是他的欺骗和谎言，这是不能接受的！"她提高嗓音说。

意难平，气难消，人难忘。

至今，她还陷入在与前男友的恩怨中，所以她会痛。

其实，从心理层面看，怨恨曾经爱过的人，也是另一种形式的情感联结。

"说谎背后的动机是更重要的。你有去了解过吗？"我追问。

"有啊！动机很简单啊！不愿意让我知道真相，所以就编织了一个美好的故事。也许，他认为我无法接受真实，所以就选择了欺骗。"

"除此之外呢？你们相恋八年，你对这个人的真实感觉是什么呢？"我继续问。

罗雨菲想了一下，放慢了语速，说道："感觉他还挺真实的吧！他能包容我的缺点，比如我的情绪化。生活上，他也会接受我不会做家务，尽可能多地照顾我。"

她用鄙夷的语气说："欺骗是十分虚伪的，如此一个人怎能付出真心。"

我感觉罗雨菲的情绪很复杂，也觉察到了她以偏概全的认知归因症结。

> **以偏概全**：指对自己或他人产生了过度概括化的不合理评价，是不合理信念中的一类特征性思维。

我试图澄清，说道："事情可能并没有那么简单。关键是他成长过程中与原生家庭的关系如何？是否年幼时父母离异，母亲改嫁对他造成了伤害？对于一个孩子来讲，当遭遇伤痛却又无力改变时，屏蔽和逃离就是他本能的防御方式。"

> **原生家庭**：常指自己出生和成长的家庭，父母长辈们主导的家庭，自己尚未组成新的家庭，是与结婚后组建的新生家庭相对的概念。

她似乎听进去了，我顺势说道："当父母都离开家以后，家里只有奶奶和孤零零的他，如何让他能感受到家庭的温暖和爱呢？也许他曾因此被同学猜疑，被周围人议论和指点，所以他下意识地想要用遮羞布遮住。"

这种基于事实的逻辑认知分析，主要针对矫正罗雨菲臆想性认知模式。

于是，我继续说："之前，在他得知你怀孕后，看似冷漠地'授意'打掉孩子，是否也与他幼年的情感经历或创伤有关联？不知你是否追问过他的想法，比如他不想让孩子在没有心理准备的时候来到这个世间，更不想让自己的孩子经历他幼年时曾有过的苦痛。还有，他是否想通过自己的奋斗，给你们的孩子一个他未曾有过的温暖完整的家？这些都尚不清楚。"

罗雨菲抬起双眼，回道："医生，我以前从来没有这么想过，现在想来，面对他父母家庭的变故，他是无能为力的，也挺不容易的。如果让我现在再遇到他这样的情形，我想自己可能不会那么决绝的。"

她的情绪平稳下来，语气也变得柔和了。

"我接受心理咨询的这段时间，能看到自己是有变化的。我现在能真实地知道，一个人行为背后一定是有原因的。如果我能理解和接受这个原因，我们就不会分开了。"她接着说。

"所以，如果我们能够发自内心地去爱一个人，就要接纳一个完整的他，包括他的过去。"我回道。

她说："现在我明白了，是我没有接纳那个真实完整的他，只想要他对我的好，却不了解他的苦忧。"

其实，若她接纳了完整的他，也不是她给予的恩惠。但是，当她因某个行为放弃的时候，她也将最珍贵的爱一并放弃了。

岁月漫长，不只有温暖宜人的春，也有寒冷刺骨的冬。

爱是能力，无法从遗传获得

爱是一种能力，无法靠遗传获取。它需要在真实情感关系中体验、学习和成长。

罗雨菲是个守时的人，她如约而至。

她刚一落座就说道："这几天我想了很多，感觉能够理解前男友的行为了，同时也确实能感受到他在八年中对我的感情是真心的，不然也不会对我那么好。但是，有一点我不太明白，为什么我在前男友面前能自在表达，但在我父母面前就很装呢？"

现实中，的确有些人在父母面前是一副姿态，在爱人面前又是另一副姿态。

"嗯，在父母面前要掩饰，但却在爱情关系中做回真正的自己，因为在这段关系里，你感觉到被接纳获得支持和疼惜包容，所以不怕犯错。"我解释道。

"哦，这是两种不同的关系！之前我一直把它们混在一起做比较，难怪会感到很困扰。"

听了我的解释，罗雨菲舒展了。

"对你的前男友来说，他平常大部分时间都在社会关系中，而你们是亲密关系，你在他面前展现出孩子一般的纯真，这是爱的一部分。"我回道。

人有不同的社会角色。在社会生活中人与人之间存在**人际交往距离**，但是，亲密关系之中，两个人却因情感模糊了彼此的界限。

> **人际交往距离**：人们进行社会交际时，交际双方因为在情感上、时空上所具有的密切程度不同，为了安全舒适，相互间保持着适度的距离。

爱的过程，需要把对一个人优点的爱，逐步拓展到对他缺点的包容，最后再发展到对一个生命的爱和守候。

"如果，我未来的男友也像我前男友那样，有意识或本能地把缺点掩盖起来，那我该怎么包容呢？"

她下意识地想要一个通用的关系模板。

恋爱初期，受**光环效应**的影响，人们容易把恋人理想化，哪怕看到缺点也会将之美化，认为那是一种可爱，但随着关系深入，你可能会发现他好像变了，跟以前不一样了。其实，只是你的关注点发生了变化。

> **光环效应**：是指对一个人的某种特征形成某种印象后，据此印象倾向性地推论该人其他方面的特征。本质上是一种以点概面的认知归因。

"想让婚姻幸福，是需要学习和成长的。现实生活中，一定既有美好的，也有残酷的。"我说。

毕竟，爱是如此的重要，它属于生命本质驱动力。爱是一种能力，无法靠遗传获取，它需要在情感关系中体悟、学习和成长。

罗雨菲点点头，说道："我一直在回避情感，好像失去了爱和被爱的能力。现在，我想要再去试一试，为自己去争取幸福的可能。"她明白了，爱是要学习的。

"你不害怕了吗？"我笑着问。

"经过这段时间的梳理，心里踏实多了。现在，我感觉到在两性关系中，自己是有机会去判断和把控的，也就可以去相亲了。"她笑着说。

"你已经变得有力量了，这就是你的成长变化啊。"我肯定道。

我有意识地将罗雨菲的进步，归结到她自己身上。

"我以前看人的眼光很挑剔，但其实并没有具体标准，纯粹是靠感觉，而我现在会把重点放在彼此了解的过程上。"她说。

随后，罗雨菲迈着轻盈的步伐离开了诊室。

爱，就是接纳完整的生命

"有一天你会非常感谢带给你痛苦的人和事物，因为他们会让你成长。"倘若你从未真正地爱过一个人，你便不会更清晰地看到自己。

再见罗雨菲，已是一个月后。她脸上画了淡妆，一袭长发呈波浪型盘旋而下，整体看上去，极具女性的妩媚与风情。我心中充满了惊讶：短短的一月之间，究竟发生了什么？我按下心中的好奇，一如既往地问道："一个多月没见了，说说你的近况吧。"

她告诉我，上次咨询结束后，她决定回老家看看父母，原来一直害怕与父母一起生活，现在她想试试了。

"我发现，当我爱上一个人的时候，更多是关注在爱自己的一种感觉上，比如，当他身上具有我喜欢的某种品质和特点，就让我产生了一种特别美好的感觉，但实际上，似乎我更喜欢自己沉浸在那种美好感觉中的状态。"罗雨菲说。

我们很难将它们完全梳理清楚，很难在几段纷繁交错的关系中，用一个标准去评判对错，也很难用我们自己的感受去解读另一段情感。

在她的记忆中，好像一直下意识地寻找渴望父母爱的感觉，但却一直都没有得到满足，这种情感需要的缺失会延续至今。

她说，我和姐姐是双胞胎，前后就差了几分钟，但在我父母眼里，她与我是不一样的。我跟姐姐从小吵到大，关系一直不好。姐姐可爱、活泼、调皮，深得父母宠爱。而我为了赢得父母的关注，就变得十分乖巧，在学校很勤奋，目的是想要通过老师的夸奖让父母喜欢。

> **情感的五种需要：** 分别为被赞赏、被认可的需要；被关爱、被喜欢的需要；被安慰、被倾听并做出共情的需要；被激励和被关注的需要；被原谅的需要。如果这些需要未被父母满足或受到伤害，就会寻求从其他亲密关系，或其他关系中获取。

"那现在呢？你们长大以后呢？"我问。

罗雨菲叹了口气，说："现在还是老样子，不论姐姐有什么问题，我父母都会设法帮助去解决，包括她的婚姻、经济支持、养育孩子等。但我依然是报喜不报忧，把问题回避掉。"她说。

她似乎沉浸在回忆中。

"后来，我发现自己生病了，服药治疗了四五个月仍不见好。看着自己身体每况愈下，失眠，没有胃口，甚至都不知道自己能坚持多久了。有一天醒来，我突然想，如果因为身体原因我就这样死去了，再也见不到我的父母了，想到他们流泪和苍老的神态，我的心里难受极了，一个人大哭了一场。"

她说："从感觉到死亡逼近的一刻，我感到内心很牵挂父母，也很舍不得他们。然后，我还想到了姐姐，第一次觉得有个姐姐是一件挺好的事情，若自己真的死了，姐姐还能够替我照顾年迈父母。"

罗雨菲的声音有些哽咽了。

每个生命个体，都生而不同，双胞胎也不例外，在罗雨菲看来，比自己早出生几分钟的姐姐可以通过与生俱来的美丽可爱，获得父母无条件的关注疼爱，自己却要穷尽心力去变得乖巧优秀，来求得父母的省心喜欢。

也许，正是这段经历，让她在男友面前表现出更多的任性，用心理补偿的方式，满足自我被父母无条件关爱的心理需求。

"一个月前，我的病情稳定后，我做的第一件事情就是回到家里，想跟爸妈住一段时间，但这次跟以前有了很多不同。"

"这些不同是什么？"我追问。

"以前，我父母特别希望我跟姐姐与姐夫很对立的关系能缓和，希望一家人能够和睦相处，这是他们最大的期盼。这次回家又提这个老问题，可我不再反感了，这在以前我做不到，这是一份难得的**矫正性情感体验**。"

> **矫正性情感体验**：是指在心理治疗中，来访者获得的不同于过去的新的情感体验，这种情感体验能够抵消和消融来访者过去的负性情感体验。

在这个世界上，爱与情感问题可能是最复杂的问题了。

但是，一段感情的联结，一定是满足了他们内心彼此需要的某些东西，至少在那一刻或那些时间里，他们对彼此是重要的。

我能感觉到，罗雨菲的情绪变得稳定了，看待问题的视角发生了明显改变，对问题的解释和归因也变了。她开始跟自己和解，跟父母和解，跟姐姐与姐夫和解，这些重要关系的和解又带给她新的发现。这是心理治疗中的积极改变，是难得的。通过情感这面镜子，每个人可以从中看到另一面的自己。

情感，没有单纯意义上的好坏。它就是生命的历程，不仅饱含思念、美好和奇妙，也深含伤害、苦痛和泪水。

最后，罗雨菲望着我，真诚地说："这次生病，带给我最大的收获就是学会如何看待别人和自己了。"

她说，原来内心里长了很多草，还有很多刺痛她的东西，在接受心理治疗这段时间里，原来那些草被浇灌了、柔软了，那些尖利的刺也被剥离了。原来那种失控、无助和孤单的感觉开始远离自己了。

最后她告诉我，现在的自己有力量了，对别人也没那么多抱怨了。甚至，有时候一个人独处时，还能感觉到一些小惬意。

心理学家艾·弗洛姆认为：爱是一门艺术。要想掌握这门艺术的人，要有这方面的知识并付出努力。如果不努力发展自己的全部人格，并以此达到一种创造倾向性，那么每种爱的愿望都会失败；如果没有爱他人的能力，如果不能真正谦恭地、勇敢地、真诚地和有纪律地爱他人，那么我们在自己的爱情生活中也永远得不到满足。

我看到，当她理解包容了父母的"偏袒"，放下姐姐与自己"争宠"的敌意和误解后，在爱与亲情的感悟上又将收获不一样的果实。

> 艾·弗洛姆：美籍德裔心理学家和哲学家，毕生致力于修改弗洛伊德的精神分析学说。《爱的艺术》是他最著名的作品，已被翻译成至少 32 种文字，被誉为当代爱的艺术理论中最著名的专著。

此时，我要给予她积极反馈与见证。

这种见证是心理治疗的一部分，它能强化来访者的积极自我认同，促使新的认知行为模式进一步固化。

于是，我放慢了语速，一字一句说："它不是凭空而来的，这种改变加入了你的学习，加入了你的觉察和反思。这是一种有根基的成长，是稳定而持久的。"

她笑了，但又追问道："医生，我还有一点点担心，如果我以后谈恋爱，遇到了新的问题，还会退回到以前吗？"

我能理解她的担心，回道："这是你在认知层面的改变，它是可靠的。因为它源于一个有基础、有历程、有体验的心理过程。"

她很有感触地点头，说道："原来我的一个老师，在我上次生病时跟我说'有一天你会非常感谢带给你痛苦的人和事，因为他们让你成长'。当时我觉得那就是一句安慰的话，但现在我觉得它很有道理，有时我甚至想要感谢我的前男友，是他教会了我如何看待情感，如何理解他人的过往。"

当听到她对前男友说出"感谢"二字时，我知道她是真正与那一段恋情和解了，并且放下了。

是啊！当罗雨菲在理解宽容了前男友的"欺骗"后，在爱与接纳差异上获得了新的感悟成长。

对于生命而言，每一段有爱的情感都需要我们去感谢！因为，它是生命与生命间的礼物，是十分珍贵的。

爱的能力，不仅仅是限定在男女之爱中，也并非通过增进技巧即可获得。爱，是一个人完整人格的展现。因此，要发展我们爱的能力，就需要努力发展自己成熟的人格。

"嗯，现在我心里是温暖的。"罗雨菲由衷地说。

"医生，我特别想要谢谢您！如果没有这一段时间您的帮助，我真不知道自己还会痛多久，更不知道是否有我现在的改变！"

我也开心地笑了，回道："其实，在我心里，最要感谢的人是你自己！"

望着罗雨菲自信的笑颜，我意识到心理咨询和治疗可以告一段落了。

半年时间过去了，偶尔我还会想起罗雨菲。

不知道这个曾经为爱纠结那么久的女人，是否找到了属于她的幸福？！

爱情的意义究竟是什么？也许，就是在爱的时光里，你更加了解自己，并且学会了如何去爱。爱情就像一面镜子，你的美丽，你的懦弱，你的混沌，全部投射在这面镜子上，而镜子里的那个人是你从未见过的另一个自己。

第一杯咖啡：如何松解与前男友情感纠葛

若你爱过他，那就在疗愈心伤中重新遇见自己，与爱过的人好好告别……

作为心理医生，在我看来，爱情就是生命里最难得的礼物，它并不是平均分配给每一个人。如若你真心地爱过了，那么你就是幸运的！不论结果是什么，爱都是此生中最珍贵、最绚烂的情感。若最后生命只有回忆，我也希望有关爱的记忆是完整的。

本案例故事中，来访者罗雨菲与前男友相恋相爱，分手多年后却一直陷于这段情感漩涡之中，这种痛苦一直紧紧纠缠并困扰着她。心理咨询从探索罗雨菲心理痛苦的缘由逐步展开，有序推进。

松解深层爱的情感纠结，一般需要如下心理过程：

① 共情接纳、释放与长期累积的负性消极情绪，用安全倾诉的方法最有获益，尤其交流之中的及时反馈，能帮助她整理模糊或者紊乱的思绪。

② 重新阐释了罗雨菲对前男友的"恋父情结"，对固化的心理标签进行去标签化，是建立新视角的必经过程。

③ 处置深层孤独感。重新审视情感纠葛中的深层原因，即爱人离去后的深层孤独，紧张不安，以及对未知的恐惧。

④ 不把前男友"污名化"。完形心理治疗理论指出，人有对过程完整的心理需要。在罗雨菲的疗愈中，心理医生也创设了诊室情景，帮助她与前男友作"道别"。

⑤ 澄清重要生活事件，如男友"说谎"事件。直面人性的复杂性，帮助罗雨菲理解男友年幼时的无助、孤单与恐惧，拓展罗雨菲的视角，重新解读男友"说谎"背后的心理动机。

☕ 第二杯咖啡：新的情感适应系统如何重建

情感是一个复杂世界，疗愈多重心理困境是需要心路历程的……

心理学家弗里曼指出，个体对新环境的适应是要求其"改变"旧有的适应模式，这由人的适应能力决定。为了适应不断变化的环境，会不断更新在人生早期阶段学到的东西。但对于适应新环境而言，儿童早期建立的自动化认知行为模式，既可能成为一种指导，也可能成为一种障碍。因而，当儿童期的认知行为模式阻碍个体发展时，就需要在成长过程中被修正或取代。

首先，我在澄清罗雨菲问题的过程中发现，在碎片状的情感记忆里，她进行了选择性强化、加工，用自我臆想的方式逃避深层孤独，自我力量越来越弱，从而进入了一个恶性循环，最后导致焦虑症状的出现。

其次，我在对情绪背后深层原因梳理中发现，罗雨菲存在多重心理困扰：

一是与前男友情感的纠缠与卷入；

二是与原生家庭关系的冲突与疏离；

三是自我认知模式的偏离与僵化。

她以往的认知行为模式已经不能应对和处理当前的困扰了，甚至阻碍了她正常的生活。

最后，需要一个系统的、多层次的心理咨询与治疗设置，对疗愈罗雨菲的多重心理困扰是至关重要的。包括，她内心深层情绪宣泄、情感梳理和行为建构，逐渐推进她的心智成长，用新的认知行为模式来修正、取代不良模式，而不是局限于解决当前的焦虑症状。

第2篇
"害怕"，让我无法做自己

人物独白： 我害怕异性，无论是相识或者不相识的人我都害怕！我不知道为什么，但心里总有一种感觉，伤害我的箭随时都会射出来！

◆弗洛伊德曾说过，一个人特异行为的背后，必定在潜意识里藏着一个不为人知的谜。一般来说，负性情绪或偏离性行为，往往出现在问题事件之后。

我独处时，总是感到很害怕

她本应笑靥如花，内心却堆满了苦楚，如同荆棘般缠绕她的心，不仅无力绽放青春韶华，盘踞于心的刺还在时时刺痛她⋯⋯

"医生，我一个人的时候静不下心来，总是感到害怕。"这是姚小影和我说的第一句话。她说话的声音很小，听起来有点怯生生的。内向而敏感，这是我对姚小影的第一印象。每年暑假，都是青少年心理咨询的高峰时期。

今年也不例外。

姚小影，是北京城区一名初二学生，在周一上午，来到了我的诊室。

我端详着眼前的女孩，穿着卡通图案的黄色T恤，看上去有些稚气未脱。双眉紧皱，呈川字型，一副心事重重的样子。

她的双手不停地搓着衣角，不时偷望的目光在我身上不断地搜寻扫视，整个人仿佛一只受惊的小鹿，紧张无措，局促不安。

弗洛伊德曾说过，一个人特异行为的背后，必定在潜意识里藏着一个不为人知的谜。一般来说，负性情绪或出现偏离性行为，往往出现在问题事件之后不久。我相信，姚小影害怕独处的背后，也必定存在着一定的**问题事件**。

> **问题事件**：是指引发来访者自感痛苦的问题或事件，如人际挫折、学业不顺、失恋、职业受阻，以及疾病与创伤等负性经历与体验。

对于敏感的人，我通常都会放慢我的语速，语调尽可能地柔和，以降低她可能会出现的紧张与**阻抗**。

> **阻抗**：在心理咨询过程中，来访者以公开或者隐蔽的方式否定心理师的分析，拖延、对抗心理师的要求，从而影响咨询的进展，甚至使咨询难以进行的一种现象。

"出现这样的感觉有多久了？"我问。

"刚上初中开始的，我现在初二了，大概两年多了。"姚小影答道。

于是，我将关注点投向此处，问道："在你那个时候，有什么事情是让你记忆深刻的？"

"没有。"姚小影做出沉思状，然后摇了摇头，说道。

她回答时表情很自然，没有丝毫的纠结或挣扎，这说明在她的记忆里，可能真的没有发生过什么重大的事件。

不过，有时候"没有"并不代表真的没有，可能只是被忽略遗漏了。

"那么，你从什么时候开始记事的？"

我准备通过对生命历程的开放性回溯进行探寻，希望能获得有关问题事件的蛛丝马迹。

"四五岁吧。"姚小影说。

"能不能从你记事的时候说起，我们一起来看看你在这个过程里遇到了什么，在什么地方打了结。"我想了解她记忆中的点点滴滴，将问题与她的关系进行**外化**，而不是就表面问题而谈问题。

> **外化**：是叙事治疗的主要技术之一。是指将问题与人分开，把贴上标签的人还原，让问题是问题，人是人。问题外化之后，问题和人分家，人内在本质会被重新看见与认可，转而有能力与能量去解决自己的问题。

她没有立即回答，双眼望着地面，似乎在犹豫是否要对我坦言。

我没有催促，耐心地等待着她的答复。

沉默了一分钟后，姚小影打开了话匣子，开始将她的生命历程娓娓道来。

从记事起，她就一直住在爷爷奶奶家，直到上小学时，才开始和父母一起生活。上小学时，她的家庭和睦且幸福。

"那个时候，爸爸每天都会接我上下学，下雨的时候会把他的雨衣给我披，回家时饭桌上已经摆好了妈妈烧好的菜。周末时爸妈还会陪我出去玩……"

姚小影嘴角下意识地上扬，露出了浅浅的酒窝，仿佛沉浸在那段幸福的回忆里。

"但是，从爸爸做生意开始，情况就变了……"一提起这段往事，姚小影的神色开始逐渐变得黯淡起来。

她说，从那时起，不知为什么自己的父母开始经常吵架，笑声在家里出现的次数越来越少，吵骂声却越来越多了。

"爸妈吵得很凶，每次看到他们吵架，我都躲在自己房间里不敢出来，只敢打开一条门缝偷偷地看。有一次，爸爸竟然从地上抢起一把木椅子使劲砸东西，嘴里还嚷嚷着要是再叨叨就用椅子砸死你之类的话，很吓人……"

说到这里，姚小影显得心有余悸，仿佛当时父亲挥舞木椅的场景仍在眼前。这是姚小影第一次提到出现害怕的场景。

我似乎把握到了姚小影心理问题的大致脉络，应该与她成长的原生家庭有直接关系。但我还不能轻易下结论，这里依然需要一个将**问题澄清**过程。

> **问题澄清**：心理师在倾听来访者叙述自己故事的过程中，会对来访者的症状及其成因逐渐形成最初评估与假设，在后续咨询过程中验证、修正假设并形成对应的治疗策略。

于是，借着她说话的间隙，我问道："父母吵架会让你感觉害怕吗？"

"嗯嗯。"姚小影点头。

"特别让你害怕的场景，在你记忆中有几次？"我追问。

姚小影回忆说，记忆中特别害怕的场面有两次。一次是父亲抢起椅子乱砸东西，不仅把家里的落地台灯砸坏了，破碎的玻璃碴还伤了他的手。还有一次，是傍晚看电视时，不知为何父母又吵起来了，而且越吵越凶。父亲很生气，也很激动。后来，他突然一转身，拿起梳妆台上的镜子，往妈妈脸上扔过去，母亲捂着脸'啊！啊！'地大声尖叫。她清楚地记得，后来母亲去医院看了急诊科，伤口还缝了针。

从那以后，她每次看到父亲就感到很害怕。

果然不出所料，家庭关系冲突是孩子心理困扰的一个重要根源。

我开始追问："你还能记得父母每次吵架的原因是什么？"

"记不清了，但我觉得不管起因是什么，他都不能拿镜子砸人，而且神情那样的凶狠可怕！"姚小影回道，言语中带着满满的怨气。

对一个人的称谓，往往能够透露两人关系的密切程度。

姚小影刚才的回答，用了"他"来指代"爸爸"，说明她想要和父亲保持一定的心理距离。加上她提到父亲时的愤怒语气，我觉得她与父亲的关系很有可能是问题的"症结点"，也可能是解决问题的"突破点"。

顺着这个思路，我问道："你觉得爸爸是怎样的一个人？他对你怎么样？"

"他变化太大了。有时对我很好，但发起疯来简直就是另外一个人，很吓人！"姚小影答道。

"之前，爸爸对妈妈又怎么样？"我接着问道。

"他们之前很好的，真的很好！但不知道为什么后来老吵架，最后……最后他竟然拿镜子砸伤了我妈妈，我心里特别地……"说着说着，姚小影哽咽了，止住了话语。

看着姚小影闪烁的泪光在眼眶中打转，我已然猜到了她后面没说出的话。

事实总是需要面对的，回避和否认往往不能真正地解决问题。

"父母后来离婚了。"说完，姚小影忍不住哭了出来。这种哭泣在咨询中往往具有积极正面的作用，我静静地陪伴着她。

> **此时的哭泣**：是来访者情绪宣泄的一种方式。它能够释放来访者内心积压的负性情绪和压力，有助于回归理性层面。若情景适度可控，一般不予劝阻。

她哭得伤心，泪水止不住地流淌，梨花带雨的样子，惹人怜爱。

我能感受到她的那份伤心，正值花季的她本应笑靥如花，内心却堆积如此多的苦楚，如同荆棘一般侵占她的心，不仅无力绽放自己的青春韶华，盘踞于心的刺还时时刺痛她，令她无法做自己。所谓会呼吸的痛，不过如此。

我默默地递去纸巾。当下，她最需要的不是安慰，而是被压抑情绪的宣泄。

多少夫妻由于起初不经意产生的小矛盾，因未能疏解而升级至你死我活的战争，最终劳燕分飞，苦的却是他们的孩子。

显然，姚小影最初害怕、恐惧的起因，与父母之间激烈的肢体冲突及身体伤害有关，尤其是未成年孩子目睹家庭暴力，往往会带来创伤性的情绪记忆，成为一生的心痛。

约莫一分钟过后，姚小影的哭声渐渐止住了。她平复了自己的情绪，歉意地看了看我，似乎在为自己的失态而感歉疚。

"当父母离婚的时候，你的感觉是什么？"我问道。

听到这个提问，姚小影向我投以疑惑的眼神，似乎没听懂我的问题。

"父母离婚以后，你是会因再也看不到他们天天吵架了而高兴呢，还是说即使看到他们天天吵架，你也不希望他们分开？"我解释道。

"我不希望他们离婚！"姚小影毫不犹豫地回道。

听到她斩钉截铁的回答，我感受到了一个孩子对完整家庭的渴望，同时也感受到了她对父亲在情感上的纠葛。虽然，她口口声声都在抱怨父亲，也尝试与父亲拉开距离，但父亲在她心中依旧占据了一个十分重要的位置。

"父母离婚分开之后，你自己的感觉是什么？"我继续问。

一提到父亲，姚小影又是悲愤的言语，回道："还好，感觉比以前清静了。他们分开后，我还和爸爸见过几次面。半年前，我无意中从亲戚那里得知，他又结婚成家了，但是过得也不好。他给我打过几次电话，说想来看我，但我就是不想见他！"

听到这里，姚小影心理问题成因的脉络也逐步清晰了。所以，化解姚小影与父亲之间的不良关系，是解决她心理问题的一个突破口。

姚小影之前提到自己最初害怕独处的时候，正是刚上初中的时候。

"当爸爸离开之后呢？你会想他吗？"我再次把关注点，拉回到她与父亲的关系上。

"完全不会，一点儿都不想他！他走了以后，我的世界里就好像没有他这个人的存在了！"姚小影迅速回道，但是目光却移向了别处，这些看似无心之举的**肢体语言**，背后的隐含意义反倒更值得用心体察。

> **肢体语言**：被视为人的一种内部语言，需要细致观察才能获得。它通常能表露出来访者本人未能觉察的感觉体验，尤其是当其语言与肢体行为不一致时，有助于对深层心理症结的探索。

我已经感觉到了姚小影此时的言不由衷，但没有继续停留，而是将话题一转，问："你一直和妈妈在一起吗？她有没有再成家呢？"

"我和妈妈一起生活，她一直都没有再找对象，也许都是因为我吧！"姚小影的声音渐渐低沉了。

14岁的孩子，已经到了青春敏感期。此时，看着眼前的姚小影，我能感觉到她内心的敏感、脆弱和无助。

"这几年你和妈妈生活在一起，你觉得开心吗？"我继续问道。

"不开心！我经常惹她生气。"她回道。

她说，在学校自己没有朋友，很孤单。因此，不论好事儿坏事儿都向母亲倾诉，母亲听了以后，大多是教导她，或是批评她，甚至还会指责训斥她。有时，她感觉被误解，不服气，就会与母亲争辩，最后，就吵起来了。然后母亲急了就大发脾气！这时，她心里难受，好几天都不与母亲说话。

她的语速飞快地抱怨着。但又话锋一转，态度变得柔和了一些，补充说：

"其实，我妈以前是个特别温和的人。离婚之后，她的脾气才逐渐暴躁起来的，她对我发完脾气后也很难过的。"

说到这里，姚小影显得有些自责，似乎觉得她不应该惹妈妈生气。

夫妻缘尽，对每对夫妻来说都有一份难言的伤痛！姚小影母亲离婚后性情的变化，也许就源自那份尚未愈合的情感伤痛。

这就是混沌的情感世界，看似已分离，但却爱恨情愁，千丝万缕。

"父母分开后，妈妈会跟你提及父亲吗？"我问道。

"会，说她这辈子被爸爸害了。但也不经常，她好像也不太愿意提到他。"姚小影回道。

我能理解姚小影妈妈的那份不愿意。未愈的伤口，无论何时触碰，都会让内心的痛觉神经再次激活，自然就不愿再去提及。

"你有没有和妈妈聊过一些他们的往事，比如，当年她怎么会爱上爸爸的？"

姚小影略微思索了一下，然后开始讲述她记忆中的父母过往。

父母相识于一次朋友聚会。那时爸爸研究生刚毕业，高大帅气，让妈妈产生了好感，于是展开了追求。爸爸高学历的光环，加上俊朗的相貌，很快就让未曾恋爱过的妈妈坠入了爱河。

半年后，他们两人开始谈婚论嫁。再过一年后，姚小影出生了。

"听你说来，你爸妈是自由恋爱结婚的。他们的婚姻应该是自愿的，也是相爱的。两个原本因爱步入婚姻的人，最后怎么变成了敌人？你想过这其中的原因吗？"我启发式地问道。

> **启发式谈话：**是指心理师引导来访者重新审视既往生活中发生的事件，促进来访者更为客观理性地觉察和领悟，从而能以新的视角、较为理性的态度与评价，去替代或改写先前较为情绪化、偏颇的观点。

我的这个问题，似乎令姚小影有些措手不及。只见她摇了摇头，然后把目光投向我，似乎希望我能给予解答。

我没有直接给出答案，而是继续问："你刚才说过你和母亲也会吵架，也有了一些体验。那么你有没有想过，你的父母他们为什么会吵架呢？"

姚小影想了想，然后回道："他们都是家里的独生子女，可能遇到一些事谁也不让谁，就吵起来了吧！"

"看来，是因为他们两个人当时不太会相处，所以才把一段原本互爱的关系处成了后来那样，我的理解对吗？"我顺着姚小影的话，像剥洋葱一样，一边分析，一边确认。

姚小影点点头，认同了我的说法。

我接着说："两个人能够相遇并产生爱的感觉，直至携手步入婚姻生活，本是一件浪漫的事情。但是，恋爱和婚姻并不是一回事……"

恋爱时，恋人间谈的是情爱；婚姻里，夫妻过的是生活。恋爱时，可以只谈琴棋书画诗酒花；生活中，却避不开柴米油盐酱醋茶。曾经在情爱里互相欣赏的两个人，在生活中却可能拿着锥子刺着彼此的心。

"所以，父母之间冲突争吵应该不是某一个人的原因，而是两个人之间的互动。"我说道。

我刚开始解释时，姚小影听得专注，时不时地点头。但当我说到这一句时，她却立即反驳，说道：

"不管怎样，我都觉得是我爸的错，他还动手打人呢！"

看到姚小影有些激动的情绪，引起了我的注意。我脑中快速地回闪着一些画面，包括我和她之前的对话，想要从中找出一些端倪。终于发现，只要我一提到她父亲，姚小影的言语中就充满了**攻击性**。

> **替代性攻击**：心理防御机制之一。当人心里产生不愉快，却又不能向对象直接发泄，便会利用转移作用，向其他对象以直接或间接的攻击方式进行发泄，或把自己的不适转嫁到别人身上，并判断他人的对错，这类防御机制包括转移、外投射和内投射。

我的脑中冒出了一连串疑问，难道她是在用攻击父亲的方式，来进行自我防御吗？

还有，她刚进诊室就提到了心里的害怕，她在害怕什么呢？是害怕男人？还是她的父亲？"害怕"在她生活里究竟有什么功能呢？

排斥异性，源于带刺的亲情

任何一个孩子都需要学会从父母关系的冲突中后退一步，而不是过度融合卷入。你是他们的孩子，不是他们婚姻关系的评判官。

带着上次咨询中的疑问与考虑，这次我想尽快地切入主题。于是，在整理了思路之后，我单刀直入，问道：

"记得上次你说，好像父亲给你和母亲带来了一些困扰，是这样吗？"我采用了**情感反应**式的问话方式。

> **情感反应**：是指心理师将来访者语言与非语言行为中包含的情感经过整理后，反馈给来访者，促使来访者对特殊情境、事件或人物表达出更多的情感，使心理师能够了解更多的信息，也让求助者更了解自己，是共情的一种基本方式。

姚小影听后，略微迟疑，然后默默地点了头。

"能具体说说是什么困扰吗？"我轻声道。

"就是让我心里静不下来，常常感到担心害怕。"姚小影回道。

"有明确的对象或内容吗？是怕爸爸？还是怕别的什么？"我追问。

姚小影没有立即回答，似乎斟酌着什么。不一会，她回道："医生，我不只是害怕他，我害怕所有的男人，不管熟悉的或者是陌生的，我都害怕跟他们有任何接触。"

我意识到，这种害怕情绪的**泛化**，是心理症状复杂化的表征。

> **泛化**：引起来访者不良心理和行为反应的刺激事件不再局限于最初的事件，与最初刺激事件相类似、相关联的事件，也能引起来访者的不良反应。

"为什么呢？"我依然用平静的语气问道。

"可能是我爸抡起椅子砸东西的那个凶样，把我吓到了吧！我一个人时，脑子里就会不自觉浮现那个场景，心里就感觉男人都是这个样子，所以躲着男人。"姚小影回道。

"生活中，你有喜欢的男生或男性偶像吗？"我想知道姚小影所指的男性是否存在例外和特殊性，于是问道。

"除了喜欢我家楼下的李叔叔以外，没有其他人。"姚小影很快回答道。

"在学校里，不可避免身边有男同学，那你会一直害怕担心吗？"我需要细节。

"一般不会，只要他们不主动靠近我，就还好。如果他们找我说话，心里就会很厌烦。"姚小影回道。

"我可以再甄别一下你的感觉吗？你说的厌烦是讨厌？害怕？拒绝？还是不喜欢？比如，我们可能会讨厌吸烟的男性，但并不会害怕。你的感觉具体是怎样呢？"

我需要了解姚小影"害怕"中真正的含义。

"应该还是害怕吧。我对爸爸的感觉就是害怕，对别人的也一样。"姚小影想了想，回道。

"具体说，你害怕爸爸的什么呢？"我追问。

"他是个不好的人，会伤害我和妈妈。他不止骂人，还抡椅子砸东西，用镜子去砸人！"姚小影不自主提高了音量，回道。

"你认为，发生在父亲与母亲争吵时的冲动行为，对你和妈妈造成了伤害，是吗？"我需要对冲突情景进行限定，问道。

姚小影点了点头，说道："对啊！在那个时候，我只能在一旁流眼泪。"

"你与母亲也有过争吵，那么有没有什么地方让你感到受伤害？"我问。

"嗯，我小时爱玩，不太听话，妈妈就说我不像是她亲生的孩子，是老天派来惩罚她的，是给她受气的，不是福报。还说，迟早有一天我要把她气死。但是，我，我……我肯定不想这样的！"

说到这里，姚小影有点语促，泪水又在眼眶中堆积着。

"你感到很难过，即使你与母亲的感情很深，心里也很爱她，但她着急时也会说出一些狠话，让你感觉被误解了。"我说道。

"嗯嗯。我妈妈原来不是这样的，其实这都怪我爸！现在她很辛苦，都是为了我才变成这个样子。"姚小影急忙为母亲辩解。

"你认为，是母亲离婚了还要教养你，所以是你的错？你不听话贪玩时，母亲说你是来给她气受的，所以还是你的错？对吗？"我顺着姚小影的话，追问。

"嗯！反正我就是觉得妈妈没什么错。她虽然脾气不好，但还是离婚这个事才让她变成这样的。"姚小影依然顺着她的逻辑，回道。

"现在假设你的认定，是父亲和离婚让母亲变成了今天这个样子。那么，你继续向前探根寻源，谁需要为此负责呢？如果按照逻辑，当你母亲在决定成为妻子时，你还没有出生呢。那么，为什么母亲的改变都是你的错呢？"

此时，我利用**苏格拉底式对话**，进行认知澄清与分析。

> **苏格拉底式对话**：指心理师不做主观判断，而是通过一系列追根究底式的逻辑对话，让来访者发现自己想法中的自相矛盾之处，进而改变自己的想法。

"这？这？"姚小影一时找不到合适的话语来回答，于是低头不语。

"再者，假如爸爸是伤害了妈妈的人，是一切痛苦的根本源头。那么，这个婚姻也是爸妈他们自己的选择和决定。那么，又如何都是你的错呢？"

在我的追问下，姚小影有些难以回应，也有些气急。

于是，她撇一撇嘴说："我不管他了！现在，我觉得反正我和妈妈跟他一丁点关系都没有了！"

基于我们之间已经建立的良好咨询关系，对她言行不一致的地方，进行了必要的面质，这有助于进一步澄清问题的实质。

> **面质**：是指心理师对来访者言语或非言语行为反应不一致的质疑。目的是为了澄清来访者表述中矛盾的地方，更好地理解来访者的问题。

于是，我说道："你可以这么说，但事实真的是这样吗？如果你真的跟他毫无关系，那么你现在为什么这样气愤？这样害怕他？还把这种害怕的感觉迁移到了其他人身上。其实，不是你们没有关系了，而是存在着一种偏离性的关系，这也是一种关系。"

此时，面对我逻辑递进式的提问与分析，姚小影找不出反驳的理由，眼见着她的小脸也涨红了。

作为心理医生，我内心是清楚的，唯有通过渐进的、居于事实基础的、逐步引申的逻辑提问，才能帮助她看到自我心理困扰的本质，觉察梳理既往的情绪记忆，并在认知层面进行反思，改善因情绪性恐惧引发的负性自动化反应，从而达成对非理性认知归因的修正。

于是，我继续说："如果再假设，你和父亲没有关系，你们各自也都是独立的。那么，我们就用独立的观点来看看他们的问题，比如，你和我都不清楚是什么原因，让他们有了争吵和肢体冲突。同理，你和我也无法把父母间的伤害行为，推论到所有男人都这样吧？因为，这不是事实，只是你在感觉上的推论。"

"哦？好像我不能这么去推！这对其他的男人有点不太公平。"姚小影回应道。

"你之前的推论，是基于你的情绪记忆和感觉，而你刚才的回答开始回归事实本身了，是你的理性判断出来了。"

我给了她及时的正反馈，来强化她积极正向的认知反应。

此时此刻，我还要用她在现实生活中的真实体验和感受，推进她在认知层面的反思。

"现在，我们再回到事实上，生活中有很多其他男性，你父亲只是其中一个。之前你提到你家楼下的李叔叔，你说挺喜欢他的。如果按照你刚才的逻辑，所有男性都和父亲一样，都是坏人，都让你害怕。那么你害怕这个李叔叔吗？"我问。

"不害怕。我家楼下的这个李叔叔是男性，不过他确实对我挺好的。"她轻松地回道。

"那么，之前你认为所有的男人都是坏人，是事实吗？"我追问。

"哦？好像不是的。我……我之前可能没太仔细地想过。"她开始质疑了。

听到姚小影的回答，我暗自松了口气。似乎能够跟着我的认知逻辑轨迹走了，言语间开始反思自己对既存事实归因的真实性了。

能够回归事实本身，对自己的固有观点进行反思，这是感性回归理性的一种表现，也是认知行为治疗的关键所在。当下，她显然已经松解了将父亲等同于所有男人的自动化负性归因的方式。

我微笑地看着姚小影，说道："现在，你可以尝试从父母间的冲突关系中退后一步，避免过度地卷入。作为女儿，你是他们的孩子，有着天然的情感关系。但你却不是父母婚姻关系的决定者或者评判官。"

姚小影听得专注，显然是听进去了。

为了帮助她重新定位自己的角色，我给出一些具体的解释、指导与建议。

我说："你是独立的，有自己对事物的判断，试着去做一个父母婚姻关系的观察者，或许你会发现，无论父亲或母亲，他们都存在着情绪管理不善的问题，才会因家务争吵，使矛盾升级，最后演化为对立的'战争'。最后，他们都累了，心身伤痕累累了，不愿再继续互相伤害了。因此，选择结束他们的婚姻，分开生活。"

"嗯，是这样的。在我的记忆里，我妈妈的脾气很急躁，我爸的脾气也很暴躁。"姚小影点头。

"其实，每个人都有着不同的成长经历，因而就有了千差万别的行为和思维方式。我不了解你父亲，不能随意给他贴上暴力分子的标签。或者，如若说他真有暴力倾向，那也只是他个人的行为。但关键是，你把对父母冲突时的情景记忆与感受，推论泛化到所有男性身上，这对其他男性来说是很不公平的。你说呢？"我说。

姚小影没有像先前一样表现出情绪化，而是认同地、使劲地点了点头。

我接着说："你上初二了，身边就有不少男同学。你仔细观察一下，看看他们身上各自有些什么特点，比如哪些是你喜欢的，哪些是不太喜欢的，而不是把男同学都归到父亲那一类去。"

> 贴标签：当一个人被一种词语名称贴上标签时，他就会做出自我印象管理，使自己的行为与所贴的标签内容相一致。心理学认为"标签效应"的出现，是因为标签具有定性导向作用。"贴标签"不仅会影响自我认同，也会影响别人对其的态度与倾向性。

此时的姚小影，一副若有所思的样子。

于是，我结束了本次咨询。

希望下次再见时，能够看到一个比今天更加独立的姚小影。

解开心结，我心里照进了光

也许，姚小影不知道，她分享的这段心路历程有多么重要！所有这些，都源于她向内进行的审视，而不再像以前将其投射到外部。

一周之后，姚小影如约来到了诊室。进诊室后，她先是向我微微一笑，随后目光落在我的身上，示意我可以开始了。

今天的姚小影不再像上次那般警惕与不安，也不再那么被动了。看来，上次咨询对她的内心有所触动，这是一个不错的信号。

不过具体因何改变，仍需进一步探究。

一两句寒暄之后，我直接问道："你上次回去之后有去思考吗？如果有的话，有什么感受可以和我分享吗？"

姚小影点点头，回道："现在稍微能一人独处了。刚才我一个人坐在心理诊室外等着，感觉还比较好。不像以前身边都离不开人，不敢自己一个人待在家里。"

"这是一个不同于先前的感受。那么这个感受是怎么来的呢？"我借此来引导他积极调动自我内在力量。

> **内在力量**：叙事治疗中，心理师用这样的提问方式将焦点引向来访者自我付出的努力，以及内在自我的力量上，增强其内在驱动力，让来访者成为面对和解决问题的主体。

我一边赞许着，一边引导她对自己的正性体验，进行有意识地自我审视。

"回去以后，仔细回味您之前跟我说的话，的确发现在我认识的男同学、男老师里，也都有我不害怕的人。这样想以后，缠在心里的疙瘩松了，害怕也就减轻了不少。"

姚小影下意识地撩了一下头发，微微红着脸，回应我。

"之前，害怕的想法像野马一样到处乱跑。而现在那些害怕的念头，好像被你牵到了马厩里，不再随处乱跑了。所以感觉就会好些了，是吗？"在对青少年的心理咨询中，我喜欢用一些形象生动的比喻来做解释与回应。

我的比喻得到了姚小影的共鸣，她面露欣喜，连连点头，说："对，对，对！就像您说的那样，那些让我害怕的马听话多了。"

"我想知道，你是怎么想到用这个自问自答的方式帮助自己呢？"我有意识在此停留，是想用叙事问话的方式，不断丰厚正向积极体验，强化她内在的力量。

"其实以前也常常这么用过，只不过用处都不大。"姚小影回道。

"但这次用起来好像很有效啊，这是为什么呢？"我继续用好奇的问话，鼓励姚小影觉察自己内心的变化。

"上次您和我说的那个情绪记忆，还有去观察自己的推论是否真实，对我很有帮助，我感觉到原来的那些想法好像是不对的，有些过了。"姚小影回道。

"可以具体说一说吗？"我心里一阵欣喜，这是姚小影第一次开始内省自己的固有认知，并开始进行理性的审视。

在心理咨询与治疗中，认知层面发生的改变才是一个人真正成长的开始。

"之前，我认为爸爸是坏人，并因此认为其他男性也都是坏人。您却指出了，楼下的李叔叔也是男性，但他是好人。我后来想想，您说的对，我之前的想法是不太成立的。"她说。

她还告诉我，咨询回家后，她心里的感觉就开始慢慢变了，没有那么害怕男人了。而且，她也开始有意做一个父母关系的观察者，让自己不卷入爸妈间的"战争"！另外，她也开始从母亲那里，了解父母间吵架的原因。尽管，母亲说了爸爸一些坏毛病，但也提到了自己做得不好的地方，比如得理不让人，很容易激动，吵架时经常收不住嘴，说话刺人难听，不然也不至于闹到父亲要离婚。后来，她的母亲还哭了，说对不起她女儿……

说到最后一句，姚小影有些哽咽，泪水在眼眶里。

我给姚小影递去纸巾，然后静静等待着。

不一会儿，她止住了泪水，继续说道："那天和妈妈聊完之后，我突然发现妈妈的说法和我之前对爸爸的印象又有了出入，我爸好像并没有我先前想的那么坏，对爸爸也就没起初那么恨了。"

也许姚小影不知道，她分享的这段心路历程有多么重要！她对自己曾坚信的"既存事实"，开始了重新的**真实性检验**。

> **真实性检验**：找到来访者的认知曲解后，心理师与来访者一起对这些推论和假设是否合乎逻辑与实际情况进行检验和辩论，鼓励来访者对自己的信念进行核查，以验证其正确与否。经过真实性检验，来访者可能发现这种消极认知和信念是不真实的，从而松动原先的信念。

她在这段心路历程中，修通了既往固有的偏离信念，这将成为她恐惧症状得以好转的一个关键。所有这些，都源于她回归理性层面的审视，而不再像以前那样，将自我臆想视为真实的事实，并投射到外部世界。

我深切地感受到，姚小影内心的那朵小花儿不再萎缩，而是重新舒展枝芽，向阳生长了。

这一切难得的转化生长，我想见证给她看。

我想通过隐喻的方式启发她的思考。于是，我对姚小影说：

> **隐喻**：心理师通过与已知的、清晰具体、容易理解的日常事务进行类比，帮助来访者认识和理解那些未知的、模糊抽象的事物，是心理咨询中常用的一种技术。

"之前，你在自己的想象中做了一个很大的推论，即你看到草原上有一匹马不好，就认定草原上所有的马都不好，并成了固着的观念。直到有一天，有位老爷爷跟你说：小姑娘，那一匹马脾气暴躁，总是尥蹶子，还踢别的马，它是不好。可是，你再看看其他的马，边上的那匹白马性情温顺，安静地吃草。另外一匹驼色的马，也在流汗帮主人驮东西。还有一匹黑马，将它受伤的主人带回了家，救了主人，你能说它们都不好吗？你因为一匹马不好，就认定所有的马都不好，是不是对其他的马不公平啊？"

姚小影听懂了，她不好意思地点了点头，似乎在为之前自己的那些想法感到难为情。

说到这里我停了下来，想给姚小影留出一些思考和回味的空间。

姚小影思索了一番，然后试探地小声说道："我听进去了，也能有些理解了，好像现在我可以看到一些以前看不到的东西了，可以变得客观了，自己也不那么慌了。"

"你不仅客观了，还能重新检视自己原先的想法了。"我拓展了姚小影的答案。

　　是的，她已经意识到，不能凭自我主观臆想做推论，而应从自我观察的角度去看周围的世界。这样，才能看到更多的事实，才能还原出事物原本的真实。

　　正值青春期的姚小影，也正处于独立意识形成的重要心理阶段。在此，我需要强化她独立意识的存在与成长。

　　于是，我继续说道："之前，你选择相信自己想象中的世界，而现在你选择相信你看到的世界。当你这么做的时候，你就成为了自己，变得更独立客观了。"

　　"成为我自己？变得独立了？这我能做到吗？"姚小影喃喃道，语气有些不肯定。

　　作为见证者，我用肯定的语气，说道："为什么不可以呢？你之前是有些迷茫，但在我们的对话中，我们重新对问题进行了澄清，使你觉察到在归因上的偏颇。现在你通过跟母亲谈心，了解到更多真实的情况，有了新的发现和理解。这个过程是你完成的，新的想法和理解也是从你内心出来的。这就是一个人独立性的体现。"

　　为了强化姚小影在转变过程中的正性体验，我将她修通的过程做了一番解读，并引导她重新进行自我审视。

　　我告诉她，一个人有了独立性之后，就有了自我力量。惶恐不安的内心就变得宁静了，这种宁静的自我状态，更容易进行内在的觉察与审视，这就形成了一个良性的内在循环。

　　"是的，医生。现在我好像有了一些判断力，原来我总认为自己想的是对的。现在看来，其实很多想法都是矛盾的。"姚小影托着腮，思考了之后说道。

　　"有了判断力，你就有了新的想法，就有了不同以往的感受和行为。当你继续成长，有了更多的独立判断与想法之后，接下来会发生什么？"我追问道。

　　听到这个问题，姚小影突然笑了起来，眼神中透出一丝狡黠，说道："就没有以前那么多害怕、烦恼和不开心了，我说的对吗？"

　　听到姚小影的回答，我心中暗自赞叹。看来，她密闭已久的内心，已打开了窗户，能够有阳光照射进来了。

　　"这是你的一个收获，还有呢？"我继续拓展话题。

"嗯。就是心里会感觉更轻松，更有力量一些，也可以静心做自己的事情了。"姚小影很快回道。

"也就是说，你的内心更宁静了。以前心里越害怕就越烦恼，越烦恼就越纠结，越纠结就越不开心。现在内心变得宁静了，情绪也就平复了，是吗？"

我能感受到姚小影内心萌生出来的新芽，想通过解读让她仔细地体悟自己内心的变化，希望她内心的土壤能够变得丰厚，使阳光下的新芽能够扎根生长。

姚小影认同，点了点头："对，就像您说的那样。"

"那当你的内心宁静了之后，还可以做些什么？"我继续问道。

"我就有能力用自己的温暖去报答爸妈，让他们也不再那么苦恼。"姚小影立即回道，语气中透着一股坚定。

这是一个善良而孝顺的孩子，也正是这样，她才会卷入父母的情感漩涡如此之深。

此时，我觉得可以将咨询的进程进一步推进，转向她与父母之间关系的重新审思与界定，这对她自我独立意识的建构很有帮助。

我略微整理了一下思绪，然后说道："那我们先来看看你爸妈为什么会这么苦恼。他们最初因互相吸引而恋爱，想在一起生活而步入婚姻。但是，夫妻关系是一种亲密关系，这种关系与社会关系模式不同，首当其冲的就是彼此关系边界的消融。"

"关系边界消失以后，两个人不是应该变得更亲了吗？"姚小影露出了一丝不解。

我摇了摇头，接着解释道："当两人边界消融时，就忽略了彼此差异，欠缺了尊重，过度卷入很容易出现矛盾冲突。比如，妻子让丈夫下班后买瓶酱油，丈夫答应了，结果忘了买。这本是件小事，但妻子可能会抱怨'做事这么不靠谱，你心里还有这个家吗'！这种言语很容易激起丈夫情绪。如果丈夫控制不住情绪，这件小事就能引发一场争吵。这种例子在生活中比比皆是。"

> 过度卷入：当一个人过度卷入到与他人的情感中时，就模糊了个体之间独立的边界，其心理状态更容易受到对方的影响；导致其不恰当地判断事件与自己的关联程度，以及自己的行为可能给对方造成的影响。

姚小影专注地听着，不断点头认同。

"在生活中，当你母亲用言语激惹你父亲时，如果他无法用语言表达，就有可能用肢体来表达，吵架就会升级为打架，他们的感情都会受到一些伤害。若此类冲突不断，夫妻爱的感觉会慢慢变淡。事后若无有效沟通，更容易发生新的冲突，从而进入一个恶性循环。最终，两个人不得不划清界限，以避免继续伤害。"我继续说道。

"那为什么有的家庭可以过得很幸福，而我们家却成了现在这个样子呢？他们总不可能一辈子都不吵架吧？"姚小影有点不甘心地问道。

"是啊！人都是有感情的，家人也难免会有消极情绪，这很难避免。但是，如果无法将彼此的消极情绪，回归于理性的沟通、宽容与改变，那就会使冲突不断升级，直至伤害。所以，关键是情绪管理的能力。当有这种能力时，他们就过得幸福一些，但能力不够时就要学习与成长。"我解释道。

"那么怎么才算是成长呢？我又该怎么做呢？"姚小影急迫地问道。

关于成长这个主题，是心理诊室里很多人都问过我的一个问题，究竟什么才是成长呢？在我看来，"成长"就意味着改变。如果不去改变旧有的认知行为模式，那就是"复制"。所谓复制，就是个体面对自我发展问题时，其习得的认知行为模式没有改变。

我需要对姚小影的提问，给出一个具有针对性的回应。

"具体到你现在的问题，就是对父母之间的关系及结果，做出你自己新的审视与分析，思考为什么会是今天这个结果？如果你能从中有所觉察和学习，帮助你管理自己的情绪，就是你的成长。"我说。

"其实和几天之前相比，你已经有了一个很大的进步了。"我笑着对她说。

"哦？您指的是我不像以前那么容易害怕了，是吗？"姚小影试探地问道。

"这是你的改变之一。还有一个更重要的，你记得么？我们第一次交谈时，你一直都在说父亲的问题，说他是个坏人。然后你再回想一下，今天你是怎么说父亲的，比较一下有何不同？"我问道。

"噢。以前我把所有的错误全都归结到爸爸那里，而现在我好像不这么看了。"姚小影想了一下，认真地回答道。

"是的！今天你变得更理性，能比较客观地看父亲了。这是你之前做不到的，所以这就是你的成长。其实，每个人的改变都很不容易，所以我想把你的成长见证出来，让你看到它们。"

> **见证**：见证人通过对来访者讲述的事件或观点进行重述和回应，使来访者能够更加深入地洞察自己积极正向的变化，以增强自我认同。

姚小影忍不住地笑了。此时，她的笑容真的很动人。

"现在，我想起他俩吵架的情景时，也会想起我和妈妈吵架的时候，我就会想我心里肯定是爱我妈的。有时候，我跟妈妈吵架时说话还挺狠的，就会去想象他们吵架可能也是这样的。"姚小影回道。

现在，姚小影能用自己与母亲的争吵，去理解共情父母争吵时的情景，而不是臆想之中的绝对化归因，再一次印证了她的成长。

于是，我紧接着她的话，说道："你刚才这个回答很宝贵。你能够体会到即使家人有感情有爱，也可能会在情绪状态下冲突吵架，也会说出伤害的话。这样你就能更客观地观察，独立地做判断了。用简单的一句话来形容，就是你有独立的自我意识了。"

姚小影望着我，很开心的样子。

此时，我还需要把她当下的感悟，迁移到她现实的生活中。

"是的！有了独立自我的你，就会更清楚你想要什么、不想要什么。比如你想要好的家人关系，不想要父母那样的人生。这时，父母就会成为一面镜子，成为你学习情绪管理的动力，比如你可以学习如何跟自己不好的情绪相处，学习如何跟别人表达情绪性感受。"我继续道。

"医生，您能教教我吗？我好像不太会跟别人表达……"

姚小影期待地望着我，主动请求道。

只不过，没有时间了，不知不觉间50分钟又过去了。

于是，我答应道："好啊！我们下次就解决如何表达自己感受的问题，好吗？"

"好！"她爽快地答应了。

父母分开了，但永远是家人

对既往情感伤痛的过度负性消极加工，将会导致扭曲的关系认知。通过具体化、审视与重新归因，可以逐步回归到理性客观，疗愈情感伤痛。

我们再次见面，已经是十天以后了。这期间她回到西城区的学校，处理了一些学业上的事情。

我仔细打量了眼前的姚小影，她神情自然，两个向上翘着的眼角带着轻松，美丽的面孔上微红的色彩，彰显着她的青春气息。

她坦然地望向我，说道："医生，这些天来我都在想，我确实需要学习如何表达自己的感受，之前跟我妈妈的每一次吵架，我心里都特别的难受，还哭过很多次呢！"

看着姚小影热切的目光，我点点头说："其实，关键就是学会**述情性表达**，而不是情绪性的愤怒或攻击。我举个例子吧！假如，你被人无辜抱怨，你很生气，然后说'你瞎说！真是不讲理！'这，就是情绪性表达。这种表达带有愤怒与攻击的性质，容易激怒他人。但同样这事，如果你说'不是这样的，是被理解错了，心里感到很委屈，也很不舒服。'这就叫做述情性表达。"

> 述情性表达：通过叙述自己的内在情绪和感受，使对方能够更好地理解自己，而不对他人做评价、评判。

看得出来，姚小影听得用心了，想必这些心理学的观点和方法，令她感到新鲜而陌生。故此，我需要在此深化她的感受。

于是，我做了进一步的解读，说道："其实，就是通过向对方表述出她的何种言语或行为，给你带来的消极影响和内心感受。这样，可以促使对方更多地了解你、理解你和体谅你。同样，对方也有机会反思自己的言行，使对方意识到某些言行是不恰当的。如果，双方都能够采用述情性表达，那么相处就容易多了。"

"医生，能借我一下纸和笔吗？我想记下来，回去和妈妈一起学习。"姚小影冷不丁突然冒出这么一句。

"当然可以了！"我拉开抽屉，把纸和笔递给她。

眼前的姚小影只有 14 岁，看着她认真书写的神情和姿态，我内心不禁淌过一阵暖流，希望她的这段生活历程，能够成为唤醒她内在自我力量的动力，不再纠缠卷入父母的人生。

很快，姚小影就记完了笔记，然后一脸期待地望向我。这一幕，使我有些忍俊不禁。

毫无疑问，父亲是姚小影人生中的重要他人，她需要直面这段重要的关系。故此，我还需要对她与父亲之间的关系做进一步的**修通**，这对她未来的生活至关重要。

> **修通：**存在主义心理治疗理论认为，当人能够以一些条理分明而且可预期的模式来解释和梳理生活中所发生的事情时，这件事就被置于因果关系之中了，它就好像处于人的掌控之下了。如此一来，人的确定感和掌控感得以增强，内在的体验或行为就不再恐惧、排斥或担心失去控制。

于是，我理了理思绪，针对他们父女关系问题，说道："我期待你与父亲的关系能有所改善与和解，这样你才会真正的幸福。尽管你觉得他不是个好父亲，但我感觉他在你心中仍占有不小的位置。试想，如果他没有占据重要的位置，你也不会如此怨恨他了，因为恨也是一种深刻的情感联结。所以，你和他之间的关系需要做一些调整。"

看到我郑重其事的样子，姚小影点了点头。

"首先，就是接纳父亲是不完美的，这需要你先对他有个客观的认识。之前，你说父亲过得并不如意，离婚也没有让他比以前更好。尽管你是父亲的女儿，但你却无法决定父亲的人生应该如何度过，对吗？"我问。

"嗯，是的。爸妈他们认识和结婚，那时都还没有我呢！"

"父母婚后，你出生了，他就成了你的父亲。他可能不是你的榜样，也不是你敬佩的人，但他依然是给你生命的人。而今天你已经初中二年级了，有了自己的感受和判断了，比如，你可以选择如何去思考，如何去行动。其次，你还可以重新梳理与父母的关系，不让自己过度卷入，而是做出适度的分离。"

说到这里，我看到姚小影一直在奋笔疾书，便停了下来，等她记录完。

我一边等着，一边整理着思绪。

不多一会儿，姚小影抬起头来，示意我可以继续。

接着，我又给了她如何分离情绪的具体指导。建议她把过去的事件与现在的情绪感受之间划出一个界限。比如，母亲经常会在情绪不好时抱怨父亲泄愤，但是抱怨之后，母亲的情绪反而变得更差了。所以，帮助母亲逐步对往事释怀是她的一个具体目标。

明确告诉她，当意识到母亲又开始抱怨父亲的过往时，首先调节好自己的情绪，然后直接对母亲说：你和爸爸已经分开了，这些事情也都过去了，我们要过好现在才是重点。

她看着我，用手托着腮，似懂非懂的样子，好像希望我再说的细致一些。

于是，我补充说："我举个例子吧！假如过去的生活是阴霾的，如果你想要摆脱它，那就必须要从里面走出去。如果一味沉浸在往事中，只能让自己一直被阴霾笼罩，你觉得呢？"

"噢，有点明白了。妈妈从过去走出来，我就能帮到她了吗？"她急切地问。

"如果你心平气和地说，我想妈妈是能够听得进去的。很多家庭，当儿女长大了，学习能力比父母快，子女就成了家庭的引领者。心理学认为，每个家庭都是一个系统，只要孩子改变了，家庭关系也会有相应地改变。"我进一步阐释道。

"可是，我行吗？"姚小影有些不自信，插言问道。

我点点头，用肯定的语气说："小影，你试着带着妈妈一起走出过去的阴霾，而不是复制过去的生活。这样，也许才能让你们过上自己想要的生活。"

"嗯，我懂了。"姚小影眼睛一亮，点了点头。

"最后，我想对你说，你们之间真正的和解，就是你明明知道父母有不少缺点，但却不怨恨他们，而是让自己情绪稳定，因为你是自己的主人。另外，你父母之间的问题，是属于他们关系的纠结与疏离。对你来说依然要感谢父母，这样做不是为了他们，而是作为女儿的你无论父母如何，都应让自己心存温存，这既是一种自律，也是一种善良。"

听完这一段话，姚小影有些感动，眼睛里泛着泪光。

"谢谢您，医生。我想，我知道该怎么寻找自己想要的生活了。"她说。

这是姚小影离开诊室前和我说的最后一句话。

　　是啊！作为父母的孩子，她何曾不期盼自己的父母能和睦、安康和幸福呢？！

　　一年时间过去了，希望已经上高中的姚小影能找到自己的安宁、自在和快乐。

结束语

　　如果，你曾站在阳光下歌颂清晨，那么，也请你在大海边拥抱夜晚。生命的历程中，每一次遇见，每一个离别，一点一滴都是生命里真实的存在。去面对它、接纳它，并把它转化为生命成长的一种力量！

做自己的心理疗愈师

第一杯咖啡：如何找出"害怕"背后心理根源

心理学认为，安全感既是儿童心理健康发展的基础，也是人格完善的基础。

　　害怕，是常常出现的一种负性情感体验。究其根源，往往来自于安全感的缺乏。心理学认为，适度的安全感既是儿童心理健康发展的基础，也是人格完善的基础。社会文化精神分析学家卡伦·霍妮认为，儿童在早期有两种基本的需要，包括安全的需要和生理的需要，这两种需要的满足完全依赖于父母；当父母不能满足儿童这两种需要时，儿童就会产生焦虑。即如果父母不能满足儿童安全的需要，儿童就会缺乏安全感。

　　"害怕独处"，是姚小影的第一个主诉，如何将"害怕"的内涵澄清和具体化，将姚小影内心深处的困扰抽丝剥茧地呈现出来，将是心理医生要处理的第一个问题，也是最关键的一个环节。

　　姚小影通过叙述自己的成长故事，逐渐厘清了"害怕"的心理根源，在这个过程中经历了三个重要的阶段：其一，小时她耳闻目睹了父母之间的肢体冲突，内心产生了强烈的不安全感，引发了情绪的焦虑恐惧。其二，父母离婚后，母亲将自己塑造成了一个受害者的角色，并将女儿当成了倾诉者，这既强化了父亲在她心里的负面形象，同时也强化了她情感的伤痛。其三，自我安全感的缺失，不仅使她害怕独处，而且令她与父亲之间的关系发生偏离，逐渐泛化为对所有男性的恐惧，导致社会性功能受损。

☕ 第二杯咖啡：如何矫正偏离扭曲的亲子关系

人际关系既包括个人与真实他人的关系，也包括与幻想他人的关系。

　　沙利文在人际关系理论中提到，人际关系既包括个人与真实他人的关系，也包括与幻想他人的关系。后一种关系对个人生活具有同样甚至更大的有效性和重要性。倘若一个人的内心世界脱离了现实，由虚幻的想象支配了人的生活，使正常的人际关系遭到破坏，就会导致人的心理出现病态，产生一定的人际扭曲。这是一种曲解他人的知觉加工倾向，是一种偏离性的关系。

　　处于青春期的姚小影，由于父亲本身的暴力行为，以及其母亲离婚后在姚小影面前反复用负性语言建构的父亲形象，致使姚小影与其父亲之间产生了一定的人际扭曲，对父母离异的归因产生了过度的污名化及拒绝排斥，并形成了刻板印象，从而出现了"害怕"父亲乃至后期泛化至"害怕"异性，即认知疗法中提到的"不合理信念"。

　　在澄清事实的基础上，引入"例外"事件分析，通过解读对姚小影友善的男邻居形象，来求证其男性都是坏人推论的真伪，以己之矛攻己之盾，矫正其不合理信念，并在此基础上对其父亲的形象进行合理化重构。

　　通过情境还原、一致性确认、行为类比等方法，使姚小影认识到导致父母关系恶化直至最后离婚的原因是复杂的，是情景因素、个人因素和原生家庭因素综合作用的结果，并非父亲一人的问题，从而矫正了在她心目中过度负性化的父亲形象，使其对父亲的印象逐渐回归到理性，继而缓解了其因人际扭曲而带来的焦虑和恐惧，修通了其害怕异性的偏离认知，并在后续心理咨询中通过隐喻等方法对其新建构的合理化信念进行巩固。

第 *3* 篇
婚姻，是爱情的"坟墓"吗

人物独白：两年前，我很笃定自己遇到了爱情！一年半前，我穿上了白色的婚纱，与我爱的人步入了婚姻。如今，儿子出生了，我却无论如何也快乐不起来，爱情再也找不到了！

◆人际动力心理学认为，人是关系的产物，是永远生活在各种关系之中的。因此，自我与他人及外界关系的质量，就是个体生活质量的展现与拓延。

情感抑郁，随之而来

产后抑郁的发生，通常与脑内神经递质水平紊乱有关，临床上会出现一系列生理心理性功能紊乱的症状。

午后，从塞外赶来的张莉莉走进了心理诊室。

透过低垂的眼角，我看到的是一个略带迷离和忧郁的眼神。纤细的手臂无力地垂在身体两旁，手指关节清晰可见。

怎么会瘦成这个样子？我的心里泛起一丝怜惜，不禁思忖着眼前的女人是经历了怎样的变故，会让自己如此憔悴。张莉莉静静地坐下后，话未出口泪已涌。我递给她一张纸巾，等待她恢复平静。看得出，这个女人心里充满了悲伤。

"医生，我生了儿子后，我感觉自己整个人都变了，看什么事情心里都不舒服。"她伤心地说。

在咨询初始，摄入性谈话阶段，要先对问题具体化。

于是，我问道："儿子什么时候出生的？"

"一个月前剖腹产的，现在我还在哺乳。我最明显的感觉就是有了孩子以后，看到他那么小、那么依赖我，就会胡思乱想，担心他遇到危险，每天都心烦意乱的。"她带着伤感的语调，回道。

产后抑郁症？这是我脑中冒出的第一个念头。对来访者心理问题做出准确的评估与诊断，是咨询初始阶段的重要内容，也是后续心理治疗的基础。

> **产后抑郁症**：是一种常见的情感障碍，发病率8%～13%。是女性于产褥期出现的抑郁症状或典型的抑郁发作。该病对婴儿、母亲及家庭健康都有重要影响，需要及时诊治。

"还有什么变化吗？"我继续问。

"我经常发脾气，摔东西，大声哭喊，控制不住自己。有时觉得这样活下去，一点意思都没有。"她低声说。

"你发脾气有原因吗？"我需要细节。

她告诉我，一个半月前，剖腹产不久后就开始发低烧，肚子抽着疼，常常夜里疼痛难忍就去看急诊，打止痛针。每当这个时候，心里就感觉特别委屈，不由自主地掉眼泪。

哭泣，是忧伤而压抑情绪的一种自然释放。

此时，我没有打扰她，也没有劝解，只是将纸巾盒递过去，给她平复情绪留一些时间和空间。

"有了孩子，你做了妈妈。那么你丈夫呢？你们之间关系如何呢？"我需要澄清一些基本的事实。

"我和他关系不好，看他哪儿都感觉厌烦和不顺眼，我有儿子就行了。现在，我都不愿意让他碰我一下。"张莉莉哽咽着。

"现在你与丈夫没了肢体上的亲近，那么你们言语上的交流如何呢？"我追问。

她皱着眉说："我跟他无话可说，两个人在一起就是吵架，一旦发脾气我就控制不住自己了。现在我一点食欲都没有，深夜睡不着时，会止不住地流泪。"略微停顿后，她又补充道："我猜想自己是不是出了精神上的问题，就来看心理医生了。"

"你的体重有变化吗？你看起来非常的消瘦。"我问。

"下降了20多斤。"她回道。

"你对原来感兴趣的活动或爱好，还有兴趣吗？"

她摇摇头："对什么都没有欲望了，就是害怕他们对我孩子不好，除此之外没什么兴趣。"

情绪低落，兴趣丧失，悲观无望，没有性欲，睡眠障碍，体重下降——这是典型的抑郁症状。

人际动力心理学认为，人永远都是生活在各种关系之中的。因此，与他人及外界关系的质量，就是个体生活质量的展现与拓延。

当下，要想缓解她的抑郁症状，就要从她与周围人的关系上入手。

于是，我问道："除了和丈夫关系不好，和家里其他人的关系呢？包括你与孩子的关系？"

"我很爱我的孩子，我一看到他，就觉得心情平静了很多，但是也会有很多担心。觉得他很可怜，这么小的一个生命，如此依赖我，而我又保护不了他。想到这些就非常伤感、难过。"她回道。

"你和母亲的关系呢？"我继续问。

"还可以，但如果她没按照我的方式照顾孩子，我就大发脾气。"

"和婆婆的关系呢？"

"唉！我和婆婆的关系一直都不太好。"

她没精打采地叹息。

结婚以后，她和婆婆在很多生活细节上都有分歧，该买什么，不该买什么，日子该怎么过，两个人之间总是磕磕绊绊。

倾听了张莉莉的叙述，我已经能够做出产后抑郁的诊断。

> **倾听：** 心理师要认真、有兴趣、设身处地去听，并适当表示理解，不带偏见，价值中立，这是心理咨询的关键一步，是建立咨询关系的基本要求。

"听了你的叙述，了解了分娩后你的情感、身体及心理变化，再结合系统心理评估的结果，基本符合产后抑郁的诊断。"我说。

张莉莉此时的反应却很平静，这有些出乎我的意料，似乎她早已经预料到了什么。

"嗯。我也是感觉自己很忧郁，很失常，这也正是我想来看心理医生的原因，看看能不能通过心理疏导来治疗。"她回应。

"从产后抑郁治疗的角度来说，单一心理治疗是难以彻底解决问题的。"我回道。

从医学角度看，产后抑郁的发生，通常与脑内神经递质水平紊乱有关，临床上就会出现一系列生理心理性功能紊乱的症状。比如情绪低落，容易激惹，易哭泣，对事物丧失兴趣等，还有食欲减退、失眠、体重下降等，这些都是抑郁常见的表现。由于神经递质的紊乱无法通过言语去恢复，而是需要用专门矫治神经递质的药物，这一类药被称为抗抑郁剂。

张莉莉认真地听着。"我建议你去抑郁专科门诊做一些治疗，同时在我这里做系统的心理治疗。"

"好的，我会去的。"

"医生，今天我跟您这样交流，我感觉能减少我不少的压力，我下周再来见您。"

我们互相道别。

婚姻中，爱情不在了

当人们深陷情绪的沼泽时，智慧的光芒就被深深地遮蔽了。

张莉莉如约来到了我的诊室。

与上次不同的是少了之前的拘谨。但她的脸色依然苍白，突出的眉骨之下，是那双漂亮而忧郁的眼睛。

"这一周你感觉怎么样？还那么心烦吗？"我将眼光投向张莉莉。

"心情很不好，还是控制不住情绪，特别容易发脾气。丈夫和家人说一些我不爱听的话，就会突然发作，晚上也睡不踏实，做梦很多。"张莉莉摇头道。

梦境，是特殊意识状态下的心理活动，通过对梦境的了解，心理医生也能获得一些有用的信息。

于是，我让她描述了梦境："一天晚上，我发现家里特别冷，丈夫却呼呼大睡。我骑上车子心急火燎地赶去商场，但商场大门却关了，我拼命地敲门，大声呼喊：孩子没保暖的东西，他会冻死的呀？有一次，我还梦到，儿子孤零零一个人在大哭，但家里人依然都在看电视，我愤怒极了，大叫一声，就被惊醒了！"她眼神游移，不安地说道。

从张莉莉梦境的情感反应中，可以清晰地感觉到她的悲观、焦虑和恐惧。把对婴儿的照料幻化为生死的极端问题，并视自己为孩子唯一的拯救者。

另外，她情感问题的主线，也渐渐显露出来。我发现，无论是她的语言描述，或是梦境中的情绪反应及伴随情景，对丈夫的失望、焦虑和愤怒都显而易见。

所以，我将话题引向了夫妻关系，直接问道："你非常担心孩子，唯恐他受到什么伤害，所以在梦境里都让你很紧张焦虑。但孩子是你和丈夫共有的，现在我想了解一下你丈夫。"我说。

"刚结婚时还挺好的，但是怀孕之后就开始有矛盾，会为一些琐事争吵。"张莉莉回道。

一对恋人，从婚前爱与性的激情浪漫，进入到婚后朝夕相处的生活，婚前被忽略的家庭文化、生活经历与价值追求，在平凡琐碎的相处中，逐渐发现彼此之间的诸多差异、矛盾和冲突。

如若，双方没有做好接纳差异、管理情绪与学习成长的心理准备，那么，随之而来的就是双方差异引发的冲突、冷漠与疏离，甚至是攻击与伤害。

这，正是人们常说的：相爱容易，相处很难！

张莉莉一直认为，自己是为爱情步入婚姻的。

她大学毕业后，应聘到一个不错的保险公司工作。她与丈夫吴硕在一次专业技能培训课上相识了。起初，张莉莉感到吴硕不仅长得帅气，责任心还特别强，自然是印象深刻。但是，由于工作上没有什么交集，也就止于好感。

有一次，张莉莉在一个项目设计时遇到难题，科目进展受阻，正在焦灼之际，吴硕挺身而出，主动相助，多方协调，最后顺利完成了这个项目。这件事情之后，张莉莉对吴硕的好感快速攀升，爱慕之情油然而生。

她还说，那时觉得吴硕与众不同，除了有责任心，有能力，在事业上也积极上进，尤其体现在他学习的能力上。

恋爱半年，情感很快地升温。于是，他们决定要结婚了。

听完了她的故事，我笑着做了**概述**式回应："你们从最初的职场相遇，到英雄救美，再到倾心相爱，最后成为生活伴侣。这是一个难得的过程。"

> **参与性概述：**是指心理咨询师把来访者的言语和非言语行为，包括情感等，综合整理后，以提纲挈领的方式向求助者表达出来。

张莉莉似乎还在回忆里，眼神里流露出一丝迷茫。

也许，是我描述的这些爱恋、情感与温馨浪漫，已经离她十分遥远了。

张莉莉叹口气，声音低沉地说："唉！我有很强的落差感。爱情带给我的幸福太短暂了！结婚后不久，我就怀孕了，从那时起我们冲突很多。现在有了孩子，冲突就更多了，争吵就没断过，根本就没有了爱的感觉！"

恋爱中的人，在谈情说爱的当下，看到的都是对方美好的一面，在烛光下你依我侬，在月光下畅谈人生。然而，婚后，在密切琐碎的日常生活中，彼此毫无遮拦的真实言行、文化差异与个性弱点，自然而然地显露了出来。

婚前婚后，这种巨大的反差，使理想化的婚姻情感关系受到了很大的冲击。

张莉莉还坦言，她最大的痛苦是双方的原生家庭。两个家庭在经济、文化以及价值观上的冲撞，导致小夫妻的矛盾不断升级，从最初的争吵、抱怨，发展为厌恶、拒绝。

她是独生女，父母都在银行工作，家境比较富裕。恋爱期间，她就知道未来的公婆都在电网系统工作，家境一般，生活节俭。

"医生，我不计较他的家境，我喜欢的是他这个人。但他母亲似乎不喜欢我，似乎总是找我的错处，让我很难受。其实，我很在乎婆婆，也想做个好媳妇，比如她过生日，我订个好蛋糕，她撇一撇嘴说：'花这冤枉钱干啥？以后别买了！'我很受伤啊！"

她说，为了让婆婆过上好一点的日子，逢年过节会买一些吃的及衣物送给她，但婆婆却不领情，总觉得她花钱大手大脚，不是个过日子的媳妇。

现在，她害怕与婆婆单独相处，找理由躲避，心也越来越累了。

我能感觉到，在这种处境中，张莉莉的内心是不安矛盾的。她一方面极力避免与婆婆的接触，但内心深处又非常渴望亲近婆婆，企盼婆婆能够认可她、喜欢她。

从心理层面看，这是对重要关系人（权威者）一种关注认同的心理需要。

当张莉莉与婆婆发生冲突的时候，丈夫吴硕的反应十分重要，也十分敏感。于是，我把话题扩展到她丈夫身上。

"在你与婆婆之间，你丈夫会怎么做呢？"我继续采用开放性问话。

> **开放式提问**：处于个人探索阶段时，较多运用开放式提问。主要目的是：①建立良好的关系；②获取有关资料，以进一步界定和理解问题；③协助来访者进行自我探索。

说到这儿，张莉莉眼睛一下子睁大了，略带愤怒地高声回应，说道：

"哼！最让我生气的就是这一点，他给我添很多堵心的事。"说到这里，张莉莉情绪有些激动，愤愤不平地说道："我和婆婆之间的矛盾升级，都是他不会说话办事，让我被挤兑、被误解！所以，现在我对他特别的失望！"张莉莉对丈夫的愤怒、失望与厌倦显而易见。

此时，我需要将这种本能的外投射式的心理防御，转变为内省式的自我觉察与审视，助她开启一个新的视角，去探索婚姻问题的成因。

于是，我有意转换了话题，问道："我们先把问题放在一边。现在，我很想知道，你丈夫身上有什么地方，让你感觉到很真实而又难得的呢？"

张莉莉对我这样的问话方式，似乎没有心理准备，沉默了一会儿后，认真地说：

"其实，我还是能感觉到，他对我挺好的。刚结婚就有了孩子，也一直很体贴我，特别是我发脾气、摔东西的时候，每次他都在忍耐。我能感觉到，他心里也想帮我，只是不知道该怎么帮。还有，我生气时说狠话，要离婚。但他不计较，一样照顾我。"

从张莉莉言语的表述中，她感受到了丈夫的体贴、关注和不容易，也体验到了丈夫欲助却无门的心境，以及对她坏情绪的包容与忍耐。

显然，通过转换视角的话题，已经顺利切换了她的情绪表达频道。这种回归事实的多视角觉察，对改善负性情绪十分有益。

时间像流水一样，在不知不觉中悄悄地流逝。此时，时钟已指向结束的时间了。

我没有在这个话题继续停留，而是要在咨询结束前做一个**影响性概述**。

> **影响性概述**：心理师将自己所叙述的主题、意见等经组织整理后，以简明扼要的形式表达出来。

"通过今天的交谈，我感觉你是一个渴望帮助自己的人，希望通过努力，让你有个更好的状态，能够给孩子有质量的母爱。上周你还去了抑郁专科，这本身就是一个积极的行为。"我说道。

张莉莉将身体向前倾了倾，看得出她很看重心理医生给出的反馈。

"另外，你也意识到原生家庭差异，是婚姻关系冲突的一个重要原因。这种觉察，能帮助你了解消极情绪来源，认识到情绪失控是心理冲突激化的一个产物。"我说。

张莉莉点头说："之前，我心里是一大团乱麻，感觉都要烦死了。刚才我一直在讲这些烦心事，而您一直都在耐心地听，不打断我，也不评价我。现在，我心里松快多了。"

"很高兴你有这种感觉。今天这种自我觉察，也许能帮助你找到方法去化解问题。"我微笑着说。

张莉莉似乎有些不好意思，面露一丝羞涩，对我说：

"谢谢医生！之前我都没有这样想过，我每次和您交流以后，那种乱哄哄的感觉就少了很多，心里好像有个东西被打开了一样，敞亮了很多。"

在我看来，当人深陷情绪的沼泽时，智慧的光芒就被深深地遮蔽了。

试看人间恩怨几何？人生的悲剧，哪一个不是在非理性情绪状态下引发的？人生的哪一句伤害性的语言，能逃出非理性情绪状态这个隐匿的魔网？

这时，我还需要给张莉莉更确定的反馈，让她看到自己的内在，看到消极情绪如何将自己引向冲动式的宣泄与盲动。

"其实，心理医生能做的就是成为你的一面镜了，从中映射出更真实的、更隐蔽的自己。当下，你最需要的是把情绪化这匹烈马的缰绳牵住，否则任其狂奔会带来更多的伤害。"我用肯定的语气，回应道。

"知道了。还有医生，我特别想跟您说一说我父母，我感觉他们对我的影响也很大。"张莉莉说。

心理治疗的有效性，依靠的中介不是化学物质，而是心理医生与来访者之间有温度、有尊重的治疗联盟关系。

当下，张莉莉在咨询中越来越主动的行为，以及自我开放的程度越来越深入。这些都是咨询关系良好的表征，也是心理咨询取得实质性进展的基础。

他们夫妻双方的原生家庭，正是下一步我需要重点了解的内容，因为它对夫妻关系具有多重性影响。

心理咨询与治疗是一个有节奏的、递进的过程，忌讳一次咨询时间涉及过多的议题。

于是，我还是结束了今天的咨询。

我的婚姻，很难经营

在人类的遗传基因里面，没有事先刻入让人们幸福的基因，它需要用学习思考去创建，用理解包容去维护，用持续的成长去发展。

张莉莉第三次来到诊室，已是初秋时节。一件浅驼色的夹克配上一件休闲的牛仔裤，整个人看起来精神了许多。

这时，她从容地坐到了我对面的沙发上。按照上一次确定好的咨询目标，这次的重点放在了他们夫妻的原生家庭上。

我开门见山，用平和的语气问道："我想知道，你是在什么样的家庭长大的？"

她思索了片刻，说："尽管我是独生女儿，但父母却对我的要求很严、也很高……"

张莉莉回忆说，父亲能干，但脾气急躁，一言不合就会对她发脾气。直到她上大学以后，父亲才对她客气一些。父亲工作一直较忙，在家时间很少，她和母亲的交流更多一些。母亲很独立，工作能力也很强，所以要求女儿也必须自力更生。

这样的成长环境，塑造了张莉莉相对独立强硬、有主见的性格和善于自我管理的行为方式。

我观察到，张莉莉在讲述中，虽然神情平和，但却一直眉头紧锁，言语中似乎有一些委屈、难过和无助。

依据家庭系统理论，父母在亲密关系中的互动模式，将会对孩子造成深刻的影响。于是，我直接切入主题，问道："你父亲和母亲之间的关系，又是怎么样的呢？"

听到这个问题，张莉莉从沙发上坐直了身子，说道：

"小时候，我经常看到他们吵架。现在都退休了，关系也好了一些，但依然还是争吵，就是互相指责的那一种。"

我心里闪过一个念头，也许在某种程度上，张莉莉与丈夫的相处模式，似乎就是父母相处模式的一个循环复制。

"现在请你回忆一下，你父母之间会如何表达爱意与情感？或者他们有了矛盾会用什么方式去解决？"我说。

她认真地想了一下，然后低下头不好意思地笑了笑，说道：

"呵呵，我感觉他们都不会表达爱意与情感，不仅彼此不表达，对我这个女儿也不表达。我从小到大，就没听到他们俩夸赞过对方，都是挑对方的毛病，包括对我。"

张莉莉顿了一下，她的眼睛里流露出一丝幽怨，只见她不由自主地叹了一口气，继续说道："唉！对我来说，从小到大做什么事都得不到他们的肯定。尤其在父亲眼中，无论我做得有多么出色，他都绝不会表扬我，甚至还会找茬批评我。比如大学时，我是学校乒乓球队的主力队员，有一年还赢得了单打冠军，周末回家我告诉了父亲。可是，我爸不但不表扬我，反而说我不务正业，让我伤心了很久……"

张莉莉显得有些伤感，还夹杂着愤怒，语速明显加快了。

"我能感觉到你父亲说这些的时候，你心里的失望和难过。"我回应道。

"嗯，现在想起来心里还是挺难受的。"她默默地低下头，眼角垂了下来。

"你与母亲之间的交流，怎么样呢？"我继续问。

"我母亲也很少对我表达情感，更少有肯定与赞赏，好像我做什么都是理所应当的。所以现在我非常在意别人对我的评价，心里很渴望别人对我的认同和称赞。"张莉莉叹口气说。

此情此景，让我联想到，内心渴望得到父母喜爱认同的张莉莉，在来到另一个新的家庭后，在婆媳关系之中，依然隐隐期待着公婆长辈的肯定，这种深层的心理需要和行为模式与原生家庭如出一辙。

我继续探索着她原生家庭中的沟通模式，问道："如果你父母之间有了冲突，他们彼此的解决方法是什么？"

张莉莉的脸上尽显无奈，回道："哦？没有解决方法，基本上就是互相抱怨式的争吵，直到他们吵累了才停下来。"

父母相处的模式以及情绪表达的方式，对孩子的心理行为与思维模式，有着潜移默化的深刻影响。

于是，我笑着说："你觉得自己更像谁呢？是像父亲？或是母亲？"

张莉莉摇了摇头，不好意思地苦笑，回道："怎么说呢，我觉得自己分别继承了他们两个人的缺点，比如我父亲的坏脾气和我母亲的控制欲。"

她的回答引起了我的关注，当个体把自己的心理行为模式视为父母传承的一部分时，她本能地会认为那就是天生的，是无能为力的，也是无法改变的。这种潜隐的认知归因，不利于一个成年人对独立自我的内省、觉察与改变。

我需要在此停留。

让张莉莉与父母之间的关系划出一个界限与距离感，唤醒她内在的自我意识，促使她对自我心理行为模式进行审视觉察，这是个体生命获得自我心理成长的基础。

于是，我说道："你是父母的孩子，但你更是一个独立的生命体。你说父母已经这样子过了一辈子，他们一直在争吵中生活，现在吵不动了也就不吵了。可你不一样，你来看心理医生了。在我们交谈中，你能面对真实的自己，既能看到自己不同的人格特质，也能觉察自己的问题，并开始反思自我、父母和家庭关系中的冲突与影响，这是非常难得的。所以，在我看来，你和父母是不一样的。"

> **人格特质**：是一种能使人的行为倾向表现出一种持久性、稳定性、一致性的心理结构，是人格构成的基本因素。

张莉莉频频点头，若有所思地回应，说道："您说的话我听进去了。记得我同学说过，她的表姐生孩子后得了抑郁症，但表姐不知道是生病了，没看医生，日子特别辛苦。最后，她离婚了，孩子很可怜。现在，我特别害怕也像她一样，所以就来看心理医生了。"

在充分了解了她的成长历程之后，我意识到，解决张莉莉情感问题的关键，是先松解她与丈夫之间剑拔弩张的关系。

于是，我直接奔向主题，说道："接下来，我希望你以第三人的视角来描述一下你的丈夫，这对我了解你丈夫很重要。"这种客观视角，有助于减少情绪的影响。

> **客观视角**：将亲密关系中的他人做第三人称的客观化描述，可以在一定程度上与之解离亲密关系，摆脱情绪化的评价，以旁观者的角度更冷静客观地重新看待。

"我觉得，我老公这个人……"

"可以不用老公这个称呼吗？"我立刻打断了她。接着问道："你丈夫姓什么？"

"他姓吴。"她回道。

"好！从现在开始，我希望你称呼他吴先生。"我说。

我常采用这样一种特别的提问方式，目的是将当事人与冲突对象拉开一定距离，减少情感卷入引发的情绪化。

这种陈述方法，对进一步解读冲突双方的心理行为特征，可以带来很多的帮助。

张莉莉听懂了我的问题，她坐直了身子，思索了一会儿，说道："我觉得吴先生最大的问题，是他不会处理人际关系，这点我们两个人有点像。

但是他人真的很好，尤其是对我和孩子。面对他没做好的地方，也会认错的。"

"所以，吴先生是一个体贴暖心的人。请你再详细地描述一下。"我点头回应，进一步拓展这个话题。

"嗯，比如在照顾我这一点上，吴先生知道我身体不好，就主动把能做的家务做了，或者帮我去做。"张莉莉继续说。

"噢，吴先生这样做的时候，你的感觉是？"我给出了一个继续的手势。

张莉莉抿着嘴笑了一下，说道："我觉得相对于很多男人的不管不顾和自私，吴先生在这方面还是很可取的。"

看她脸上难得露出的笑容，以及对丈夫行为给予的肯定，我也感到欣慰。

接下来，我需要让张莉莉更多地去感受这位吴先生，就像前面她了解自己的方法一样，需要在觉察、审视与理解的语境下，探索不同的成长环境对个体带来的潜在影响。

心理咨询的过程，特别像剥洋葱，一层剥完才能深入下去，再剥离下面的一层，层层紧扣。所以，解决问题过程的循序渐进，是心理疗愈的必经历程。

这时，我将话题直接带入吴先生的原生家庭层面上。

"你们在职场中相识相恋了，最后也让原本两个陌生的家庭走到了一起。请你说说，这位吴先生是在一个什么样的家庭中长大的？"我问道。

张莉莉刚才的笑容消失了，眉头又紧紧地皱了起来，不自觉提高了音调，说道："我非常接受不了他的家庭环境！唉……"她叹了口气。

张莉莉说，婆婆能干利索，勤劳节俭，都是算着过日子。相反，公公很少做家务，在家里也没有话语权。这种家庭境况，上有老下有小，日子一直过得都紧巴巴。所以，婆婆经常抱怨，下辈子再也不想过这样的日子了。

张莉莉在讲述中，不时地摇头，显然她有情绪在涌动。

作为心理医生，我需要让她看到自己内在涌动的情绪，以及探索情绪中所包含的潜在含义。

于是，我继续问道："说到这些记忆中的往事时，你心里涌出的感受是什么？"

她直视着我，快速地回应道："哼！太过分了！如果我妈也这样抱怨贬低我爸，我爸爸绝对不会沉默的，而是一定要表达出不满！"

张莉莉停了下来，噘了噘嘴，表现出欲言又止的样子。

我知道，接下来她表达的才是最真实的内心感受，这种直接而强烈的情感体验，在心理疗愈中有不可低估的功能。

"嗯，还有一些什么感受呢？"我紧紧追问道。

"我觉得吴硕的父亲很可悲，也很可怜！记得有一次，他下班回家，一进门就煮面条，但水不小心溢出来了，婆婆立即上前，劈头盖脸斥责'这点事你都干不好，还有什么用！'但此时，我公公竟默然不语，悄悄回屋了，连一句抗拒的话也没说，我心里特不舒服！"

张莉莉愤愤不平，音量也提高了。

我感到，张莉莉对这些往事印象如此深刻，一定应该有她内在的原因。只是，可能连她自己也没意识到，她在潜意识层面，发生了情感性体验的**自我卷入**。

于是，我直接表达了这种感受，说道："你说婆婆斥责公公时，你看到他是沉默的，没有任何辩解。可是现在，我却看到你有情绪跑了出来。似乎，你觉得他应该去争辩，而他却没有做，这时我看到了你的愤怒。我想知道，为什么愤怒的是你，而不是别人？"

> **自我卷入**：是指个体对某种信仰、社会规范或团体规范加以认同的心理倾向。个体自愿参与自认为与己有关的事件，并积极与他人发生互动。

"的确，我很愤怒。但是，为什么我会愤怒？我从来没有去想过这个问题。对呀，为什么我会这么愤怒呢？"

她没有回避我的问题，快速、正面地做出了真实的回应。

"现在，你可以静下来想一想，你的那个愤怒是从哪里跑出来的？"我追问着。

她迟疑了一下，缓慢而沮丧地说："我觉得，发生在我和丈夫之间很多的冲突，都与他的家庭有关。他父亲委曲求全的样子，一定会影响他儿子。现在，我丈夫也是这样默然无语，我跟他连吵架都吵不起来，无论我怎样情绪化，他总是沉默、忍耐。"

张莉莉急迫的言语，就像连珠炮一样。我既能感受到她心里的焦虑、失望与愤慨，也能感觉到她一吐为快的情绪宣泄。

这种适度的情绪宣泄，有助于心理压力的释放，也有利于后续的心理治疗。

我对她刚才的表述做了一个澄清。

"你认为，你们夫妻间出现了一些矛盾冲突，你丈夫没有积极解决问题，而是采用了消极回应，或者干脆回避不反应的行为。是这样吗？"

张莉莉点点头，说道："是的。我再举一个例子吧！在家庭消费这件事上，他也听不进我的意见，我更看重有价值的东西。但他不一样，只要有便宜折扣的东西，就会马上冲过去。"从她表述的这个事件中，可以看出他们在**消费**上的差异。

> **消费观**：是指人们对消费水平、消费方式等问题总的态度和总的看法。

"我有些好奇，这样的情景为什么让你如此的反感？"我问。

"我觉得这些小事，就能反映出一个人内在的品质。"她面露愠色。

张莉莉告诉我，从他们认识时，他就说小时候跟爷爷奶奶一起生活，日子过得很穷，都是省吃俭用的。结婚后，尽管夫妻俩收入不少，但还是对张莉莉的衣食住行提出意见，认为她花钱太奢侈了。

在消费上，来自丈夫的责备，不仅让她感到难以接受，而且还感到很受伤。

她认为，自己有稳定的经济收入，是靠心智劳动赢得向往的生活方式，为何要受到别人的消极评价和指责？随之而来的，就是情绪化的互相指责和贬损，继而演化为言语攻击，夫妻间的心理距离越拉越远。

夫妻之间，如果一旦反复发生冲突，消极情绪会被逐步放大和泛化。在这个过程中，被耗散掉的是两人曾经的温情，取而代之的是夫妻二人各执一词。

"这是你们夫妻在消费观念上的差异，在如何消费这件事情上，很多家庭也都存在矛盾。"我回应道。

"是的。我们两个人在如何消费这个问题上有很大分歧。"张莉莉皱了皱眉。

看到她困惑的神情，我需要对交谈的相关内容做一个梳理与解读，说道："之前，你说吴硕在经济拮据的家庭长大，也许他节俭的行为模式会带给他心理上的安全感。从人本性看，人类都有自我保全的遗传基因。在潜意识里，财富对于人来说就好比动物的食物一样，这是人自然属性的印记。"

张莉莉听得很专注，不眨眼地望着我，一边聆听着，一边点着头。也许这些常识性的知识，能为她带来观察看待问题的新视角。

我做了一个打开自己内心的手势，继续说道："我希望，你能够从不同的角度去了解自己和你的丈夫。鉴于人性的复杂性，我们很难用简单的'好与坏''黑与白'去解读现实中的问题。比如对你丈夫来说，他即使有钱也不会去买太贵的东西，他认为不值得。这就像你之前所说的，与他从小生长境遇有关。"

她的神情已经舒展了很多，我知道她听进去了。

果然，她用平缓的语气回应道："的确，我在丈夫身上也看到了很多矛盾的地方，人的确是很复杂，很难简单地去看。"

"你有这样的感悟我很高兴。具体来说，在丈夫指责你买化妆品这件事上，你可以尝试这样表达：为什么我要用好的化妆品啊？女为悦己者容呗！我把自己打扮得漂亮点，我心里高兴，你看着也舒心。所以，花点钱也是值得的。"我说。

夫妻沟通中，学会**述情性表达**。在夫妻双方出现行为方式差异时，能够恰当地表达出自己的情绪情感，而避免用刺激冲突的方式。

> **述情性表达**：通过叙述自己的内在情绪和感受，使对方能够更好地理解自己，而不对他人做评价评判。

"嗯。我明白您的意思，就是不去直接指责他，而是表达自己心里的感受。"张莉莉顿了顿，若有所思地说："唉！医生啊，可我恰恰做不到这一点，我一着急就立即指责他，很少能表达出自己的感受。"

我能够理解张莉莉所感到的困惑。当冲突发生的那一刻，她的情绪急着帮主人说话，哪能轮到大脑做思考呢！

人类的"情绪脑"，永远都比"认知脑"跑得更快！

"之前，在不理解对方时，你的情绪反应是本能直接的。而现在，你试着从丈夫的角度理解他的行为，也许你的情绪冲动就缓和下来了。"我笑着回道。

张莉莉点了点头，然后又将眼光投向了我，问道："那我怎么做呢？"

　　"如果你想理解丈夫的现在，就要从纵向的角度出发，追寻他过去的足迹。"我说。

　　"看来了解一个人也挺不容易的。"张莉莉瞪大眼睛看着我，自言自语说。

　　为了让她更好地理解这其中的心理过程，我需要做一个详细的分析和解释。

　　于是，我说："就像我之前所分析的，你和丈夫来自不同境遇的家庭，各自形成了一种习得性的行为模式，并把这个模式带到了你们夫妻的相处中。如果，你理解了这种差异的缘由，也许失望愤怒的情绪就不那么强烈了，心里也就不那么挣扎了。你可以试着感受一下。"

　　张莉莉听得很专注，眼睛不眨地望着我，不由自主地说了一句：

　　"哦，原来是这样！如果我理解了这件事情的缘由，就可以纾解、改变我的一些感受和情绪。"

　　她的嘴角露出了久违的、甜美的笑容。

　　紧接着，她又说道："现在，我好像有些明白了。首先我要去了解我的丈夫，然后再去表达出自我的情绪与感受。原来的我，只是感觉他很烦，无法接受他。但从来都没有去想他为何成长为这样的人？更没想去知道他的前世今生。今天，您这么一分析，我心里不那么拧巴了，也好像能理解丈夫一些了。"

　　"非常好！这是你的觉察与改变的一个开始。"我积极地回应着。

　　"谢谢您啦！我长这么大，很少能够有人这样与我说话，也很少有人会提出这些不一样的问题。当然，生活里父母也会跟我说很多，可是常常会因为一些言语冲突，交流就进行不下去了。"

　　张莉莉的嘴角露出了灿烂的微笑，脸上泛起了红晕。

　　每对夫妻在现实生活中，都难免存在差异与分歧点。要想拥有幸福的家庭生活，夫妻双方一定要共同学习、内省和成长。

　　在人类的遗传基因里面，没有事先刻入让人们幸福的基因，它需要用学习思考去创建，用理解包容去维护，用持续的成长去发展。

　　张莉莉是一个渴望在婚姻关系中学习和成长的女人，能陪伴这样一位初为人母的职业女性，一起经历一段特殊的人生旅途，是十分有意义的。

我的心越来越疲惫

生命之中细小的、具体的、累积的内心情感体验和感受，才是一段亲密关系里内在质量的核心。

第四次见到张莉莉，已是深秋时节。

一件红色的外套格外引人注目，之前的披肩发变成了干练的马尾辫。她步伐轻盈地走进了我的诊室，向我投来礼貌性的微笑。

"你好！说一说你最近的情况吧。"对于复诊的来访者，我会用开放性的问话方式，第一时间了解他们的近况。

张莉莉的表情已没有了往日的僵硬，回说："最近我找到了一些调节情绪的方法，我现在每天定时做运动，运动后的心情会好很多。"

"哦！不错的方法！"我鼓励道。

"现在你与丈夫的关系呢？"我很快地切入主题。

提到丈夫，张莉莉刚才还上扬的嘴角，不自觉地垂了下来。

"虽然和之前相比已经改善了很多，但我和他还是会吵架，有些事情和他商量不到一块去。"她用低沉的嗓音说。

"哦？具体表现在哪些方面呢？"我追问着细节。

在我看来，正是这些细小的、具体的、累积的内心体验和感受，才是一段亲密关系中内在质量的核心。

"唉！我从没见过像他这么笨的人，在他身上发生的问题、做的事情真的很愚笨。"她对丈夫使用了标签化的评价。

张莉莉这段看似吐槽的话，倒是引发了我的好奇，究竟他们之间发生了什么事情？

"最近发生的、让你觉得很愚笨的事，是什么呢？"我追问。

原来，一天晚上他们一起看电视，张莉莉感到肚子发凉，丈夫就主动起身，帮她去拿暖宝宝。但是，他反复进进出出，东找西翻的，就是找不到。看他那个没出息的样子，他心里就烦极了，知道暖宝宝在哪儿也不想告诉他，看他能笨成什么样子！还有一件事，上星期夫妻俩去购物，为了促销品的折扣问题，也就是几块钱的事，丈夫跟收银员大声争吵了起来。

"当时，我觉得他太让我失望了！我很生气，也很想发火，但是商场人多，我就强忍着没有和他争吵。"

张莉莉说到这儿，她的脸有些涨红，看得出她依然很生气。

我能够体会，在公众场合，张莉莉作为妻子，目睹丈夫因小事大发雷霆，引来无数围观时的困窘和无奈。此时，我需要梳理一下她在情绪应激时的敌意与焦虑，同时也在认知层面上做一些引导性的思考。

于是，我给张莉莉提出一个问题，说："我能理解你当时的感受。不过现在，我想请你来考虑一下，那天你丈夫做出怎样的反应，能让你感觉心里是舒服的？"

"我认为作为一个男性，应该理性一些，更不该与服务员吵架。再说了，他自己也是一个职场中人，经常告诉别人应该如何处理各式各样的客户矛盾。但让我失望的是，当他真遇到问题时，自己竟也变成野蛮人了！这一点，让我特别接受不了。"她一口气讲完了。

看得出来，丈夫那天的言行，的确是冲撞了张莉莉在价值观念上坚守的地方。

我不由欣赏张莉莉的语言表达能力，她把为何不能接受丈夫言行的心路历程表达得十分清晰，也把一个人的职业角色与工作职责上的关系展示得逻辑清晰、因果分明。

她对丈夫与收银员冲突争吵事件的看法，在归因解释上并没有逻辑上的错误。然而，从个体心理成长的角度看，更重要的是如何理解面对同一事件时，不同个体的所思所想，以及如何行动之间的差异与原因。显然，这是一种更不容易的学习，是一种需要独立自我省思、追问与思考的社会性学习。

于是，我直接提问："你有没有多问自己一个为什么？比如，一个从事客户服务、了解商业运营规则的人，为什么会在这件事上有如此表现？"我准备在此通过 ABC 认知理论，引导她审视情绪的真正来源。

> ABC 认知理论：A 代表诱发事件；B 代表个体对这一事件的看法、解释及评价，即信念；C 代表情绪反应和行为结果。该理论强调情绪或不良行为并非由外部诱发事件本身所引起，而是由于个体对这些事件的评价和解释造成的。

"哼！我觉得这是他的本性所致。"她提高嗓音说。

当夫妻把他们之间冲突的根源，视为某个人的本性时，就意味着不相信对方能够改变，自己也被困于情绪性的敌意焦躁之中，致使关系冲突步入了循环状态。

此时，对情绪困扰剥开洋葱的工作又要开始了。

我需要对她习得性的认知行为，做一个问题的重新释义，让她体悟人类行为背后复杂的心理动机与需求。

"具体谈到这儿，就先把本性放在一边。在我看来，更多的原因是他的角色所致。"我说道。

她瞪大了眼睛，好奇地看着我，嘴里默念着，说道：

"哦？难道不是他的本性，而是他的角色？这有什么不一样吗？"她睁大眼睛，反问。似乎在等着我的下文。

"是的。周末你们一家出行时，他的角色是这个家庭的男主人，当你们去购物时他的角色是一个消费者，作为消费者他认为有必要维护自己的利益。但在公司，他的角色是名普通职员，要按公司规程办事，维护机构的利益。这就像在一场大型舞台剧中，一个人同时会分饰好几个角色，在不同的角色里，他就会表达出不同的情感与行为模式，甚至是截然相反的反应。这些差异，正是由于不同的身份、情感、归属和社会角色所决定的。"

我用了一些比喻的方法，尽量把复杂的心理现象说得简单一些，使她易于解读和领悟。果然不出所料，她很快回应道：

"我听懂了！您说的话我觉得挺有道理的，我接受了。不过，看来人心还真是复杂，没我想得那么黑白分明。"张莉莉神情柔和，认同地点点头。

"另外，刚才我有个感觉，也是我的一个好奇，就是当你和丈夫共同面对这个事件时，我能感到他有很大的负面情绪，而你却一直显得十分平静。那么，你怎样评价当时你自己的角色呢？"

张莉莉微微一笑，脱口而出："嘿嘿，不瞒您说，当时我就是旁观者。"

云淡风轻呀！很有意思的回答！

夫妻两个在同一件事上如此不同的情感行为反应，不仅引发了我的好奇，也引发了我新的思考，所以我决定，把自己现场的感受与困惑与她分享。

在我看来，心理医生就是来访者对面的那面"镜子"，希望她能透过我们之间当下的分享，让她看到之前不曾看到的存在，尤其是那些深藏于心而未被她知觉的一些东西。

于是，我放慢了语速，一字一句说道："此时，我们不妨一起再回头望一望，重新感受一下你丈夫为你找暖宝宝的那件事。我记得，你当时的反应是'我看到了，但我就不告诉你。你找不着就继续找，都是因为你笨。所以活该！'你当时是这种感受吗？"我需要确认。

张莉莉认同地点点头，但一脸懵懂，我知道她在等待我的下文。

"但是，如果这件事情我遇到了，我可能会想：他看我肚了不舒服，主动帮我找暖宝宝，我会觉得很暖心。如果他没找到，但我看见了，一定会提醒他。因为在我心里，他是我丈夫，是我生活的伴侣，这是我的选择和决定。所以，现在不需要我去验证他是聪明的，还是笨的。"

在这里，我用角色体验反馈的方式，让她感受到行为背后的情感内涵，感悟到行为互动过程中传递出的情感温度。

张莉莉很专注，眼睛望着我，似乎已被我这个角色体验的反馈给触碰到了。

果然，她给了我确定的回应，说道："哦！听了您刚才说的，我觉得好像我自己也有问题。原来，我一直在有意找寻他的不好，一直在有意无意地验证他的笨。"

这是一个绝好的自我省思机会，也是个人成长的一个关键时期。

于是，我没有到此为止，而是继续追问，说道："在我看来，任何行为背后都是有深层原因的。你再想想看，你这样做的原因是什么呢？"

"哦？什么原因呢？好像……好像我很想证明我自己是正确的，他是错的。就像您上一次说，是想给丈夫贴一张坏标签。"

看到她有这般的深层领悟，我心里一阵欣喜，这是来自张莉莉内在成长的深刻感悟。

难道不是吗？所谓夫妻间的爱与温情，不正是在日常生活中，彼此在行为上的给予，以及在心灵上的依恋与疼惜吗？

张莉莉已经进入到自我审视与内省阶段。所以，此阶段工作的重心，将放在既往旧有认知行为改变上。

于是，我没有绕弯，直切认知行为模式，将所思所感反馈给她。我一字一句地说："我们一起来回顾一下，你与丈夫在生活中的相处模式。我感觉，在某种程度上你似乎更像他老师，会不停地教导这个学生。经常用冷漠旁观的眼光去审视他、评价他，相处中聚焦他的缺点……殊不知，这些消极评价和冷漠带来的情感伤害，轻则，它疏离夫妻情感；重则它伤害伴侣关系。"

张莉莉抬起了头，若有所思的样子。

这时，我需要让她看到，他们既存婚姻关系中的隐忧。于是，我继续说道：

"我还看到，在这种相处模式中，你们双方都在隐忍着，压抑着，也坚持着。也许，直到有一天，当其中一方实在无法再忍的时候，就会说'算了，我累了！分开吧！'如果有这么一天，这会是你想要的结果吗？"

我望向她的眼睛，看她如何做出反应。

此时，她使劲摇摇头，又低下头，急促地说道："不！不！不！这不是我想要的结果！"她一连说出了三个"不"字。

看得出来，婚姻生活中频繁的冲突和摩擦已经让她疲惫不堪。一个新生命的提前到来，又给匆忙的婚姻增加了新的矛盾、冲突点，击碎了他们曾经对美好婚姻生活的梦想。

这一次的心理治疗，也是对他们婚姻家庭关系的一次危机管理，是十分有价值的。

这时，我放慢了语速，把话题拉回到她与丈夫的关系上，继续说道：

"你们是一对年轻夫妻，婚龄不长，新生婴儿的到来，让年轻的吴硕一夜之间成了父亲。由于角色变化得过快，让他有些手忙脚乱，顾此失彼。此时，已是母亲的你，面对小生命，内心担忧焦灼，急于要培养教导丈夫，想让他尽快成为好父亲加好丈夫。但他需要时间，转换角色是一个学习适应的过程。"

"医生，可我已经很累很累了，我可能坚持不下去了，我……"张莉莉面露难色，低下头，小声而清晰地回应。

看到她无力、疲惫而又被动的样子，我清楚地意识到，心理治疗已进入到一个重要的转折点。

在接下来的工作中，心理医生必须要唤醒张莉莉内在的驱动力，让她成为解决自己婚姻问题的主体，而不是继续成为不良婚姻关系的抱怨者与受害者。

此时此刻，能否及时修通这个关键结点，不仅决定着他们未来婚姻关系走向，也决定着整个心理咨询与治疗的成效。

于是，我没有绕弯子，直视张莉莉的眼睛，向她抛出了一个选择题，问道：

"现在，我需要你做出一个选择，不知你是否愿意用一段时间去陪丈夫成长？如果你愿意，我们可以一起尝试去找方法；如果你没有想好，你也可以明确告知我。我要你真实的想法，比如，是认为你们差异很大无法调和？或是你们还有感情舍不得彼此？"

我知道，这的确是需要张莉莉审慎思考的一个大问题，这其中的道理很简单，就是一段亲密关系站在了十字路口，是选择相向而行，或是背向而行，都将决定这段亲密关系的内涵与品质。

不出所料，张莉莉听完我的问话后，并没有马上给出明确的答案。看得出，她似乎心里有一些纠结，也有一些迷茫与踌躇。

我一边等着她的回答，一边强调了这样做的必要性，我用肯定的语气，说道：

"你的选择和决定，对下一步的心理治疗非常重要，因为后续的咨询需要有一个明确的目标方向。还有，我们做出的任何一次选择都是和责任相伴的，你也要做好承担自我选择结果的准备。"

"我……"张莉莉刚要开口，又停住了，显然她还在犹豫。

让她在这么短的时间里，为他们婚姻关系的走向做出一个决定是不容易的，我需要给她一些思考的时间和空间。

于是，我对她说：

"你不用急于给我答案。因为这个答案对你、对我都很重要。我建议你回家后再好好想想，我们下次见面，你再告知决定吧。"

> **决定**：存在主义心理治疗认为，人有选择的自由，且要对自己的选择负责，即个体具有自主意志。来访者做出的决定代表内心具有推动此决定的心理动力，心理师要尊重来访者的决定。否则强加给来访者选择，将无法促成其真正的改变。

"嗯嗯，好的！我是要好好想一想，再告诉您。"她回道。

我清楚地知道，在接下来的时间里，一定会引发张莉莉更多的思考，这将会成为她后续婚姻关系治疗的一个新起点。

我，等待着她的决定。

婚姻，也许先退才能进

每个人独有的文化背景、性格特质以及生活处境，决定了在心理疗愈中没有现成的模板可以拷贝，而是需要走过一段澄清问题、觉察问题和寻找方法的心路旅程。

一周后，张莉莉再一次来到了心理诊室。

她落座在我对面的沙发上，将乳白色的风衣放在一旁的沙发上。然后，望向我，语气坚定地说："上次您的问题，我已有了明确的答案，我希望能给我们彼此一段时间去解决问题，而不是疏远关系。"

这令人感到欣喜，站在心理医生的角度，我等待的就是这样一句话！

尤其是张莉莉在审慎思考之后的决定。

作为心理医生，我知道只有这种以理性为主导的思维方式，才能做出以解决问题为出发点的自我选择。

不过，我依然需要进一步确认她的选择和决定。于是，紧接着问道：

"我的理解是，你愿意让自己做出改变，用一些时间修复你和丈夫间的关系。这已是你思考后的决定，对吗？"

张莉莉认真地点点头，说："嗯嗯，是的。我想要改变自己，也想解决我们夫妻的问题。"

确认了她的态度，我才说道："很好！非常高兴听到你的决定，不是每个人都能做出这个决定。"

张莉莉用微笑回应我。

"现在，既然你想要解决你们夫妻的问题，那就先从梳理问题开始。"然后，我提出了一个需要她给出答案的问题，说道：

"请你回答我一个问题：在这个世界上，是否有一个男人是专门为你而来到这个世界的？比如，他很爱你、成熟帅气、赚钱多、家务好，还是孩子的榜样父亲等？如果你的答案是否定的，你就会意识到，每一个降生到这个世界上的人，谁也没有天然的义务，要成为你想要的那个样子。"

张莉莉的眼睛，再次与我直视，见我停了下来，急忙插话，说道：

"我知道世界上没有这个人！可是医生，我等不及了啊！我有儿子了啊，我要他能给儿子树立一个好榜样，可他做不到呀！以前我们随时都会争吵，但现在只要儿子在场，我都忍住不吵了。记得有次吵架把儿子吓哭了，以后就不敢在他面前吵架了。"

我感觉到了她当下的情绪，一种弥漫着焦虑、急迫、不安、担心的复杂情绪状态。

于是，我有意放慢了语速，一字一句地说："其实，就算做父母的压抑着焦虑、紧张、敌意和愤怒不吵架，孩子也能感觉到，他能通过父母的神情、语音、语调和肢体行为，感觉出父母之间情感关系的温度、柔软度和亲密度。不知道你小时候，在你父母的关系中，有过这样的感受吗？"

张莉莉连连点头，回说：

"我有感受。记得我小时候，父母只要闹矛盾，互相不理睬，或者大声争执时，家里的气氛就都变了，我就莫名地紧张害怕，变得小心翼翼。"

我知道她认同了我的分析。这时，心理医生需要做出一个影响性见证，让她能够发现自己与丈夫相处模式的问题所在。

我告诉她，在生活中每当出现分歧冲突时，她都是依据自己的价值来做判断，以自己认为正确的标准去评价、要求和指责丈夫。此时，因为跨越了彼此的心理边界，丈夫内心有被侵入的感觉，引出对立情绪反应，导致有效沟通中断。如果他们夫妻谁也不改变，继续这样'磨合'下去，最可能的结果就是事与愿违。

分析到这儿，我停了下来。

此时，她没有即刻回应，似乎在思考着什么。我没有催促她，这种被触动的省思，对她的改变至关重要。

"您分析得对。我刚仔细回想了一下，的确是这样的。在家里，每次我指责他之后，两个人的距离就变得很远了，我的心也变得很冷了……"

我知道，要让张莉莉改变旧有的认知行为模式，是一个不容易的过程。

于是，我没有对她的回应进行评价，而是变换了一个问话的角度，去激发她的主体意识，问道：

"记得你说，你愿意给一些时间去改变你们的关系。现在我想确认，在这段时间里你是否真的愿意去帮助他？"

她抿了抿嘴，将了将刚才因为激动而垂下来的头发，急切地说道："我愿意啊！毕竟我还在乎他，不管怎么说他也是我孩子的父亲，只是我现在还找不到方法啊。"

心理医生在解决具体问题的过程中，没有现成的解决方案，而是要与来访者之间建立治疗联盟，一起走过澄清问题、分析问题与解决问题的心路旅程。这种个体化的过程，正是由每个人独特的社会文化背景、性格特征，以及家庭生长环境所决定的。

我微笑着，继续抛出另一个需要她选择的问题："我想了解一下，当你丈夫做事情的时候，如果让你选择，你是更注重他的心愿呢？还是更注重他行为的结果呢？"

她莞尔一笑，说："我觉得都挺重要的。但如果只能选一个，我更看重他的心愿。"

我点点头，没有停下来，而是继续沿着这个问题深入下去，说道：

"请记住你的答案。现在，紧贴着我表述的内容去感受一下：一天晚上，你肚子不舒服，他主动帮你找暖宝宝，如果看重心愿，无论找到与否，你的心都是暖的。因为，这个男人在乎你、体贴你、想帮你。其次，你希望他和孩子有更多相处、承担更多责任，你丈夫似乎也开始这样做了。还有，为了节省家庭开支，他三番五次找人交涉。以上这些，你的感受是什么？能感觉到他的心愿吗？"

我观察到，随着我对既存事实，用见证式语言再现出来时，我再次看到张莉莉的神情发生了明显变化。

也许，我的一些话语触碰到了她心中最柔软的地方，这种触碰如此真实、犀利而又有温度。

也许，张莉莉的醒悟与改变就此发生。

这就是心理咨询最神奇的地方，一切皆由心生！

"医生，现在我发现，我的关注点好像有问题。您刚才把我说过的话，又回放给我听一遍，让我看到了自己的矛盾，我所说的与所做的前后不一致，都是有冲突的。唉！想做好真的太难了！"她真诚地说。

这种具有成长性的省思，是最难得的，更是她改变自身的深层心理动力。但是，她的反思不能止步于此，而是要给出一些具体的帮助。

我放慢了语速，继续说："其实，面对生活中的问题，你依然可以去表达你真实的感受，但不再是冷冰冰地去旁观他、评价他。如果感受到了心意，就试着把这种'笨'不做引申。另外，你想找到改善夫妻关系的方法，那就尽可能避免以'家长'姿态与丈夫相处。因为，家长有一种潜在的优势与赋权，会给对方造成心理压迫，很容易引发对立情绪或冷战。"

她聚精会神地听着，若有所思地点点头，望着我诚恳地说道：

"我从没有往这方面想过。刚才您一直都没有训导我，只是问了我一些问题，但却让我看到了自己的冲突与偏激。以前，我常常居高临下挑剔他、指责他，他也会用沉默反抗或者争辩。每当这种情况发生，要么争吵，要么心烦，最后是心凉。"

我接着先前的方向，继续引申着话题：

"现在，你看到了丈夫的努力，也看到了他的忍让包容。但如果你持续以居高临下的姿态指责、挑剔他，有一天他心累了，就会出现更多的拒绝、厌倦和敌对。"

听到这里，张莉莉低下了头，似乎在思考着什么。

我没有催促，只是在静静地等待。

一会儿功夫，她抬起头望着我，低声说道：

"听完您刚才的分析，我真的觉得自己好像有些太过分了。原来，我都相信自己是正确的，是对的，所以每次对他的指责我都是理直气壮的，也非常坚持自己的想法。"

来访者能够**内省**自己的行为及后果，往往是开启心灵智慧之门的表现。

> 内省：又称自我观察，是指人对于自己的主观经验、感受变化的观察觉知。

张莉莉已经进入了主动调整改变期，此时让她感受到丈夫的善意、付出和爱意是十分重要的。

于是，我说道："从你的叙述中我发现，即使你在以前常常以责备、抱怨和哭闹的方式来释放你的情绪，但是好像到目前为止，你丈夫都没有表现出对你的厌倦、敌对或想要放弃的意思。"

当下，已到了问题解决的关键期，需要心理医生把握好时机，推进咨询目标达成。

"唉！"张莉莉叹了口气，说："我也不想放弃，只是我……"

我尝试着帮她说出了自己的感受："你不想放弃，而是有心无力，是吗？

在我看来，在感情上真正的放弃是冷漠，而你现在是疲惫、是冲突、是找不到方法，对吗？"

张莉莉认同地点点头。

我依然能感觉到她内心的担心，以及自我隐隐的无力感。所以，我还是需要给她一些支持性的信息反馈，让她心中希望的航灯一直亮着。

从心理治疗的观点出发，"希望"本身就是一个独立的心理疗愈因子。

"任何事情都有它的运转规律，你正处于分娩后的身心调整期，所以你也要给自己时间，给你们彼此时间。另外，我发现近一月来，你已能把坏情绪疏解开来，不再与丈夫激烈争吵，这本身就是一个难得的变化。"我说。

张莉莉紧抿的嘴角松弛了下来，她一边点头一边说："嗯，我感觉自己是在变了。可是我仍然觉得很累。前两天去洗衣店，他嫌衣服没洗干净，就又去争执，还要对方打折。其实，也没花多少钱，可他说是原则问题。我也算是有文化的人，每次为钱争吵我都很失望，甚至都绝望了。"

我一点都不奇怪她和丈夫之间，三番五次在"钱"的问题上发生矛盾。

通过前几次的咨询，我已了解到张莉莉在比较富裕的家庭里长大，和丈夫在金钱观、消费观和价值观上存在较大分歧。

在我看来，不同家庭背景导致的认知差异，不一定意味着这些矛盾分歧就无法弥合，而是决定于当事人的成长性。

此时，我给出了进一步的反馈性建议，说道："遇到这样的事时，你可以换个角度去表达你的观点。在这个世界上，不同人的生活方式和资源是不一样的，有人收入几百万，也有人靠低保生活。每个人生活在不同的经济、社会阶层，谁也不能轻视或否定别人的生存方式，或者是生活习惯。"

张莉莉听进去了，认同地点点头。

于是，我再次把话题聚焦在了她与丈夫身上，并给出了具体的分析解读，说道："你和丈夫都受过大学教育，现在都有不菲的收入。但你丈夫因为从小生活习惯的原因，仍然想精打细算过日子，你同样也要理解体谅，并且还要尊重他的生活态度。"

张莉莉仔细地想了想，然后抬起头来，看着我说：

"真没想到您会这样来看这件事情，很有道理的。现在我有点理解了，我丈夫的父母不仅日子过得很苦，还常为钱吵架。或许，现在他的这些做法想法，也是过去生活习惯的一种自动延续，而不是故意与我作对或者反对我。"

张莉莉的理解力是一个很大的优势，也是促进心理咨询目标达成的一个特质因素。

婚姻关系中，夫妻双方在成长背景、家庭境况和生活方式有深入了解的基础上，若能学会接纳彼此的差异，对非原则问题采用包容的方式，就是改善关系，减少冲突的一种有效方法。

我微笑地说道："当你理解了之后，再去看丈夫的行为，你心里就不那样纠结难受了。尤其是你读懂了他的心路历程，也许你会变得柔软了。因为，今天你获得的感悟，可以帮助解读彼此在认知行为上的差异。"

张莉莉笑了，她笑起来的时候还是很美丽的，眼睛弯弯的，嘴角两个浅浅小酒窝，时隐时现。

"您说的对。好多事情换个角度想，真的会有不同的感受。只是，现在我还有一个困惑，对于我丈夫身上的这些缺点，我是应该包容下去，还是主动指导他改变？"她问我。

对张莉莉来说，若在夫妻相处中，总是认为自己是正确的，她就会不自觉地要求丈夫，并让丈夫按照自己的意愿改变行为模式。这种由自我出发、非黑即白的标准以及强加于人的生硬方式，不仅不能消弭彼此冲突，反而有可能破坏夫妻关系。

> **行为模式：**由于遗传和环境因素交互影响所形成的习惯性的行为定势，具有持续性和稳定性。

这时，我没有直接回应她的话题，而是举了一个例子，希望通过分享能够帮助到她。

"举一个例子吧。我有一个好朋友，婚后经常跟我抱怨，说她与丈夫之间的分歧冲突很大。比如，她认为人就应该奋斗，就应该获得社会性成功，最后她果然功成名就，而她丈夫则对此不屑，他喜欢烹饪，喜欢古典音乐和居家生活。十几年过去了，现在她却说'我很感谢他！因为他与我如此不一样，我才有了完整、丰富和舒适温暖的家庭生活。'原来，横亘在他们之间的所谓差异，却在真实的生活中变成了相互弥补，而如今，他们彼此欣赏，惬意幸福。"

张莉莉对我举的这个例子很感兴趣，瞪大了眼睛看着我，继续问道：

"哦？那他们在生活中怎么相处呢？"

"我也问了她同样的问题。她说正是丈夫对生活的热情，对社会功名的淡然，舒缓了她很多的心理压力，也才有了所谓她的成功。比如，在她失意痛苦时，丈夫拉着她听音乐会；在她焦虑失眠时，给她讲中国画的写意与写实。就这样，在真实而又多风雨的生活中，她感觉丈夫成了她的避风港、加油站。最后她说，原来她与丈夫所谓的差异冲突，恰恰让她的人生更饱满，更惬意了。否则她就是个只会工作，没有生活的人。"我继续道。

张莉莉很专注地听着，一边点点头，看得出她对这个话题很感兴趣。

生命唯有故事，而每一个生命的故事都有相通的地方！

犹如，托尔斯泰说："幸福的家庭都是相似的，不幸的家庭各有各的不幸。"

我把话题收了回来，与她当下的心理困扰做了一个联结，给出直接建议，说："你还可以通过表达感受让他了解你的想法，减少误解。比如，当你看到他为省钱与他人争执时，你可以告诉他，你很担心吵架升级，甚至发生肢体冲突，害怕他意外受伤。此时，你关心的不是钱、也不是宣泄情绪，而是关心他这个人。这是每个人心里最柔软的部分，而这部分常常被忽略掉了。"

"我记住了。改变自己的关注点，表达感受但不评价，是很有道理的！我回去一定要试一试。"她连连点头。

还未等我回应，张莉莉又接着说："其实这几个月来，我已经有感觉，每当我又哭又闹的时候，他显得很无助，就只是在忍受。过后他依旧我行我素，也没出现什么改变。看来，我要跳出自己原来的习惯。"

"你的感受是真实的，它会帮助你找到一个解决问题的方法。所以，你现在的感受是非常宝贵的。"我鼓励道。

张莉莉点点头。

我们已就伴侣之间的差异与接纳的话题，做了不少的交流分享，此时我需要进行一个阶段性的影响性概述。

于是，我说道："在生活中，你们都是独立的个体，彼此既能接受差异，又能接纳和欣赏这个人与自己不太一样的地方。现在你为更好的家庭生活做努力，这是不容易的。"

我需要对张莉莉的努力和付出，给予充分的支持肯定。

接着，我继续说道："夫妻关系磨合的过程，就像共同培育一棵果树。它在岁月中慢慢成长，你们也甘愿为它培土浇水，怀着希望，伴它成长，秋天结果。在我看来，爱和幸福也是我们此生的事业，无论为它付出多少，都是值得的。"

"是的。医生，你说到我的心坎上了，两年前我刚步入婚姻时，我就期待着爱和幸福；当我有了儿子时，我就期待他能成长在一个幸福的家庭。刚才听了您的话，好像我想要幸福的那个梦想，又开始复苏了。"

看到张莉莉微微泛红的脸庞，又听到她这番急切、诚挚的话语，我也很有感触，不由得感慨地回应，说道：

"是啊！在不断冲突与争吵中，你们都忘了彼此对爱与幸福的诺言，甚至因为冲突放弃了彼此。今天，我能见证你，看到你愿意为幸福而付出心力。说真的，你要谢谢自己。"

"嗯呐！是我要谢谢您呢！今天我太有感触了，还有些小激动呢。"

心理咨询和心理治疗，是一场神奇的旅行！沿途美丽的风景，变换的季节，也在我们共同的见证下不断涌现、不断丰厚。

时间过得真快，又到了结束的时间。我送张莉莉出了诊室。

爱情，永远是两人故事

看似偶然事件的背后，往往都有着深刻的心理行为印记和认知基础，只是看你如何发现它隐含的意义，并给予及时的解读和反馈。

再一次见到张莉莉，已是两周之后。

她高挑的个儿很显身材，红润的瓜子脸上有了几分轻松的笑意，淡淡的眼影和柳叶弯眉，更加凸显了她的女人味。

心理咨询时间有限，我也很少与来访者寒暄，而是要得到她最新的反馈信息。

待她脱下外衣，落座在我对面的沙发上，我就切入话题，微笑着问道：

"我想了解一下你这两周来的情况。"

她难掩开心的笑容，快速回应道："嗯呐，有个大变化。我和丈夫不再与父母同住了，我们搬出去租房子单独住了。"

哦！他们搬出去单独居住了？这的确是一个之前未曾有过的新变化。

从心理学角度看，看似偶然事件的背后，往往都有着深刻的心理行为印记和认知基础，只是看你如何发现它隐含的意义，并给予及时的解读和反馈。

这个大改变，对他们夫妻关系会产生什么样的影响呢？我需要对这个关键节点，做进一步探索与澄清。

关键节点：具有特别重要价值意义的因素，涉及时间、事件与情境。

于是，我问道："你们搬出去独自生活了，这是谁做出的决定呢？"

"我提出的建议，迅速得到了我丈夫的支持，最后也得到了我父母的支持。"她回答得很快，看得出来，她的心情不错。

"哦，我感觉这是你们夫妻一个理性的决定。小家庭结构简单、责任更清晰，有助于你们之间的沟通协调。祖孙三代的大家庭中结构复杂，父母是家长，小夫妻是孩子，再加上新生婴儿，可能会有更多的矛盾。从另外一个意义上看，一旦夫妻独立生活以后，男性照顾妻儿的社会责任感就有可能被强化了。"

我对他们小夫妻主动搬离父母家的决定，给予了正面的解读和积极反馈。

她听完我的讲述后，眼睛眯成了一条缝，笑着连忙说道：

"您说得太对了！我们搬出去独自住以后，我也按照您的建议，在有分歧时换了一种表达感受的方式跟他说话，现在我们的沟通顺畅了很多，他也是个很讲道理的人。"

我还需要了解她丈夫的感受。于是，紧追着问了一句："你丈夫的感觉如何呢？"

"他能感觉到我的变化。他说我的抱怨少了很多，情绪也平和了很多。我自己也发现，在生活中的默契好像无形中也增多了。"

她淡淡地笑着，平和地回应道。

看到他们夫妻生活有了如此大的积极改变，作为心理医生，我由衷地感到欣喜。

是啊！每一个生命都有潜在的智慧，他们才是解决自身问题的主宰者，我要让她来体悟感受这个成长的过程，这对她今后来说至关重要。

于是，对她说道："你能具体说一说这些变化，是如何发生的吗？"

"好的。我是先按照您说的方法，开始更多地向他表达我的情绪感受。比如，他那天做饭把碗摔碎了，放在以前我肯定要指责抱怨他。但是这次我没有，只是对他说：你做事这样不小心，我心里不舒服。听我这样说，他也不像以前那样一味地辩解，而是把碎碗收拾好，并自责自己太粗心了。"她说道。

说到这里，她停顿了一下，忽闪的眼睛里掩藏不住笑意，接着又补充道："嘿嘿，不过他那天做的饭还是很香的。我觉得，如果我能容许他生活中有些小失误，我的丈夫还是一个很不错的男人呢。"

说着这些，她忍不住，"咯咯"地笑出了声。

我能看得出来，曾经作为妻子的幸福感，就这样悄悄地回来了。

她接着告诉我，他们夫妻两个人情感上的互动也多了起来。比如，他们会一起看电视剧，之后还会议论一下剧情，并对未来的生活做一番美好的畅想。

最让她觉得意外的是，平时不舍得花钱的丈夫，竟然主动安排了婚后两个人第一次的旅行——泰国三日行。

哦？又是夫妻关系中一个崭新的、有积极意义的信息！

作为心理医生需要去见证和分享这个过程。

于是我好奇地问道："你们二人第一次去泰国旅行的感觉，是怎么样的？"

她回应道："总体来说还是不错的！只是期间偶尔还是会发生一些小争吵。"

"能说一说你们是因为什么在争吵吗？"我问道。

张莉莉说，到达泰国之后，她不再像以前一样大小事都揽在自己身上，而是放手让丈夫去安排，结果他经常顾此失彼，比如没有赶上早饭时间，又或是错过了景点班车等。

面对丈夫的粗心大意，张莉莉的反应是否与先前一样呢？她是否依然会情绪爆发呢？我充满着好奇。

我追问道："在这种情况下，你的反应是什么呢？"

张莉莉似乎早有准备，平静地对我说："我不会直接和他争吵了。一开始，我不会说什么，让他自己想办法去处理。如果实在非常紧急，我就直接想办法去解决，不再做旁观者了。"

为了让来访者有意识地洞察到自己的变化，我需要在此做停留。通过见证反馈过程，可以强化这种新的认知行为模式。

我有意反问："可否让我知道，你是怎么想到要去这样做呢？"

张莉莉微笑着，直视着我，用了肯定的语气，说道："之前，您已帮我分析过了，大喊大叫不是解决问题的有效方式，我就要尝试让自己改变了。"

从她的神情中，我能清楚地看到她的喜悦以及掩藏不住的小小自豪。

可不是吗？之前无法控制自己发脾气的张莉莉，现在竟然可以柔软温暖了，这何尝不是一个家庭的福气呢！

"医生，我还想告诉您，在整个旅游的过程中，我都没有发过脾气，反而是丈夫内疚自己的粗心，让我们的旅行留有遗憾。记得，在离开泰国的前一天晚上，他竟然还特意找了一家浪漫的餐厅，向我表达他的歉意。这太让我吃惊了，因为餐厅价格不便宜。"

说到这里，她的脸颊微微泛红，还有些小女人的羞涩。

原来，在烛光点点的西餐厅里，丈夫像初恋时的男生一样，为张莉莉准备了一个小礼物，深情地表达出要为她再重新策划一次出国旅行的想法。

他还说，下次一定要提前筹划和安排，让夫妻二人重温新婚蜜月时的开心快乐。

看着她满面笑容，如沐春风的样子，我也被她的幸福感染了，喜悦之情瞬间盈满了心间。

"你丈夫这些变化，对你们夫妻关系带来了什么影响呢？"我关注着变化，继续丰厚着她的积极体验。

> **丰厚：**叙事疗法强调，抓住积极的节点，以此为基础进行拓展，帮助来访者建构出积极的故事，从而建立积极的自我认同。

"我觉得他的想法变了、行为也变了。原来，他认为做家务很简单，但他亲自做时却发现很不容易。现在，他理解我的不容易了，也看到我为这个家的付出。"她流畅地回道。

此时，张莉莉略停顿了一下，又连忙补充说：

"这段时间，他还反复对我说，要帮我分担家务。他能这么说，我心里感觉挺好的。记得您说过'如果我变了他也会变'。那时我有很深的质疑，现在我信了！"

"说一说你丈夫，他具体还有那些改变呢？"

我有意地继续追问，希望他们能看到并记住彼此的付出，彼此给予的温情。

"他改变不少！比如他回家后会主动带孩子，夜里为了让我睡好觉，他给儿子热奶、喂奶。这在之前是我的奢望，但现在已经是我真实的生活了。所以我心情好起来了，吃饭睡觉也感觉香了。"

张莉莉面带笑意地又补充了一句，说："当然了，我也会体谅他的不容易，早上我给儿子喂奶，尽量不让他吵醒爸爸，让他多睡一会儿。另外，我还会给他准备好早餐，让他精力充沛地去上班。"

张莉莉如数家珍一样，向我述说着他们生活中温馨的故事。

我意识到，他们驾驶着幸福牌汽车已经在路上了！

为了进一步固化张莉莉新的认知行为模式，我需要在此多做一些见证性反馈。于是，我继续问道："今天听到你讲述的情境与行为，感到与你之前有很大不同。我好奇的是，你的这些改变是如何发生的？比如你是如何做到不再发脾气的？又是如何与丈夫沟通的？甚至开始心疼他、体谅他？"

张莉莉将了将垂下来的头发，坦言道："之前跟您的交流中，很多话对我有触动，也让我看到了以前自己看不到的东西。于是，我开始试着静静地去感受他和观察他，我发现他做家务时还是很认真的。看到他用心的样子，我就不那样心烦了。"

心理医生职业生涯中，最惬意、最幸福的时候，莫过于来访者达成自我成长与自我疗愈的时刻！

张莉莉说完后，稍微停顿了一下，笑着补充道："医生，我还发现了他一个特点，那就是如果我能心平气和地与他说话，比我发脾气要求他去做效果会更好。"

记得她曾经问过我，她是要改变丈夫？还是要接纳丈夫？

看来，现在她已经找到了这一问题的答案了。

我笑着回应她，说道："看来你已经开始去理解他、接纳他、体贴他。在这个过程中，你认知行为上的变化，也让丈夫感受到了你的温情、体谅和付出。这是一种良性的、具有建设性的互动，你们之间既有了情感交流、也有了温暖的感觉。我为你们感到高兴。"

是啊！人们在生活之中，因为亲近，所以常常会忽略了对方的情感需要，口不择言，甚至认为是理所当然的。

如若一直这样认为，终有一天，挚爱也会离他而去。

每个人只有不断地自我学习，用智慧的心灵去维护，才会让幸福结出累累硕果。

爱情婚姻，都如暖阳

心理咨询的有效性，是以来访者的觉察体悟、认知思考和学习成长为中介的，如果没有他们内在成长性改变，心理咨询与治疗的目标就难以达成。

这次咨询，我希望张莉莉能够从他们当下的生活里，汲取更多的力量和滋养。

于是，我开门见山地问道："现在你来体会一下，当丈夫说想要亲自再为你规划一次蜜月旅行，并要提前做好一切细节准备的时候，你真实感受是什么？"

张莉莉灿烂地笑了，深情而感慨地说：

"医生，说实话，我特别感动，也让我很意外。现在，每当他主动要求分担一些家事，主动为我和孩子操心时，我的心都很温暖，情绪也跟着好起来了。"

我趁热打铁，紧接着抛出了一个开放性的问题："现在，你能否思考一下告诉我，你情绪的'好'与'不好'是怎样发生的呢？"

她很认真地思考了片刻，然后抬起头来，望着我说：

"嗯，您是知道的，来做咨询之前我的情绪非常不好，是我看不到他身上有改变的希望，那时候我真的是很绝望，活在那种状态下我没有任何快乐可言。但是现在，他的所言所行让我看到了希望。"

说到这里，她微微涨红了脸，看得出她有些激动。

"希望"和"绝望"，只一字之差，却是天壤之别！

希望，带给人光明和力量。绝望，让人陷入黑暗和无助。

"我能理解你所说的感受。之前的你觉得自己是弱小、孤独而无望的，无论发生什么你都是孤单的，很容易就陷入抑郁的泥潭里。此时，这种无助和绝望感，很容易在情绪应激时转变成愤怒和攻击。"

张莉莉连声说道："对！对！您说出了我那时的真实感觉。"

"现在你的感觉不一样了，因为你找到了解决婚姻关系问题的方式方法了。原来那种因抑郁而引发的无望无助，也渐渐离开了你的生活，代之以新的改变、新的感受和新的希望。"我继续道。

张莉莉点一点头，紧接着回应道："嗯，是的！我丈夫心很软，但他有个特点，做事情总是需要别人去推一把。比如说，最近我们布置新房子。他很上心，发现了很多问题，看到他这样用心，我就会主动和他一起做家务，感觉很愉快。"

张莉莉的这种变化实属不易，是一种真正意义上的心理成长。

"我发现，你变得更加柔软了，看到了丈夫的付出，也更理解他了，你们之间的关系有了温度。特别是你对丈夫的改变给予了积极回应，比如表达自己的愉悦。这会激励他有更多改变。你用的方法，就是行为主义心理治疗中的正强化技术。"我说道。

听到我的赞赏和肯定，张莉莉开心地笑了，她连忙说："其实都是按照您说的去做！我没正规学过心理学，这次还歪打正着地运用了心理学的原理，看来以后我还是要学一点心理学呢！"

"这个想法很不错啊！另外，我还想知道，你是怎样想到要把积极的感受告诉给自己的丈夫？"我有意问道。

她思忖了片刻，回应道。

"我母亲也提醒说，要我多鼓励自己的丈夫，不能总是挑他毛病。"

这听起来是一个合理的解释，但是，并不是每一个人都能把母亲的嘱咐和期望，转变成自己的实际行动。

于是，我追问道："母亲的提醒固然很重要，但是，这句话是怎样被你内心接收到，并转化为行动的呢？"

我层层递进式的问话，引起了张莉莉的思考，过了约莫一分钟，她说：

"我先让自己静下来，然后慢慢靠近他，去梳理过往中发生的事情，后来……"

她说，自己在梳理往事中发现，无论丈夫做什么事情，都有做不好的时候，当你直接批评指责他的时候，他就很不配合；但当你先肯定他再给他建议时，他就会积极配合。

最后，张莉莉总结性地说："总之，我发现他内心是有些自卑的，所以是一个需要及时被鼓励的人，这样他能够向更好的方向发展。"

她的回答是用心的，也是深入思考过的。作为她的心理医生，我很欣赏张莉莉的思考力与行动力。

"看来你的'鼓励'很重要，让丈夫感到被认可、被支持和获得力量。可见你在他心中是十分重要的。心理学告诉我们，重要他人的认同与赞美，能够带给人巨大的力量、愉悦与满足，也能成为自我内心动力源。此时，你就是丈夫的重要他人。"

> **重要他人：**在个体社会化以及心理人格形成的过程中具有重要影响的人，如父母、兄弟姐妹、好朋友与权威者。

张莉莉挺直了身子，望着我会心地笑了，说道："通过这几次心理咨询，我感觉和丈夫的关系仿佛回到了当初恋爱时，其中有了丝丝甜蜜的感觉。现在我觉得自己之前对他太苛刻了。"

能够有这样的领会，说明张莉莉的内心发生了实质性改变。

在临床上，心理咨询的有效性，是以来访者的觉察体悟、认知思考和学习成长为中介的，如果没有他们内在成长性改变，心理咨询与治疗的目标就难以达成。

"我很欣赏你通过观察接纳、情绪表达和委婉建议的方式，重塑了你们之间的关系，这是你们彼此在亲密关系中的一次学习成长。"我说。

"说真的，现在我才真正理解了'接纳'的重要性，以前也说接纳呀接纳，但都只是口头上，心里是挑剔的、厌倦的和鄙视的。"

张莉莉望着我，真诚地反思着。

心理咨询已接近尾声了。

我需要做一个总的概述，让张莉莉清晰地看到婚姻关系的多维复杂性，帮助她过好未来的婚姻生活。

"希望你记住，良好的夫妻关系是家庭关系的基础。在一个家庭中，夫妻关系是第一层级的，亲子关系是第二层级的。另外，从社会这个角度来看，男人比女人承载了更多的社会责任与压力，因为他们的能力需要被证明。"我说。

她从沙发上直起身子，点着头说："嗯，我看到了他的付出和努力，我也更能体会到丈夫的不容易了。"

张莉莉的确变了！她由最初的抑郁绝望到如今的从容淡定，让我再一次感受到了生命里的智慧。当下，我感受到了一份流动的、温暖的和发展的情感，看到了一对小夫妻相互间的理解、体贴和包容。"

于是，我笑着对她说：

"现在，你需要感谢一下自己了。"

张莉莉不解地看着我，眼睛瞪得大大的，说："哦？要感谢我自己，为什么呢？"

"我觉得，作为妻子你实际上是家庭关系的重要联结者、推动者和维护者，其中有你与丈夫的亲密关系，你们与孩子的亲子关系，以及小家庭与两个原生家庭的关系。假设，你现在是张莉莉的好朋友，你见证了她的变化，看到了她家庭关系的改善，看到她如今的愉快等，那么此时，你想对今天的张莉莉说些什么呢？"我说。

张莉莉想了一会儿，嘴角露出了笑意，很认真地说："我想对她说：我觉得这段时间你表现得很棒！当你静下来感受你丈夫，你看到了他的改变和努力，你就不再激进、烦躁和绝望。还有，你能接纳理解他了，想办法与他良性互动。最后，希望你可以保持这种状态，做得更好一些。"

我还没有来得及回应她的答案，她便急忙接过了话题，很有感慨地说：

"医生，其实恋爱与婚姻就不是一回事，结了婚我才知道维持良好的婚姻真是太不容易了！我怎么也想不到，婚姻里会遇到这么多的烦心事！这段时间要不是您的帮助，我都不敢去想象，现在会是个什么样子。"

"医生，真的，我特别感谢能遇到您！"她认真地说。

"还是要感谢你自己，我只是陪伴了你一段时间，而你才是真正付出努力、成全自己的那个人。"我笑着回应道。

作为心理医生，见证了张莉莉自我成长的过程，感受着她重新找回的爱、温暖和亲情。这一切对我来说犹如看到"雾霾"散去后的阳光，无比珍贵和难得！

这一切也是张莉莉留给我的最好礼物。现在，她就在我对面，笑得很灿烂。我们挥手道别。

但是，我记住了她灿烂的笑容！望着她离去的背影，我不禁想到，也许人类的微笑，就是世界上最无可比拟的天然化妆品。无论何时何地，当一个人微笑的时候，他们在那一瞬间就变得无比美丽动人。

　　爱情，不是人生中一个凝固的点，而是一条流动的河。这条河中不仅有壮观的激流，也会有平稳的缓流，甚至可能会出现支流和暗流。但所有这一切，都是这条生命河流的组成部分，共同造就了爱情独有的风景。

☕ 第一杯咖啡：为何家庭关系紧张会引发心理障碍

人类学家发现，不良的家庭关系对心理障碍的发生有明显作用，因此通过改善家庭关系可以消除心身不适症状。

20 世纪 80 年代心理学家发现，家庭成员的特殊关系有很多特征，一是家庭中各成员都紧密相连，互相影响；二是要解决家庭的问题，必须要了解成员之间的多维关系，而不能仅从某一单维层面进行；三是家庭中惯用的交流与关系模式对家庭问题的产生具有重要的影响。

人类学家 Gregory Bateson 发现，不良的家庭关系对心理疾病的发生发展有明显作用，因此，通过改善家庭关系可以疗愈心理疾病，消除心身不适症状。

本案例中，通过对张莉莉的婚姻冲突以及家庭成员的关系，进行了剥洋葱式的咨询与治疗，这对她解开心结，找到内在力量，解决问题起到了重要的作用。

这些有效的方法主要有：

其一，心理医生必须要接纳、梳理与消解她的负面情绪，然后再进入她的理性层面展开有效的梳理、审视与分析。

其二，采用剥洋葱式的逐层问题解决法，从她最焦灼的问题开始，逐层深入。在开放、温暖、尊重和接纳的氛围下，帮助她将外投射式问题归因，引入自我内部的觉察与反思，即父母之间、自己与父母之间以及自己与丈夫之间的关系模式，这种深层反思是其改变的内在心理动力。

其三，采用见证式问话技术，让她看到了在夫妻关系中自己的优越感与强势，引导她对"自我界限"的重新界定，澄清夫妻间越界的言行，重构成熟的心理行为模式。

其四，及时采用叙事性的见证丰厚与重写技术，对张莉莉在反思中获得的新感悟、新体验和行为改变，给予及时引申拓展、丰厚强化，并用语言叙事技术赋予新意义。

第二杯咖啡：为何原生家庭影响婚姻关系质量

只有当一个人更多地了解到事实真相时，才会在心理行为层面上发生实质改变。

Bowen 在 20 世纪 50 年代提出，家庭是每一个独立生命成长的系统，是一个稳定的系统。父母与子女交互作用时，产生的有形和无形规则构成了比较稳定的家庭结构，也使他们之间形成了特定的行为模式。父母与子女之间的情感表达、行为模式、互动方式等均不断地相互传递与模仿，了解男女伴侣原生家庭系统的心理行为模式，对提高亲密关系质量有重要意义。

张莉莉是以病人角色进入到系统的心理治疗中的，从她讲述的故事来看，表面上似乎是一个婚后矛盾引发的亲密关系问题。此时，若对心理问题根源探索不够，仅把焦点放在当下冲突点上，就可能会出现并解决了第一个冲突，不久就会再出现第二个冲突并解决，继而进入冲突问题的连锁循环中。

本案例中，心理医生清晰地意识到表面上的夫妻冲突，其深层根源却是双方成长背景的巨大差异，也就是双方原生家庭系统的不同。所以，在解决心理问题中，强调亲密关系中个体生命的独立性与存在模式，促使她去探索伴侣在行为模式、处世方法和价值观上的差异，以及差异的来源，这种澄清性探索对个体的心理成长极为重要。

心理医生通过连锁提问法、具体化法与探索性心理分析，促使来访者成为自己问题的主体，改变其受害者或者抱怨者的角色，这对后续心理治疗起到了很大的促进作用。

在心理分析中，当一个人更多地了解到事实的真相时，才会在心理行为层面上发生实质性改变，因此，如何通过深层心理问题的分析、探索与发现，是一个独立个体解决心理困扰的核心所在。

人物独白： 我的情感似乎麻木了，对什么都没有了兴趣，身边的人也都无法理解我，我感觉很孤单，也很迷惘。没有人喜欢我，我也不喜欢这个世界，甚至我都不知为什么活着，我只感觉到很累很累……

◆一株树苗是否能够长成参天大树，百年不倒，这一切不是取决于四季有无风雨寒冬，而是取决于它的根须能否深深地扎进大地之中。

少年时代，我没有避风港

如果一个人压抑久了，有时反而会质疑真正自我的存在。所谓的内心如垃，有时也只是潜意识里因为害怕受伤，为保护自己而穿上的一副硬壳冷盔甲。

时值深秋，从远道而来的叶晓兰，走进了心理诊室。

她穿着一件橘黄色外套，高领白色羊绒衫，面容清秀端庄，颇具几分古典气质。

"医生，我想问您一个问题，人类为什么总是被辜负、抛弃和原谅呢？"这是叶晓兰落座之后，对我说的第一句话。

我快速翻看着叶晓兰之前的病历。

上面写着："情绪抑郁伴焦虑，有轻生念头、失眠、消瘦三个月；近一月病情加重，在家不愿见人，不愿意去学校。"当地专科医院诊断为"重度抑郁症伴厌学"。

看到这里，我不由得多看了她几眼，端详着。但引起我关注的，是叶晓兰眼中那浓浓的忧郁。

当与她的眼神触碰时，除了眼中的困惑，还有一股倔强，一种渴求别人能够理解，并给予解惑的盼望。

我能感觉到，叶晓兰是那种对自我十分敏感的人。不过，我不愿先入为主地给她贴上某种疾病的标签，戴着有色眼镜与她交流。

我想要细细去了解我眼前的这个女孩，也很想去亲近她的内心，究竟怎样的经历，让她对人生产生如此深刻却略带沉重的思考？

她的忧郁来自何处？又是什么困扰了她？

想到这里，我放下了手中的病历，没有直接回答她的问题，反而好奇地问道："你的问题还挺深刻的，不过，我很想知道你是如何会想到这些问题的？"

"哦，就是从自己和别人的经历中总结的呗！"她耸耸肩，佯装轻松地一笑，轻描淡写道。

"之前你问'人类为什么总是被辜负、抛弃和原谅'这三个问题，我能感觉到在这其中有你很多的情感，它包含了不少的委屈、无奈和疲惫，还有一些无所适从。你愿意让我了解一下你的经历吗？"我共情地问道。

> **共情**：是指一种能深入他人主观世界，了解其感受的能力。设身处地深入对方的内心去体验他的情感、思维。把握求助者的体验与他的经历和人格之间的联系，更好地理解问题的实质。

"我的经历很普通呀，和别人都一样。"

听到我的话，叶晓兰在刹那间瞪大了眼睛看着我，似乎我的话语引起了她的一些共鸣。

但是，她仍不愿提起自己的过往。

"在我看来，你的经历不仅是独一无二的，而且也是宝贵的。因为，这就是我们每一个人最真实的生活嘛。"我没有放弃，回道。

她陷入了沉默，用她那充满灵气而又忧郁的眼睛端详着我，时不时地抿着嘴唇，似乎内心在做着某种斗争。

我凝望着她，同样，沉默不语。

约莫过了两分钟，我打破了沉默，继续问道："能说说你最早的记忆吗？它是在什么时候？"

听到我突然的问话，正在沉思中的叶晓兰下意识答道：

"小学三年级吧，那时我刚刚转学到一个新的学校……"

说到此处，她回过神了，看了我一眼，似乎做出了某种决定，说道："我一个小镇上的普通孩子，到大城市里来上学，被歧视是难免的……"

原来，小学时候的她，被父母送到省城里一个高级寄宿学校。她觉得新学校的一切都很陌生，城里同学们的行为做派与她格格不入，再加上她说话有地方口音，时常被同学笑话和捉弄。

唯一的安慰是她的学业不错，也难免招来同学们的羡慕嫉妒恨。

她说：有一次考试，她一如往常做题、答题，全身心投入。但是，后来有人想捉弄她，故意向班主任举报她作弊，班主任未经核实就把她叫到办公室，狠狠地批评了她。当时她做了解释，但老师说她狡辩，甚至讥讽她以前的好成绩，也都是作弊得来的。最后，公开批评了她。

她感到自己被孤立了，同学们看她的神情也变了。在偌大的校园里，她永远都是孤零零的，一个人独来独往。

她把情感需求冰冻了起来，直到小学毕业，都无心再交朋友。

"奇怪的是，我被老师冤枉作弊被孤立之后，没有太多伤心，也没有愤怒，好像我的心一下子变硬、变冷了。"

她有很好的语言表达能力，语句顺畅流利。

"我当时就是不明白，就是想知道为什么人类要这样决绝？父母送我去更好的学校读书，为什么我看到的却是这样黑暗的一面，一个充满着傲慢、歧视和偏见的世界？"

"为什么所有的同学，都像机器人一样，对老师说出的话，就像给他们设置了一个机械程序，他们全都无条件地遵照执行？是我什么地方出了问题？不然为什么会是这样？"

她一口气接连提了多个问题，语气十分平静，但却充满了质疑。

望着她，我不由自主地想要去靠近她、贴近她。

她的每一个质问，都仿佛是一支利剑，直指人心！我想，那时她会有怎样的心伤、委屈与苦痛，也能体会到她对情绪的克制，用漠视让自己能够冷静面对而不失控。

无怪乎她不愿谈及过往，因为重新回忆这段伤心经历，无异于重揭自己的伤疤，而那种疼痛，任谁都不愿无端承受。但从心理疗愈的角度看，有些伤疤，是需要揭疤去脓后，才能完全愈合的。

"在那件事情之后，有没有同学还想要亲近你？"

我尝试寻找并想唤醒她记忆中温暖的部分，哪怕只有一丝一毫。

"有的，也就是给我写写小纸条，用一些话鼓励我。我担心他们会受牵连，也就没有再主动和他们交往。现在想起来，感觉这几个同学挺好的。"

她在讲述这段话时，不知不觉语气柔和了起来，嘴角无意间上扬了一下，一闪即逝，但仍被我捕捉到了。在黑暗的天际之中，还有几颗星辰能让她感受到些许光亮，是挺好的。

听了她小学的经历，我明白她为什么会提出"人类为什么总是被辜负、抛弃和原谅"这三个问题了，但我仍需要了解更多信息，以便能更好地贴近她和理解她。

于是，我接着问："你上中学以后呢？有什么变化吗？"

"上初中后，老师和同学都换了，和以前不一样了。"她回说。

叶晓兰似乎已经对我建立了一些信任，没有犹豫便接过了我抛出的话题。

初中时，叶晓兰结识了两名好友。在一次与她们的交流当中，她谈及了自己伤心的过往。

"那时，我特别希望有人能够来拯救我。"她说。

"我的日子特别难熬，一个好朋友听了我的事情后，就建议我'报复'他们，就是用学习成绩去'惩罚'，让他们羡慕我、仰视我。我突然觉得找到了一个突破口，觉得这个建议特别好。于是，我就把所有课余时间全用在学习上。别人在玩闹，我在学习，别人在谈恋爱，我还在学习。无论别人怎样吵闹，我都在学习，就这样一直坚持着。"

她说话时，语气中略带一丝懊恼，似乎有些懊恼自己为何不复当初的斗志。那时的她就像一个倔强不屈的斗士，滋味是苦，身心也累。但是，意志却很坚定执着。

因为刻苦学习，她的成绩始终名列年级前茅。老师和同学们也改变了对她的态度，在他们眼中，她已经是一个用功读书的"好学生"。

"在你特别难过的时候，你没有想过要和父母交流吗？"我发现她在整个的叙述过程中，丝毫未提及父母，于是探索性地问道。

"我感觉父母根本不能理解我，和他们说也没用。表面上看，我与周围的同学们相处得也都挺好，但实际上，我与他们都保持距离，我怕靠太近了反而会受伤，包括跟我父母的关系。"

她带着冷漠的口吻，表情僵硬地回道。

听到此处，我的内心有些隐痛。

也许，这就是有些"包办"家庭教育下普遍存在的一种困境，父母往往替孩子做了各种的选择决定，可谓是操碎了心，结果却是与孩子内心更远的距离。

"医生，晚上我常常会梦到墓地，冷冰冰的，灰蒙蒙的，我感觉那个地方就是我的心。每当我跟别人说真心感受时，他们就会害怕而离开我。所以要是人没了情感，也就不会受伤了。"她继续说。

害怕伤害，我不付出真情

一个如此真性情的人，内心又怎会荒芜如坟呢？

她还说，外表上的和善随和，只是她用来掩藏内心冷漠的一副外在面具。

在我看来，她所谓的内心如坟，也只是潜意识里因为害怕受伤，为保护自己而穿上的一副硬壳冷盔甲。

她真实的内心，应该是聪慧、敏感、孤单而又渴望情感的。有时一个人压抑久了，反而会质疑真正自我的存在。

"在你心里，有过喜欢的人吗？无论是异性或是同性。"青春期最容易萌发的是爱与**依恋**的情感，我紧接着问道。

> 依恋：一般指幼儿和他的照顾者之间存在的一种特殊的感情关系，是个体与重要他人间通过亲密互动形成的持久、强烈的情感联系或联结。

"有一个男生吧，但我觉得那不算喜欢，这个男生身上有一些我欣赏的特质，比如他骄傲的样子，对谁都不爱搭理，但学习还特别好，他在我眼里就显得特别酷，特别不一样。"

她说，曾经在聊天时，借机向那个男孩隐晦地表白了，但没被他接受。

然而，曾经也有许多男生向她表白过，但也都被她拒绝了。

在她的眼中，她没有丝毫魅力，所以无法吸引那个她喜欢的男生。但也正是她独有的风格，才吸引到身边众多其他男生的喜爱。

"其实，爱是很复杂的。不过我觉得，爱的核心是吸引、是喜欢，也是欣赏。"我回应道。

"当他拒绝我的时候，我的心还是感觉很痛的啊！"她眨巴着那双明亮透彻的眼睛，看着我说。

"爱有时也会包含着一些苦楚、一些不舍与思念。但若让你来选择，你是愿意自己有这份爱？还是没有呢？"我抛出一问，等待着她的回答。

"嗯，那当然还是有好咯！"她不假思索地答道。

是啊！如此真性情的人，内心又怎会荒芜如坟呢？

"这些情感记忆，就是你初中时代的故事？"我问道。

"嗯，这就是我的初中时代。后来，我考上了市重点高中，又开始感到压抑了。"

此时，我与叶晓兰之间的信任关系已经建立起来了，听到我的问话，她很自然地把话题转到了自己的高中时代。

高一时，她在普通班学习。这个班不少同学都在忙着谈恋爱、说八卦、聊体育，喧闹嘈杂的学习氛围，不仅影响心情，还很容易让人感到心烦与疲倦。

高二时她通过努力，如愿以偿升入了实验班。原本以为学习环境的改善，一切都会好起来，但却发现自己更压抑了。这个班里的同学们，与普通班同学不同，而是集体沉默，全力备考。没有人聊天，没有人喧哗，只有书本翻页时的"哗哗声"，笔在书写时的"沙沙声"。

叶晓兰说，高强度脑力竞争的氛围，让自己感到学习压力陡然猛增。甚至，曾经让自己骄傲的成绩，再也显不出任何优势了。

无论她怎样拼，成绩仅在下游徘徊，她内心倍感挫折、窒息与伤感。

"我拼了命地在学呀学，可是还是考不过他们。现在我累了，脑子乱了，根本没法看书了。就好像脑子僵住了，学不进去了，成绩也开始不断下滑。"她说。

"我现在对一切都提不起兴趣了，感觉自己以前也都证明过自己了，现在我一点动力都没了。"她苦笑道。

我们谈话至此，一切皆已了然。多年来，她证明和维持自尊的办法，就是自己出色的成绩。可如今，她以往的骄傲、自豪和自信均一点点耗竭了。

难怪她神色忧郁、疲惫！从初中开始，她就一直以百米冲刺的速度，为成绩奋斗；但谁知，却跑了五年的马拉松。如此速度的长途奔跑，就是一个超人也会累了、倦了吧！

叶晓兰原有的心理平衡被打破了，又缺乏及时的社会支持和自我调适。因而，她抑郁的症状越来越明显了。

这时，已经可以诊断叶晓兰患了"抑郁症"。抑郁症是临床常见的一种情感障碍，医学文献报道人群发病率在 8% ～ 11%。

叶晓兰已表现出了一系列抑郁的症状，第一类是情感低落与兴趣缺失，对周围事情不感兴趣，终日闷闷不乐。伴有悲观消极念头，常有无用感，无希望感和无助感；第二类是认知能力降低，自觉"脑子好像是生了锈的机器"，注意力不能集中，记忆力显著下降；第三类是自主意志活动减退，缺少动力，生活被动，不愿和人接触交往。

随着我脑中对叶晓兰诸多情景信息的整合与加工，一个初步的心理咨询框架逐渐成形了，即在服用抗抑郁药物的基础上，采用多元积极整合心理治疗方案，第一阶段重点放在她的情绪表达、自我觉察与探索；第二阶段帮助她接纳完整的自己，建立更多自我认同；第三阶段帮助她激活内在动力，重建认知行为模式；第四阶段帮助她找回与父母之间温暖的情感，唤醒自我独立意识。

以此来疗愈叶晓兰的心伤，重建她的心理平衡，恢复学习能力。

心理咨询与治疗系统方案形成之后，本次咨询的时间也到了。

我建议，她回家后做一些自我梳理，下次再谈。

面对父母，我只剩下心累

内心最在乎的人，往往最容易让我们纠结。纠结的源头，不在于没有给予彼此爱与关注，而在于没有懂得和给予真正需要的爱与情感。

一周后，第二次心理咨询开始了。

叶晓兰母亲急忙推开心理诊室的门，一脸焦急的神色，向我求助道：

"医生啊！明年我女儿就要高考了，但她现在却要休学，这怎么行？唉！她是个拗脾气，我该咋办呀？"

对于叶晓兰，是休学？还是上学？如何选择？这在所有父母的眼中，都是一个重大的问题。我示意她坐下来，告知我关于此事的详情，看到我的淡定，叶晓兰母亲的情绪也渐渐平静了下来，开始诉说父母与女儿在休学问题上的冲突。

叶晓兰坚持说，想要休学一年，跟着下一年级重读高三课程。但是，叶晓兰的父母则担心休学后把课业落下了，即使复学了，也会很吃力，而且还要比别人晚一年考大学，年龄处于劣势。

父母认为叶晓兰不能休学，应该继续上学，只要咬牙挺过这段时间，等明年高考过后，一切的痛苦就自然地消除了。

但是，凭我多年的经验看来，叶晓兰的父母还有个没有说出口的担心，那就是女儿已经厌学了，根本不想读书，明年再读只是一个借口。

此时，由于女儿叶晓兰坚持要休学，经过几番争执，他们双方仍未能达成共识。

在了解完大体情况之后，我没有与叶晓兰母亲进行更多的交谈。我知道，休学这个问题的主体是叶晓兰，了解她的真实想法是解决问题的关键。

紧接着，我与叶晓兰开始了第二次咨询。进入心理诊室的叶晓兰，她一脸的平静，与刚才神色不安的母亲完全不同。

不施粉黛的她，依旧是黑裤白衣的搭配，朴素而典雅。

她一落座，先朝着母亲离去的诊室门看了一眼，然后望向我，眉宇之间一脸探寻之意。显然，她很想知道，刚刚离开诊室的母亲对我说了些什么。

我决定直言相告："嗯，刚才你母亲与我在谈论你想要休学的事情，你怎么看呢？"

对于我的坦诚相告，叶晓兰露出一副意料之中的样子。但我也捕捉到她眼中一丝隐隐的讶异，也许我的开诚布公还是让她感到有一些意外。

我想要探究她的真实想法，是抑郁？是厌学？或是其他原因。这涉及我对她接下来心理咨询的方案与策略是否需要进行调整。

毋庸置疑，在休学这个议题上，叶晓兰的真实想法至关重要。

"我父母对我的要求是能考就凑合去考，能考上个什么大学都无所谓了，让我有个学上就行了。但是，他们说的是真话吗？他们心里真无所谓吗？哪个父母不希望自己孩子考上个好大学？再说了，我自己也想考个好大学。只是现在，我有点学不动了，追不上班里的同学，我实在太累了！"她的语速很快，一口气把憋在肚子里的话说了出来。

叶晓兰谈及这个话题时，双眉紧锁，先是对父母想法要求的一番义愤填膺。但说到最后，却又透露出一股自我的无力无助感。

她的父母一直认为，只要降低对叶晓兰学业的要求，就能解决她厌学抑郁的心理问题。殊不知，这只是父母的一厢情愿。

显然，如果按照父母的意愿，采用降低要求的办法完成学业，如果女儿愿意，或许还能够维持一段时间。

但是，父母忽略了女儿已陷于情感抑郁的现状，对于"脑子好像生锈了"的叶晓兰来说，又该如何度过她的每一天？如何面对她的同学老师呢？

其实，她目前最大的困境是缺少心理动力，还有伴随而来的抑郁焦虑情绪，严重的失眠、多梦，以及注意力、记忆力下降，甚至还伴随精力体力耗竭的主观体验。这些复杂的因素，才是困住叶晓兰无法继续学业的深层问题。

我能体谅到此刻叶晓兰的心情，也明白为什么她会说父母不理解她了。她的父母很难理解她的困境是什么？担心是什么？难以承受的又是什么？只是把自己的想法和选择给了女儿，这种做法，父母常常认为是他们的"爱"。

爱？有时真是一种很复杂的存在，有时爱与被爱者之间巨大的认知差异，使彼此都难以感觉到它的存在。

"我要休学！"她以肯定的口吻对我说道。"我觉得给我一些时间我能恢复过来！到那个时候我再去高考，这样的结果会更好！"

此时，我没有对她的决定给予任何评价性的回答。

作为一名心理医生，不能够代替孩子或其父母做出决定。我们的工作不应是劝说教导，而应是共情倾听、澄清与见证反馈。

多年心理医生的职业生涯，使我意识到，有些来自每个人内心的愿望和选择，并不是界限分明的非黑即白或非对即错。因此，对叶晓兰此刻的选择我保持价值中立的态度，不妄加评判。

> **价值中立**：在心理咨询过程中，心理咨询师对于来访者的价值判断应持中立、非评判性的态度，这是咨询师与求助者互相尊重、接纳与平等对话的基础。

我需要尽可能帮助叶晓兰理清思路，澄清问题与预判问题，让她意识到即将做出的决定是什么，她可能为此将要承担的责任又是什么。让她在慎重思考之后，在清晰理性的状态下做出自己的选择，为自己负责。同时，协助她与父母进行理性的沟通交流，消弭冲突达成一致。

心理医生这时就是她的一面镜子，帮助她在做出休学决定之前，去审视自己的内心，让她分清自己究竟是为了逃避而休学，还是为了疗愈而休学？或是为了更好的自己？或是其他？

一头长年累月搏斗于山林之间的猛虎，有朝一日因伤离开了山林，他日重回山林之时，是否还能拥有往日的勇猛与锐气呢？

还有，年年岁岁花相似，岁岁年年人不同。明年与她偕行的将是学弟学妹们，这些"后生们"带来的压迫感她是否能适应呢？

这是我预想到的几种休学后必将面临的一些压力情形。

叶晓兰微低着头思考，没有马上给出答案。

休学之后，学业压力的缓解是必然的，但也是很有限的。因为，当她明年恢复学业时，新的学习压力一定会涌现出来，她需要对此有所预判。

另外，她是否已做好了充足的准备，在休学期间能够接受系统的心理治疗，这还需要获得确认。

不一会儿，叶晓兰抬起头，眼睛望着我，用肯定的语气，说道：

"我还是要休学！我也想继续做心理治疗，我觉得我能够把自己的问题处理好，到那时再高考会更好！我也就对得起自己了！"经过一番思考，叶晓兰终于做出了休学的决定，所说的话与起初如出一辙。

不过，不同的是她的话语中已不复先前的犹豫和彷徨，取而代之的是一份笃定和自信。

于是，暂时休学这个话题就此告一段落。

人性黑暗，请给我个答案

其实，阳光一直都与生命相伴，只是当我们背对着阳光时，只能看到阳光下的阴影。此时，温暖与明亮只欠我们一个转身。

在心理咨询过程中，心理医生的主要工作，就是帮助来访者探索和觉察自己的内心世界。最终无论来访者做出什么样的决定，我们都应予以尊重。

人生路上，每个人的生命旅程都只能依靠自己去行走，理当由他去选择想要走的路，而不是被他人催生或驱使。

只是，让我没有料到的是，叶晓兰的眼光投向我，语气诚恳地重新提及第一次咨询交谈时，她提出的问题："医生，我还是想知道那个问题的答案，就是'人类为什么总是辜负、抛弃和原谅？'你能告诉我吗？我疑惑了很久，就是想有个答案，看看是否我在认知上出了问题？"叶晓兰执着地问道，期待的目光落在我的身上。

对同样的问题一问再问，不肯放下，可见这三个问题在她心里缠绕很久了，或者是困扰她许久了，她渴望有人能够帮她释疑解惑。

此时，她选定的这个人是我。

第一次心理咨询中，她犹如一只遇到挑战的刺猬，将浑身的刺全都竖起，要求这三个问题的答案，言语中带着失望、伤痛和隐含的敌意。

在初次心理晤谈的语境氛围下，我与叶晓兰的治疗关系还未建立，在对她一无所知的情形下贸然回答，稍有疏忽，就有可能破坏治疗同盟关系。所以，那时我的选择是先搁置问题。

现在的叶晓兰，虽然问的仍是同样的问题，但已不再咄咄逼人，尤其是紧接着自我否定式的问询，由此判定，她的情绪已渐趋平和了。

于是，我今天没有回避这些棘手问题，说道："你上次问说，为什么人类总是被辜负、抛弃和原谅？我想，这些感受可能都是你在自己的人生经历中体验到的，包括你上寄宿小学，被误解，被孤立等，你的这些体验都是真实的。做心理医生这么多年，更感受到人性的复杂，它善良也有恶毒，它高尚也卑微，它利他也有自私。"

我接着说："也许在复杂的人性中，你说的被辜负、抛弃和原谅也都是真实存在的，那么我觉得'原谅'是其中最温暖的。在我看来，我们每一个人都是不完美的，但若有了'原谅'，人之间就有机会去修复、补偿和重建了。另外，我还想知道，除了这三个问题，你还是否有其他感受？"

我努力去靠近她这个年龄层面的感受，与她在心理层面共情，并尝试把这三个问题中的"原谅"单独分离了出来，由此引发她更多觉察与思考。

上次咨询中，我能感受到她的内心本就有温暖的种子，只是她用厚厚的盔甲包裹着那颗易感易伤的心。而今，我要做的就是唤醒她心里的那颗种子，让它越过寒冬，迎来春暖花开。

果然，她沉默了一会儿，紧接着对我所赋意的"原谅"，急忙做了辩解，说道："嗯，不过我对他们的'原谅'并非出自于爱，只是我觉得没有必要去'恨'。这个不算是爱吧？也就不能算是有感情吧？"

从她急促的语速和有些不淡定的表情，我能感觉到她的内心还有一些纠结。

显然，我对于她的"辜负、抛弃和原谅"问题的解构、理解和释义，对叶晓兰的内心产生了一定的触动。

尤其对"原谅"一词的解构，让她几许惊讶！

一直以来，她认为自己经历的都是人性的黑暗面，内心也如冰窖般寒冷，她或许从未想到自己内心仍有"温暖"的一面。我这一席话，似乎触碰了她那颗看似坚硬的心，她需要重新去感受。

对于她内心产生的纠结，我十分理解。因为，人大多是害怕和拒绝改变的，改变的不确定感，随之将带来陌生感和不安全感。

但是，流水方能不腐，户枢方能不蠹。若不松土，又怎能让心灵的种子透气呼吸，生根发芽呢？

在我闪念思考的同时，叶晓兰的一大段话语，又如机枪扫射般快速蹦出，她叹息了一声，说道："医生，说真的，我觉得如果要恨的话，也是恨我自己吧。我想别人应该是没大问题的，因为身边所有的人都是这样做的，不可能他们都有问题吧，那就是我有问题了。只不过，我眼睛里看到的就是这些黯然的东西，我能感受到的人类世界就是这样的，我觉得如果把这个世界想得太好了，那我也就是在自欺欺人了！"

从她的话语中，我能体会到她内心深深的冲突和矛盾。除此之外，从她刚才一直都在使用的自我质疑式语句，而不是全盘合理化自己的所见所闻来看，她的内心不仅有内省，也饱含着善意。

一朵高山雪莲，即使它经历了再多的恶劣气候，也不会变成荆棘！

回到她最初见我时提出的问题，在我看来，这些问题既然已经涉及了哲学层面的思考，那么也应该尝试回归到哲学上的理解与解答。

从存在主义视角看人生，世界上每个人都有存在性孤独，这是一种终极性心理冲突。相对与自然界的博大，人是弱小的，难免会因孤单而陷入从众、沉沦和闲言碎语之中。但同时人也有自由意志，有遵从心愿进行选择的权利。若一个人放弃了自我选择，反而是失去了真实自我。

于是，我接着她的问题，给了进一步的阐释，说道："**存在主义哲学认为，'存在'也只是存在者的存在**。从生命本源上看，每个人、每个生命都是独立存在的。它意味着我们内心有什么？或者能从世界上看到什么？感受到什么？那么人就会去解读定义这个世界的本真是什么。"

> *存在与存在主义哲学：出自德国存在主义哲学家海德格尔（1889—1976年）的代表作《存在与时间》。*

说到此处，她似乎听进去了，渐渐陷入思索的神情，我便止住不语，留给叶晓兰一些感悟时间。

看着叶晓兰若有所思的样子，我心中也感触颇多。

2008年作为心理医生赴汶川抗震救灾的经历，目睹残酷惨烈的灾难现场，带给我内心极大的苦痛与震撼，是我生命的一次洗礼，开始深入反思生命的意义与价值。至今，十年时间过去了，也让我与叶晓兰有了如今这样的分享交流。

我看到叶晓兰眉头有所舒展，但似乎仍有惑未解。

于是，我继续解释道："举个例子，你说你曾喜欢班里一个男生，是他身上某些特质吸引了你。但对他来说，他并没有意识到，那么在他眼里你看到的那部分就是不存在的。简单来说，他体验不到你所谓的喜欢。再举个例子，你感觉不到父母对你的爱。但你知道吗？刚才我与他们交谈时，你母亲很难过，眼里都是泪，你父亲神情也很凝重。我能感觉到他们是爱你的，只不过那份爱你无法理解，你感受不到它。所以，父母的那份爱对你来说，就是不存在的。"

我深深感到，作为心理医生仅有心理学知识是远远不够的。因为，每个生命眼里的世界和人生，已经超越了心理学所能涉及与解释的范畴。

在与叶晓兰说话时，我的目光一直注视着她。我能看到，在我举第一个例子时，她的眉头逐渐舒展，而当我说第二个例子时，她的双手一直在揉搓自己的衣角，舒展的眉头又拧成了麻花。

对此，我心中也感到有些诧异。

第二个例子本是想通过帮助她理解父母对她的爱，以松解她内心对父母的埋怨，她的纠结缘何而生呢？

我端起了桌上的水杯，借此功夫，脑中电光火石般地思索着各种可能。我意识到，她内心对于父母的埋怨犹如一块拦路石，阻隔着她与父母之间的交流，要化解她那份埋怨，就意味着要将这块石头挪走。

每一个人都独自生活在自己的世界里，若无法走进与理解另一个人的内在，彼此之间必然会因差异导致冲突，哪怕你们是有血缘关系的家人。

此时，我似乎明白叶晓兰的纠结所在了。

于是，我放下手里的水杯。望着对面沙发上的叶晓兰，接着前面的话题，继续说道：

"在你父母生活的那个年代里，能进大城市或者能上大学，那是人人都渴望的东西，是好东西。父母想成为城里人，也很想进大学，但他们都错过了。所以，父母爱你的方式，就是把他们自己认为最好的东西给你。他们花钱找人，安排你到城里上寄宿学校。但他们不知道小小年岁的你，只渴望待在家里，待在父母身边，你心里真正的需要是那种温暖的、安全的和被爱的感觉。"

我给叶晓兰阐述了马斯洛的需求层次理论，试着带她探索父母自身的内心与行为，试着让她理解，正是父母与孩子在心理需要上的较大差异，才导致了父母表达爱的方式令她无法感受和接受。

> **需求层次理论**：心理学家马斯洛认为，人有多种需要，由低到高分别为生理需要、安全需要、爱与归属的需要、自尊需要和自我实现需要。当人的低层次需求被满足之后，会转而寻求实现更高层次需要的满足。

"再者，从心理学上来说，孩子对母亲是有情感依恋的，突然到远方的寄宿学校读书，很容易引发**分离性焦虑**。你的内心恰好十分敏感，所以他们送你离家进城寄宿，你的感受是被抛弃了，因为父母离你而去了。"

> **分离性焦虑**：一般指儿童与其有亲密关系的人，尤其是母亲分离时，表现出不适当的、损害行为能力的焦虑反应。

听我说完这段话，叶晓兰先是叹了口气，然后很无奈地说：

"我现在能理解了，他们是在用自己的方式爱我。但是，我心里真的感受不到。所以我就只能不断地'原谅'他们了。"

也许，父母与子女的情感都是缠绕在一起的，倘若真无情，表现出来的将是冷漠疏离。

"嗯，看来我看这个世界的观点还是片面的，是错误的。"叶晓兰又开始自我批评了。

我意识到，叶晓兰似乎总是用对与错的评价方法，来面对或拒绝她内心的某些真实感受。

于是，我说道："不妨换个说法，你看到的世界就是这个样子，这就成了你眼中的世界。所以我们通常说的'一花一世界，一树一菩提'也就是这个道理。"我尝试让她接纳自我的感受，对自我不做过度概括和过多负性评价。

"那么医生，怎样才能改变我眼中的世界呢？"

她突然提出一个带有哲思意味的问题，眼中闪着一丝期盼。

我立刻微笑地回道："改变！就是从追问开始的！当下，你已经在追问思考了，所以你已在改变的路上了。"

不管怎么说，她已行走在路上了，这本身就已经值得让人欣喜了。当一个人拥有了行走的力量，她所需要的就是去选择合适的路径和工具。

这时候，心理医生需要扮演的角色不应是导航仪，也不应是承载她人生的大篷车，而只是她生命列车途中的一个小小驿站。

何其难也！心灵，那一片神秘的土地。

我想好了，给自己修复时空

自卑与自信，是人内心的一对矛盾性平衡体。无论走向任何一个极端，都会打破平衡，陷入自我的矛与盾冲突之中。

时值初冬，距离寒假，仅有月余。大多高三学子，此刻都在教室里苦读，伴着暖窗。

心理诊室外，叶晓兰在候诊椅上坐着，头戴耳机听着音乐，不时跟随旋律轻哼着。红色外套趁着白若羊脂的纯色毛衣，颇有圣诞少女的气息。

心理诊室内，叶晓兰的父母依然心急如焚，向我诉着苦。叶晓兰不仅请病假不去上学了，而且在家里也很不听话，父母干着急帮不上忙。

"怎么办呀？"这是叶晓兰父母问我最多的一句话。

对此，我并没有直接回答叶晓兰父母的问题，而是在简要了解叶晓兰近况之后，将叶晓兰请进了我的心理诊室。

只因，她自己才是能够给予这个问题答案的人。

进入心理诊室后，叶晓兰不慌不忙地褪去外套、落座，然后眨着一双水灵的眼睛，面含微笑地望着我，似乎在示意我可以开始了。

她如此的淡定，让我充满好奇心。

我直接开门见山地问道："对你自己一直纠结的休学问题，想好了吗？"

"嗯，想好了。我决定休学。"

她对我的提问毫不意外，回答得也干脆利落，眼神却在此刻不再与我对视，貌似无意地看向别处。耐心**观察**就能捕捉到其行为背后的心理变化。

> **观察：**在咨询中，心理师所要取得的信息，可以来源于谈话的言语内容，也可以来源于非语言的表情动作。

言语上看似干脆，内心却未必果决。一个人的行为，透露的往往是她真实的内心。若她真的想好了，就不会以生病为由请假不去上学了，而会直接休学。倘若尚未想好，那么理应继续去寻找答案，她的人生，需要自己去思考，谁也无法替代她。

此时，我没有继续在休学这个议题上滞留，而是改变了方向，抛出了一个带有面质意义的尖锐问题，我说："你的学习，仅仅是为了证明自己给别人看吗？"

我清楚地意识到，解开叶晓兰心结的关键，在于转化在学业发展上心理动力的来源。

如果一个人学习动力的来源，仅仅在于通过成绩获取优胜来证明自己、激励自己与驱动自我，那么，当有一天她无法再通过优胜来证明自己时，她自我驱动与激励的内在力量又将来自何处呢？

一直以来，叶晓兰的学习动力，都来自于与同学比较中获得的价值感和成就感。按叶晓兰的说法，就是用好成绩来实施"报复"，获取心理上的优越快感。正是这种动力支撑她考取了重点高中，继而又升进实验班。

在实验班里叶晓兰遇到"一群学霸"，她从优胜而获得的心理驱力被抽离了，学习的动力也就失去了源头，伴随而来的是不断加深的自我挫败感、无力感与抑郁焦虑的内心体验。

如何帮助叶晓兰改变以往惯用的认知行为呢？如何唤醒她独立的自我意识呢？又如何把学业发展的历程，视为一种自我实现与内在丰富的心理需求，以此转换为自我激励呢？

基于上述这些问题的思考，我想要做一些打破僵局的尝试，我才探问了她这个问题，旨在引导叶晓兰从另一个视角觉察自我的认知行为。

对我提出的问题，叶晓兰先是一愣，然后略微沉默之后，对我说道：

"哦，现在大家不都是为了分数和排名而学习么？有几个人是纯粹为了知识而学习？"

她在说话之时，不知不觉提高了她的音量，似乎这样，会显得理直气壮一些。只是，气壮未必能够理直。

改写故事，走进真实自己

人生活在自己的故事里。所谓重写生命故事，就是把在倾听中获取的意义事件，一点点串联起来，见证与丰厚出来。

这时，我觉得有必要将这个话题拓展开来讨论，但不是用我的理论观点，而是把她自己忽略掉了的，关于她的故事，联结起来反馈给她，让她以更多的视角看到自己，继而引领自己。

想到这里，我放慢了语速，一字一句对她说："在前几次咨询中，你讲述了自己成长中的一些故事，记得三年前因你心中存有对人性的困惑，阅读了众多的哲学典籍，你说自己只为能寻求心中想要的答案。还有，你说因对历史颇有兴趣，自己还通读了中国历代的史籍，只为能在悠悠历史长河中畅游一番。我还记得你说……"

我需要把在倾听中获取的意义事件，一点点串起来，见证丰厚出来。

我没有到此为止，继续讲述着，说："我记得你说，因为有了尼采和叔本华哲学思想作为自己信念的支撑，让你得以在'黑暗世界'中以一名斗士的姿态，一路披荆斩棘，成为一名优秀学生。"

"我记得你还说，因为有了广博的历史文化知识作为底蕴，你得以在历史课堂上面对老师的提问，引经据典，对答如流。"

当我用清晰的语言，用相互关联的知识，复述着发生在她身上的故事时，我看得出她的惊讶！

她面部的表情变得柔和了，我也看到她眼睛里流露出来的钦佩之情，还有嘴角掠过的掩不住的笑容。

她禁不住对我说："医生，你的记忆力怎么那么好呀？！"

有时一个生命被看见了，她就是被珍惜了。

是啊！在她忧郁不如意的故事里，心理医生帮助她看到了一个更为真实的自己，而那个自己是连她自己也忽略了的，但却是她喜欢的自己。

看到她的笑颜，我也回以微笑，继续对她说道：

"我能够体会到你现在对学业的感受，能够体会到你升入实验班之后所体验到的压力、害怕和无力感，也能理解你现在所表现出来的情绪反应。

换成我是你，我也会很不好受的。"

有时，心灵空间里也会弥散着雾霾。此时，是一个合适的机会，与她一起走进自己的内心去看看。

这时，我进一步从心理学角度出发，向她解释人的"心理防御机制"，让她明白现在对学校的害怕与厌倦，就是一种由于现实压力过大导致的本能退缩和回避，是一种心理应激反应。

> 心理防御机制：由弗洛伊德提出，是指自我对本我的压抑，这种压抑是一种全然潜意识的自我防御功能，是个体面临挫折或冲突的紧张情境时，为了避免精神上的痛苦、紧张焦虑、尴尬、罪恶感等心理，有意无意地通过各种心理上的调整以恢复心理平衡与稳定的一种倾向。

"对于这种压力反应，用回避和退缩的方法不仅无法解决自己的害怕焦虑，反而会因此而固化这种反应，引发一种应激性'恐惧－逃跑'循环。此时，原本的'纸老虎'也就变成真老虎了。"我解释道。

"您说对了，确实是这样的。我觉得我永远都赶不上同学们了。我在学习，别人也在学习，而且他们比我学得更快、掌握得更好。我心里很害怕，我已经学不动了。"她说。

在我看来，她眼中的"别人"，从来都不是具体的某件事或某些人，而只是她在前进过程中所看到的背影而已。她一直沉溺于同别人比较中获得的优越感，而很少聚焦在自我内心真正的需求上。如此，只要她少了自我优越感，就会失去自我价值感，由此体验到深层的自卑。

自卑与自信，是人内心的一对矛盾性平衡体。无论走向任何一个极端，都会打破平衡，陷入自我的矛盾冲突之中。

在向阳的奔跑中，多少人想要追寻太阳的尽头，最后，却只看见了日落的黄昏。其实，每个生命只有聚焦内在自我力量，才能将阳光温暖的照射转换成自身的滋养，彼此成就。

叶晓兰的童年经历，让她原本易感的内心变得更加敏感，更容易触碰到这个世界的本真；她对史哲典籍的博览，也令她有了比同龄人更加深刻的思想，更容易以独有的视野去看待这个世界。

此时，我需要重写她生命里的故事，转换一个视角，用一个更积极的故事解读，去替代那个记忆中受伤、无助和挫败的故事。

于是，我缓缓地展开了这个故事的新画面——

小学时的叶晓兰，受了很多委屈，但同学偶尔传递过来的问候纸条，依然能让她感受到光亮，内心感到有温暖。

初中时的叶晓兰，在同学嬉笑玩闹的时候，如同一个斗士一般，在图书馆坚持不懈地学习，她的内心是坚定的。

高一时的叶晓兰，对于周围有些喧闹嘈杂的环境置若罔闻，依然能够静心学习，她的内心是渴望知识、热爱学习的。

在收到重点高中的录取通知书时，看到爸妈的喜笑颜开，会不自觉地想要哭，她的内心是柔软的，是爱他们的。

在课堂上，当老师提问到《查拉图斯特拉如是说》是谁的作品时候，当整个教室只有她能回答出"尼采"这两个字的时候，她的心是骄傲的，不是吗？

短短十七载年华，她已无数次翩翩起舞，拥有了这么多精彩，她的内心是丰盈成长的，不是吗？

我一口气把她讲述给我的过往经历，从中捡拾出一粒粒饱满的珍珠，串成了一条属于她生命的珍珠项链。

现在，我把这条本来就属于她的，独一无二的珍贵项链送还给了她。

此时，她眼睛凝视着我，神情显得很庄重。

也许，在她不经意的故事中，被我看到了这么多不曾被她关注的真实存在，而正是这些真实存在的故事，让她看到了自己的付出、力量和不容易。此时，叶晓兰的眼眶红了。

约莫一分钟后，叶晓兰情绪渐渐平复下来，然后，将目光投向了我。

我点点头，示意叶晓兰谈谈自己的感受，她不好意思地说道：

"我不想这样，也不太喜欢动感情，感觉这样很不理性。"

"噢，是吗？可你恰恰说了一句很有理性的话呀！"我笑着回道。

只有一个理性的人，才会发现自己的不理性。只有一个有内省力的人，才敢于面对自己不足并坦然告之。

当一个人长期被负性情绪缠绕和包围时，大脑中与情绪密切相关的功能区会持续地激活。此时，大脑中负责理性思考的功能区被抑制，在这种状态下人通常很难保持理性地思考。

经过一场雨水的浇灌，叶晓兰内心智性的种子已悄然破土，我仿佛听见了种子在凛冬之夜依然坚强地冲破冰霜之地而发出的脆响。

那是生命成长的声音！

我将这些感受反馈给了叶晓兰，我想让她知道自己在重新梳理过往中的悄然变化。

一棵树想要长得更高，吸纳更多的阳光，那么它的根就必须更深地植入深层的土地，只有更多地了解自己，才能接纳面对真实的自己。

果然，思索了片刻后，叶晓兰坦然说出了她的另外一个感受，她说：

"我感觉自己是一个特别边缘的人，从小到大都和周围的人不一样，一直都是独自一个人，感觉自己内心很孤单，也就不太相信感情。"

我能够体会到她说出这句话时内心深处的那份孤单、委屈和对爱的渴望。我向叶晓兰阐释了亲密关系的内涵，让她知道每一个生命都不可避免地要生活在各种关系之中，相伴而行。尽管当下的她未必能够体会到。

"孤独感是人的终极心理冲突之一。现实生活中，每个人都生活在各种关系之中，也会渴望有温暖的同伴。"我说。

"也许我现在还不需要，但是我想我应该是喜欢的。"

她当然会喜欢，犹如阳光一直都与我们相伴，只是当我们背对着阳光时，只看到阳光下的阴影。此时，温暖与爱只欠一个转身。

与父母错位，感觉不到爱

每一个人都活在自己的世界里，若无法走进与理解另一个人的内在，彼此之间必然会因差异导致冲突，哪怕你们是有血缘关系的家人。

叶晓兰办妥了休学的手序。

按理说，遂了心愿的她，应该生活得很惬意，至少目前应该如此。然而，她现在的生活似乎还是不尽遂人愿。

刚进心理诊室的她，静静地褪下外套，默默地坐好，然后低着头，保持着沉默。

沉默，是一种典型的防御姿态。防御的同时，也在蓄势。

看到如此状态的叶晓兰，我能感受到她内心刚刚敞开的窗户，现在又紧闭起来了，心里不免有些担心。

回想着她父母刚刚与我交流的情境，诉说叶晓兰近期情形时犹如告状般的语气，再看看现在沉默中的叶晓兰，心中又生出一番感慨！

在心理诊疗室，我看到很多的父母，他们下意识地认为孩子是自己生养的，是自己生命的延续，于是将自己的意志"理所当然"地复制、植入到孩子身上。殊不知，孩子虽然借由父母的血脉来到这个世界，但他们却是一个有着独立感知、追求与思想的个体生命。

但现实中，能主动意识到并思考这一个存在主题的父母能有多少呢？总能听到父母在我的诊室里抱怨孩子不懂事、不听话、不好好读书，但又有多少父母能用心倾听孩子的内心？呵护孩子的自尊心？尊重孩子的独立性呢？

想到这里，我准备在父母和孩子之间搭建一座沟通的桥梁，于是我调整了一下呼吸，整理好心绪，对叶晓兰说："你想不想知道，刚才你的爸妈和我交流了什么吗？"

"想"和"不想"，仅一字之差，但是语义却大相径庭。在对方有隐藏压抑的情绪时，这种有选择倾向的问话法，更容易看到对方更多真实的情绪反应。

果然，叶晓兰在沉默中爆发了。她开始愤恨地大声嚷道，话语如同开启机枪般一连串地扫射着，说："你不说我也知道，不就是说我爱发脾气吗？但怎么不说他们都干了些什么？他们现在成天瞎折腾，只想给我安排事，今天让我报这个补习班，明天让我上那个培训课。我才刚刚休学，能不能让我消停一会儿？还限制我这不能干，那也不能去。这和控制有什么区别？哼！他们还好意思说我，真是可笑！"

她一口气抱怨完父母的现在，但似乎仍未解气，紧接着开始抱怨父母的过去。怨气如洪，宜疏宜引，不宜堵。水怒过后，自然平息。

我静静地听着叶晓兰宣泄她内心的愤怒，一边感受着她此时的汹涌澎湃，一边想着下一步的因势利导。

> **宣泄**：让来访者把过去在某个情景或某个时候受到的心理伤害和所积压的情绪发泄出来，以达到缓解和消除来访者消极情绪的目的。

叶晓兰说了足足五分钟。她的语速在滔滔不绝中渐渐缓了下来，刚进门时剑拔弩张的势头，也在不知不觉中削弱了许多。

此时，叶晓兰的目光中带着一丝期盼。我能感受到她内心的窗户并未紧闭，至少面对我的那扇窗，仍敞开着。我知道，她期待我能够和她站到一边。

可惜，我不能。

这世界上有很多事情并不是非黑即白或非对即错的。父母为孩子的未来着想，没有错。孩子追求独立自主，也没有错。至此，又如何评判对错？

因此，我哪一边都不能站，站在哪一边都不公平。

于是，我没有对叶晓兰对父母的抱怨给予回应，而是用温和的语调，中等的语速，对她说道："之前，我记得曾和你讨论过，休学可能并不一定能解决你的烦恼。"

听我说出这句话，叶晓兰脸颊闪过一抹微红，欲言，而后又止。

她想辩解，却发现无可辩解，于是选择了沉默。

在先前的咨询中，我曾与叶晓兰就休学这个问题进行过探讨。让她明白休学是暂缓压力的一种选择，但并不是解决学习动力的方法，而且在休学以后还可能会遇到新的问题。

看到叶晓兰聚精会神不时颔首的样子，我知道她听进去了。但有时，知道是一回事；真正面对时，又是另一回事。

诚如一部电影的台词所说，从小听过很多道理，却依然过不好这一生。

知行合一，从来就不是一件容易的事情。

看到叶晓兰的神情，我暗自称许。虽然，她休学后与父母起了一些冲突，看似情绪化的表达，但她内心理性的部分依旧掌控着方向。

她当下不再一味辩解，就是理性审视的体现。一个人成长的途中，不怕慢，不怕缓，只怕停。

"为什么想要通过发脾气来表达你对父母意见的不赞同呢？"我紧接着问道。

"其实，我心里很难受啊。父母每次对我厉声说教的时候，我感觉就好像两个小孩在说另外一个小孩一样，特别的幼稚可笑！我和他们思维不在一个层面上，没法和他们正常沟通。"她说。

"父母老是打着'爱'的名义来指挥我，控制我，拿个笼子套着我，管着我，让我特别忍受不了，再这样下去我会疯掉的！"一提到父母，叶晓兰稍稍平复的情绪又有些涌动起来。

叶晓兰话语中仍带着情绪，但我十分理解她此时的感受，也明白叶晓兰为什么要发脾气了。

青春期，是个体自我意识进入快速发展的时期。显然，随着叶晓兰自我认知与独立意识的增强，她已有了自己的人生观、价值观，并能独立评价自己和周围的事物，要求自立，要求尊重。

然而，对父母而言，未能认识到她青春期身心发展迅速"成人化"的现实。这种逐步增加的认知差异性，必然引发彼此的矛盾与冲突。

叶晓兰对父母发脾气，正是青春期普遍存在的一种"抗争"行为。

"父母如何与你相处，会让你感觉舒服一些呢？"我想探寻一下叶晓兰与父母和平相处的模式是如何的，于是问道。

"我不想和他们离得太近，我只想离他们远远的，希望给我空间！"说着说着，她的眼圈开始泛红。

叶晓兰其实是十分在乎父母的，言语上的否定，并不能阻断她内心对父母情感上的联结。只是这份爱的情感，她不知该如何用合适的方式表达出来，才会本能地用情绪性语言，将这种纠结矛盾的心情宣泄出来。

我们最在乎的人，往往最容易让我们纠结。纠结的源头，不在于没有给予爱的关注，而在于没有给予彼此真正需要的爱与情感。

我需要做的，就是帮他们把这份有纠结的情感疏解开来。在这个过程中，不仅孩子需要成长，父母也同样需要成长。

两分钟后，见叶晓兰情绪逐渐平复，我开始着手疏解第一个纠结点。

叶晓兰的父母生活在一个小乡镇里，在他们的那个年代，是一个农村眺望城市，农民羡慕知识分子的年代。当他们在电视上看到繁华的都市，看到领着高薪的白领时，也会产生一种憧憬和向往，会认为这种都市生活远比小镇生活幸福得多。

当时，叶晓兰的父母做了一个决定，将仅有10岁的叶晓兰送到城里的寄宿学校读书，他们希望自己的孩子能得到大都市的教育资源，长大后念一个好大学，过上幸福的生活。

送到城里的好学校读书！父母的想法执着而笃定，那就是想把自己错失了的好东西给叶晓兰，也许这就是他们认为的爱吧。

他们所给予的爱，在已有独立意识的叶晓兰眼里，是对她过多的，一厢情愿的控制和羁绊，是对她莫大的误解和伤害。

其实，爱的方式，并非一味给予。

父母在情感上是爱她的，只是由于年代、阅历和想法不同，导致在爱的内容与方式上出现了分歧冲突。

"医生，我能理解他们了，也不想再责怪他们。可是他们还是用老办法管我，一点也不理解我啊！"

叶晓兰听进去了，但仍表示出一副无奈的样子。

我曾与叶晓兰父母对此有过一番交流，但他们在一时之间，仍难以找到有效沟通的方式，也难以转变对女儿问题的过度卷入。

不可否认，叶晓兰在理性思考层面的进步上，在一定程度上已超越了她的父母。家庭是一个有机联结的系统，子女或父母其中一方的转变，也能对**家庭系统**动力产生影响。

> **家庭系统**：经验性家庭治疗理论认为，家庭是一个稳定的系统，家庭成员交互作用时所产生的有形和无形规则构成了较为稳定的家庭结构，成员间形成了特定的交往模式。

所以，促使叶晓兰的认知行为发生改变，成了当下我要聚焦的问题。于是，我对她说："父母爱你，但可能并不懂你。你可以试着与书为伴，书能让我们与另一个心灵相遇，会有很多新的感受出来，找到那种宁静存在的状态。同时，也能降低你休学后落寞孤寂的感觉。至于父母，你若让他们感到你很好，他们就放心了。"

我并未说得十分具体，但我想叶晓兰应该能明白我所说的意思。

叶晓兰确实听明白了，她说道："我看书的那种安静状态，能让父母感觉到我变好了，他们就不念叨了，是这样吧？"

面对叶晓兰的回答，我颔首微笑。

"那么，我出门在外会让父母感觉到我不好了，那我就不外出了吗？"她不解地问。

我还未回应，她又追问道："是要这样吗？"

我摇摇头，说道："刚才你父母说，你一早离家，晚上九点才回，还带着让他们一眼就能看到的身疲力竭，甚至你回家后谁都不理，就直接进了自己的房门，你能让父母感觉你外出是件好事吗？他们能不阻止你么？"

叶晓兰点点头，示意她听懂了。

我想，聪慧如她，应该是真的懂了。

父母的世界其实也很简单，若孩子安好，都是晴天。

"医生，为什么我每次来的时候刚开始情绪都很不好，但最后都能够心平气和地离开呢？"咨询结束前，叶晓兰好奇地问道。

"因为你的情绪需要整理，把紊乱的情绪整理好了，心情自然就平顺了。"我回道。

"那我总不能老让别人帮我整理啊！"叶晓兰佯装面露苦色。

"你还在成长呀，当你渐渐长大了，就能够自己整理了。"

听完我的回答，叶晓兰心满意足地走了。

要找回自己，先要唤醒理性

反思自己、在自己身上查找引发问题的真实缘由，是个体在独立意识之上的一种理性思考，常与解决自身问题联结在一起。

快过年了，寒冬也快过去了。

叶晓兰正手捧着书，就着心理诊室外楼道不太明亮的灯光，看得津津有味。

诊室里，她的父亲同以往一样，向我诉说着叶晓兰近来的情况，叶晓兰的母亲则时不时补充着一些细节。

"孩子最近情绪好多了，但学习抓得不紧，有时不随她心愿了，还是会发脾气。"

叶晓兰父亲说道，言语间虽仍有一些担心，但已不像先前那般焦急和不安。

我能感觉到叶晓兰近况应该有了不少的进步和改善。只不过，父母站在自己的角度，看到的往往是孩子还做得还不够好的地方，并格外关注敏感；而对孩子做得不错的地方，却多半认为是理所应当的。

殊不知，父母对孩子行为变化的非直接的和问题导向的回应，恰恰是孩子问题持续存在的家庭情境因素。

了解完叶晓兰近况之后，我将她请进了诊室。她进诊室后，将刚才阅读的书放到一侧，外套褪去放好，便主动示意我可以开始了。

我并未立即开始交谈。

我打量着她，今天的她，似乎和以往有些不同。

我仔细回想着初次咨询时，叶晓兰给我带来的感觉，当时的她犹如一枝腊月寒梅，孤傲之中透着些许冷意，眼中忧郁的神情，满满的防备之意，一副拒人于千里之外的样子，加上她一出言就抛出了对"人性的三大拷问"，令我印象极为深刻。现在想来，仍记忆犹新。

较之当初，同样身着白色毛衣，同样扎着马尾，但今天的叶晓兰，让我感觉多了一分恬静淡然，少了一分冷傲漠然。直觉告诉我，叶晓兰变了。

作为心理医生，我对每个人的改变都怀有天生的好奇心，这时我想要一探究竟，看看是怎样的想法促使她产生了这样的改变？

我打定了主意，把手里阅览的咨询记录放到桌子上，开始了今天的谈话。

"你最近的自我状态，如何呢？"

叶晓兰今天给我的第一感觉，就是她处于情绪稳定的状态，所以我用了一个开放式提问，将主导权抛给她，让她选择一个话题作为这次咨询的起点。

"最近过得还蛮规律的，上午帮忙做一些家务，下午看书，晚上看一会电视、上上网。每天都这么重复着，感觉自己像个家庭主妇一样。虽然没什么压力了，但老这样的话也会烦。就跟学习一样，一直学习也会很烦。"

叶晓兰像汇报工作一样，把自己现在的日常生活如流水账一样过了一遍，语气十分平淡。

叶晓兰的回答，令我陷入了短暂的思索。

在我看来，叶晓兰的回答虽然简短，但却有很多地方值得深入探究，比如她开始帮忙做家务，似乎链接了她与父母之间的关系；她开始阅读书籍，似乎链接着她求知的想法欲望；至于看电视和上网，则是当下人们主要的放松休息方式。

做心理医生久了，尤其是面对青少年时，也能从他们不经意的言语中听出"契机"或"端倪"。

现在，尽管叶晓兰讲述时的语气平淡，但我已然能感觉到，她已经对当下的生活状态，内心生出了一种隐隐的寂寥感，还有对学校生活的丝丝惦念。

我意识到，这次咨询谈话，或许能成为促使她内心新苗生长的暖阳。

于是，我今天就从一个比较宏观，又带有指向的话题作为切入点，说道：

"我想打个比方，假如一种生活是让人有希望的，它像灯塔一样，能够在前方召唤着你。而另一种生活，我们是看不清楚灯塔的，它只是作为一种模糊的存在而存在着。"

一般来说，咨询中与来访者交流的话题应该是越具体越好，应尽量避免谈论概念性的话题，以免陷入空谈。然而，凡事终归不能一概而论，咨询有效性的关键是个体化，因人而异是有效性的核心。

我顿了一下，继续说道：

"的确，人无法先知先觉。当人到了一个新的环境，或者遇到一个新的阻碍，都需要一个过程去应对。先是要稳住自己的情绪，其次是冷静地查看当下情境，判断出所长所短，再去寻找方法补短；最后，在调整中向着灯塔继续走。"

叶晓兰眼睛直直地望着我，直接问道："哦？我不解的地方是，我为什么要去补这个'短'，而不是别人？"

叶晓兰的提问看似有点抬杠的成分，但实际上是她自我独立意识的外在表达，她在质疑这其中的意义何在。在我看来，一个人要真正成为独立的个体，始于她独立的思想，而独立的思想，则是对于事物拥有自主的判断，不盲从于他人。

因此，听到叶晓兰提出这样的质疑，我没有不悦，反而颇为赞许。

"你的提问很有意思！好啊，我们可以不论所谓的'长短'，也不论谁该去'补短'，只看它的存在能否让你的生命汲取营养，促其蓬勃生长。如果你能获得养分，就值得肯定，反之亦然。"我紧跟着回道。

"如果我就是愿意如此随波逐流呢？"执拗的叶晓兰，追问道。

"你若愿意，当然无人强求。因为你的心愿，唯有你能知晓，并由你做出选择来决定。"我回道。心理咨询不能强行要求一个人违背心愿去改变。

一个人最终成为什么样子，都是由他自己通过选择决定的，而不是用阳光的炙烤去催生。犹如，一株树苗是否能够长成参天大树，百年不倒，不是取决于四季有无风雨，而是取决于它的根须能否深深地扎进大地之中。

宇宙是广袤的，大自然是包容的！

我决定换个角度，进一步激活她的自我独立意识。

"你知道小动物过了哺育期之后，会如何么？"我问。

对于我的话锋突转，叶晓兰感到有些不解。略微思索过后，她回道：

"您的意思是人成年之后要离开父母，是吗？"她回问。

叶晓兰的思考和领悟能力确实不错，我心中叹道。

"离开父母是一方面，关键是它要能独自去获取食物，能够让自己生存下去。在哺乳动物里，人类从出生到成年的养育期是最长的，要十八年。这期间，衣食住行靠父母，但随着岁月流逝父母都会老去。那时，凭借什么生存呢？"

我一连提出了好几个问题，叶晓兰似乎听进去了，不再是生硬的反问了，而是陷入了一阵沉思。

生命之所以为生命，前提是要能够安全的生存。对于其他生命而言，也许求生可以依靠本能。然而，对于人类，谋生，则需要个体在社会化的基础上依靠技能。

思忖过后，叶晓兰透着不自信的语气，看着我小声说道：

"医生，我心里想要的，是属于我的自由！"她的眼睛望向了我。

"'自由'，是你想要的生活方式。可是，生活的前提是生存，你打算如何谋生呢？又如何让'自由'成为你的生活方式呢？"

我将叶晓兰理想化的回答进一步具体化了，促使她思考问题的细节和过程。

"我想要自己动手，丰衣足食。这样既能生存，又能自由生活。"叶晓兰似乎觉得自己找到了一个不错的回答，说着说着，眼中有了一丝神采。

叶晓兰开始侃侃而谈，告诉我说：她以后想自己种咖啡豆，开咖啡屋。她觉得，咖啡原料是廉价的，但咖啡成品却能卖出不菲的价格。当个咖啡店老板，既有充足的自由也不用愁生计。

我听完叶晓兰对未来的规划，没有去评价她的想法是否合理，而是把指向未来的话题拉回到此时此刻。

"现在的你，可以吗？"我问道。

听了我的问话，方才沉浸在自己宏伟蓝图中的叶晓兰，似乎清醒了过来，连连摇头说道："不行不行！我还没有这方面的知识和经验，更没有资本，我还在学习呢。"

这是叶晓兰今天第二次主动提到学习了。我意识到，她已经从刚才的

"空中楼阁"回到了现实，而且我与她刚才探讨的"如何生存、生活与自由"这个话题，是想去唤醒她的自我独立意识，并让这颗种子在大地的浸润中，破壳与生发。

在叶晓兰踏进心理诊室时，我已经注意到她手中拿着的书，虽然未能看清具体书名，但能感觉到她是在阅读，有阅读就会有感受，有感受就会触发思考，而思考本身就是学习。

此时，当叶晓兰再次主动提到她还在学习时，我便顺着她说的话问：

"那么，你最近在家里有学什么吗？"

果然，叶晓兰对这个话题并未产生任何回避或者抵触情绪，很自然地答道："在跟妈妈学做饭，现在他们有时中午忙，没回来，我就自己做饭，晚上有时也会给他们做饭吃。"

叶晓兰所说的"学习"是广义范畴的，这也是我想要探究的话题之一，我微笑着点点头，示意她继续。

"最近我帮父母做家务，发现这些活也挺累人的。现在有点体谅爸妈了，他们白天在外面忙活，回来后还忙前忙后，挺不容易的。现在我出去玩的时候，都会把家里能做的事情忙完再出去，在外面花钱的时候也会精打细算，能节俭就节俭。"

说到这里，她略微停顿了一会儿，接着有一些委屈地说道：

"唉！我这么体谅父母，可他们却都认为是应该的，还感叹说'你早该这样做了'！有时看到他们那副理所当然的样子，忍不住就会来气！"

说着说着，叶晓兰小嘴微�’，两腮微鼓，似乎有点气恼父母对她的态度。

听到叶晓兰的抱怨，我想到了她的父母。在他们看来，叶晓兰发脾气是因为她的任性不懂事。但是，叶晓兰感受到的，却是父母对她变化的熟视无睹。

她，失望了。

父母与女儿，双方说的是同一种情境事件，但是彼此的想法、说法却截然不同，这种情况在亲子关系中是很常见的。在这其中，并非其中一方在说谎，而是双方都从自身角度出发，看到的和感受到的自然就截然不同。

我能理解叶晓兰心里的委屈与气恼，因为每个人都希望自己的付出被人看到。叶晓兰一直都很在乎父母，只是从小离家的经历压抑、扭曲了她对父母爱的感受。

　　这种情感需要，实质上是在释放一个需要被父母认同与关注的信号。

　　只可惜，叶晓兰的父母只看到她释放出的信号，却并没有懂得其中内涵，也未曾去探究孩子释放这种信息的缘由。然而，信息未被接受，并不代表没有意义，它依然体现了叶晓兰在情感上的积极变化。

　　于是，我告诉叶晓兰，尽管父母很难体会到她真实的感受，也无法在精神层面上做更深层的交流，但这都不代表父母不爱她。在心理诊室，我见证了她父母的付出，比如在接受咨询时父母无条件的陪伴，对她处境的关切、担心和难过。其实，这也都是他们内在爱的一种表达。

　　叶晓兰的神情专注，她听进去了。

　　"至于你为父母所做的一切，尽管当下没有得到你想要的认同与赞赏，但也是很有意义的。因为，这些行为都来自你真实的意愿，是你自己主动选择去做的，是想去表达你对父母的爱意与温情。"我说。

　　不等她回应，我又接着说道："在我看来，爱的本质就是心甘情愿的付出。若一定要求付出的回报，那本质就是交换了。"我继续说。

　　"爱的本质是心甘情愿的付出和不求回报？"叶晓兰眼中带着疑惑，重复着我的话语，喃喃道。

　　桌上的时钟一秒一秒地走着，她眼中的疑惑也随之逐渐散去，恢复了早上刚进诊室时那种理性淡然的神采。

　　我用余光瞄了一眼时钟，看到还有一些时间，问道："还有什么想说的吗？"

　　"医生，我想要找回我自己。"叶晓兰思索了片刻，然后将目光看向我，眼中涌出一股深深的期盼。

　　听到叶晓兰的回答，我心里一阵欢喜。不过，我并未立即接话，我知道她还有很多话需要倾诉。

　　果然，叶晓兰继续说道："我家在小镇上，住在那里时间长了，会让我感觉太安静了，有种岁月悄然流逝，不知老之将至的感觉。有时会不自觉地怀念我原来在学校的生活，虽然那里的节奏很快，压力也很大。不过，有时我真的茫然了，不知道哪种生活是我想要的，还是两者都不是？"

　　叶晓兰说完这段话，额上眉头又开始微微皱起，显得有些纠结。

　　"在休学以后这些天，我读了一些书，想从书上去找到答案。有一本书里面说每个人的心中都有'天使'和'魔鬼'，还说能够通过某种特殊途径与它们进行沟通。医生，您说这是真的吗？"

她望向了我，眼睛里都是期待！

我想，也许在她心里，眼前的心理医生就是她的"地图导航"，能够帮她解惑、释疑和指引。

于是，我很认真地回道：

"你所说的'天使'和'魔鬼'，我想对应的是心理学上所说的'理性'和'感性'，只不过你看的这本书是从宗教灵修的角度来诠释人的一些特点。"

关于灵修和宗教，我虽然也看过一些相关书籍。但对我而言，这仍是一个我并不熟悉和擅长的领域，无法给出准确的答案与评论。所以，我没有直接回答叶晓兰关于魔鬼和天使的问题，而是将主题拉回我所熟悉的心理专业领域。

果不然，听到我的回答，叶晓兰眼睛一亮，表现出对我的说法感到很有兴趣，摆出一副洗耳恭听状。

于是，我继续说："简单地说，所谓'理性'，就是通过分析、判断和思考来处理现实中的问题，而'感性'就是用内在体验和感觉，比如用情绪感情来处理应对现实中的问题。"

为了便于她理解主题，我紧接着举了一个她生活中的例子，说道：

"假如你某次考试成绩不好，你感到很难过、伤心，在这种情绪状态下，你不想写作业，甚至都不想去上学了，这就是感性的体验与行为。但如若你想到，如果不写作业、不上学，那就会留下很多知识的漏洞，下次考试可能还要栽大跟头。这个心理行为过程，就是理性分析、判断与思考的结果。"听完我对理性与感性的**解释**，叶晓兰没有说话，似乎在默默地体会着内心理性和感性的存在。

> **解释**：是指咨询师基于相关知识和理论对来访者所提供的信息予以分析和说明的过程。

"那我即使去了学校，还是会比别人差啊！"叶晓兰突然冷不丁冒出这么一句话。

"你现在是用感性在说话，试着用你的理性再说一说。"我脸上带着笑意，鼓励道。

叶晓兰疑惑地看着我，在思考一番之后，说道："您是想说，让我不要和别人比吧？"

我没有直接回应叶晓兰的提问，而是用温和、肯定的语气，说道：

"感性的你会看到，你比别人缺了很多，但理性的你除了看到你欠缺的，也还能同时看到你所拥有的。"

"医生，虽然我的理性到现在还没能判断出来，人到底应该是感性多一点好？还是理性多一点好？但是，现在我感性地认为，最好两样都要有。我还要再仔细想一想。"

我深知，一个人思考得来的领悟，远比别人直接相授的要深刻得多！

又到了咨询结束的时间。

望着叶晓兰离去的背影，回想着她临别时说的话，我想此刻的她应该是带着对理性和感性的追问离开诊室的。

情感的力量，做出新选择

一个人最终成为什么样子，都是由他自己通过选择决定的，而不是用阳光的炙烤去催生。

正月十五过完，年味就开始淡了。

再过几天，就该开学了。

叶晓兰的妈妈早早地挂了专家号，办完了就诊手续，然后陪着叶晓兰在诊室外候诊。

叶晓兰似乎感受到了我注视的目光，顺着目光来处抬头一看，发现是我，脸上便露出了欣喜的表情，看了一眼身旁打盹的母亲，然后微笑着向我打招呼。

"您好！医生。"

我含笑点头示意，然后转身走进了心理诊室。换好工作衣，我便将叶晓兰请了进来。

"新年好！我们有两周没见了，有什么想要和我分享的吗？"我抛出一个开放性问话，把起始话题的选择权交给了叶晓兰。

"这段时间想了很多事，也看了好几本书，有《倾城之恋》《羊脂球》

和《好笑的爱》，其中印象最深的是《好笑的爱》，讲的是男女之间那些好笑的'斗争'。"叶晓兰轻松地回道。

短短三言两语，叶晓兰已提供给了我不少积极的信息。

其中，一个很有价值的认知行为是"思考"；一个值得深入探讨的话题就是"爱情"；一个值得令人称许的行为就是"读书"。

一个人阅读的内容，不仅连接着对知识的渴望和探求，也连接着对情感的需要与共鸣，这种向内行走的探求欲望，一定是来自个体内在的心理动力。因此，可以预见叶晓兰目前的精神状态，都在朝向稳定积极的方向转变。

叶晓兰所提到的三本书中，有两本是关于爱情的，其中一部小说令她印象最深，而且是以男女恋人之间的斗争结尾的。

在我看来，印象最深的往往是与自己内心最有共鸣的。所以，我想或许在这段时间她经历的某些事，让她对爱情这个话题产生了兴趣。

于是，我决定先顺着爱情这个话题展开对话。

"你相信爱情吗？"我探询地问。

"不信！"听到我的问话，叶晓兰不假思索地答道。

她回答得如此迅速和坚决，可见她之前曾对这个问题有过一番思考。不过，我不太相信她的"不信"。

从咨询初始到今日的对话，我一直认为叶晓兰的内心世界是敏感、细腻而又丰富的，她对自我与人性的拷问探求也从未停止过，只是有时会"卡"住了。所以，对于她的"不信"我充满了好奇心。

"哦？那你是如何看待男女之间情感关系的？"我追问。

"我认为那就是欲望！也许没有那么绝对，也会有真心相爱的。但那毕竟太少了。如果我能相信有真爱的话，也许有一天也能遇见。但我不信，所以我也就不会遇见。"

叶晓兰没有掩饰她的看法，直言不讳回道。

我喜欢她这样的直抒己见，也许她的观点与大多数同龄人不同。不过，关于"爱情"这个主题的讨论，本身就是开放式的，因为原本它就没有一个确定答案。

在我看来，存在于人心灵精神里的某些东西，并不是嘴上说"不信"就会没有，比如爱情。也许有一天，她会遇到一段猝不及防而又刻骨铭心的爱情。只是对 17 岁的叶晓兰来说，可能为时尚早。

她平静地看了看我，见我没有要说话的意思，便继续道：

"我有个堂姐，今年 30 岁了，她过年的时候来我家做客。在和我聊天时，她说家里催她找对象，但她觉得婚姻就是金钱和欲望。她说很多男生追她，但她感觉他们十分虚伪。因为那些男生若追她不成的话，就会立刻调换目标，并用同一种方式去追其他女生。她觉得一点都不真诚，更说不上用真心。"

我一边听着叶晓兰的叙述，一边感受着她内心的感受。听起来，她不仅认同了她堂姐关于婚姻的论述，还完全接受了关于男人虚伪不真诚的观念。

我感到了叶晓兰心里的矛盾，她既对爱与情感充满了渴望，但又质疑男女关系中的爱情。

此时，我有了一个直觉推断，也许在堂姐的影响之外，一定还有其他重要影响因素的存在。

于是，我在第一时间想到了叶晓兰的原生家庭。

"你父母之间平时交流多吗？"我没有直接询问叶晓兰父母的关系如何，而是委婉地询问。

"不交流！他们俩各干各的，各玩各的，有时看不对眼就会吵架。通常都是我妈抱怨，我爸忍着。"叶晓兰回答得很干脆。

"我爸被我妈絮叨之后，常常使劲憋着，然后当我妈不在家的时候，再跟我吐苦水，总说他如何不容易。但是，每次说着说着，最后总能归结到我是他的希望，我是他的明天，让我好好学习。"

叶晓兰说这段话时，一脸无奈。

我理解了她之前说不信爱情的缘由了。在父母的关系里，她既看不到爱，也感受不到情，更没有她心里"爱情"的踪影。

如果父母能意识到他们自己的幸福，其实就是孩子伸手可及的模板。作为父母与其苦苦祈求给孩子幸福，真不如努力让自己先活成一个幸福的模样，让孩子能够感觉到、触碰到，也更能被滋养到。

我也无法预知，有多少父母将自己未达成的梦想转移到孩子身上，而且转移得如此直接而理由充分。只是，父母不知孩子是否愿意承担，或者能否承受起这份沉甸甸的"梦想"。

"所以，你心里觉得父母爱的不是你，而是你的成绩。当你成绩不好时，父母脸色难看，你就会很心慌，是吗？"我问道。

"确实是。我感觉自己像是犯了重错，心里很难过。"叶晓兰频频点头。

"那么在内心里，你是如何看待父母？又是如何看自己的？"我追问。

"我感觉他们最喜欢说谎，经常在考试前让我不要紧张，说考不好都无所谓，但一旦考砸了，就不理不睬我了。还有，考试前说成绩好就给奖励，但考完后却从不兑现。"

说到这里，她略微顿了一下，然后继续说道：

"不过这段时间，我也开始反思自己，为什么要把父母的话当成标准答案？为什么我对考试那么敏感？我学习究竟为了干什么？难道我也言不由衷？也像父母一样在说谎吗？"

她一口气说完，脸颊有些涨红了，一连抛出了好几个自问的问题。

我脸上带着笑意问她："你有没有发现，你今天和以往有一个最不一样的地方？"

叶晓兰迅速地给出了几个答案，但都一一被我否定。

最后，叶晓兰气馁了，用她那水汪汪的眼睛巴巴地望着我。

看着叶晓兰那求助的眼神，我不禁莞尔一笑，给出了答案，说：

"你开始反思自己了，在自己身上查找缘由了。这是在一个人在独立意识之上的一种理性思考，常与解决问题的过程联结在一起。"

叶晓兰听了我的回答之后，眼睛亮了起来。

"对自己的困惑进行理性反思，不是每个人都能做到的事情，有时连父母也很难做到。但是，今天你做到了。我看到了，我也读懂了。"我说

"医生，谢谢您一直这么陪着我，看着我。"叶晓兰说这话时语气十分诚挚，也十分柔和。

"要谢谢你自己！此时，我只是见证了这一点，并将它反馈给你。但这一切来自你理性的内省反思，这才是最难得的。"

我认为，一个能发自内心感谢别人的人，一定能够体会到别人的善意、付出与不易。这个"别人"在今天可以是我，但明天这个别人就有可能是她的父母、同伴或者是其他人。

"感恩"，作为积极心理学中的一个重要特质，对一个人在人际关系层面的成长具有促进作用。

此时此刻，叶晓兰微微一笑，眼中闪着亮光，很严肃地对我说：

"医生，我想告诉您一个消息，寒假已过完了，下周我就要复学了。不过，这次我要回'普通班'上课了！"

叶晓兰决定春节后复学，我并不感到意外。但是，她说要回普通班上课，这不由得让我产生了一丝好奇。

生病之前，她为了从普通班升到实验班，吃了很多苦，熬了很多夜，搏击式地进了实验班，认为这才能证明自己的优秀。

"哦？为什么要选择回普通班呢？"我不禁问道。

"这个问题我想了很久了。最后我发现实验班并不适合我！我感觉，实验班那种拼命竞争成绩的氛围，让我有种压榨窒息的沉重感。让我没法维持之前自己从容的学习状态，也没办法稳定情绪。"

她用缓缓的语速，一字一句告知我她思考的过程。我听得很用心，这里她说的每一个字，都是她用辛苦浇灌出来的果实，我倍感珍惜！

"我要重回我熟悉的普通班，在那个班里我才能做真实的自己。"她笑着说。

听着叶晓兰充满理性的述说，让我心里在欣喜之余又生出了许多的感慨。

她已然能独立对自我问题进行觉察、分析判断和选择决定。显然，这不是每一个人都能达成的一种心智成长。

是啊！不是所有的孩子，都适合在高压环境下学习。在实验班超负荷的学业压力和同辈竞争之下，不少孩子不堪重负，反而打乱了他们原有的学习节奏，使之进入一个挫败无助的恶性循环之中。

今天的叶晓兰，能够主动选择放弃实验班，而决定重回普通班，无疑是一种真实自我的回归，也是独立思考后的一种选择与承担。

想到这里，我笑着说："今天，你能为自己做出这样的决定，我打心眼里感到高兴。因为，不是所有的人都能有这样的勇气和判断。"

"嗯，我对自己是有了解的。医生，谢谢你！"

她在道谢完之后，又笑着追加了一句："有时间，我会来看您的！"

之后，我便与叶晓兰道别了。半年时间过去了，叶晓兰又来看过我一次。

她告诉我，在普通班里，她良好的学习状态又恢复了。现在，学业对她来讲，不再是一个沉重的包袱了，而是一个能让自己丰盈、充实和成长的伙伴。

对每一个生命来讲，知识都是那双隐形的翅膀，它不仅助我们成长与成熟，更助我们飞向自己人生的诗和远方。

——愿她在汲取知识的生命旅途上一路顺利。

有时候一个人转过身去，并不是真正想要离开。而只是需要停顿一下，回眸思考，重新积聚自我力量，选择方向再一次出发。一个人最终成为什么样子，都是自己选择决定的，而不是用阳光的炙烤去催生。

第一杯咖啡：帮助青春期学生恢复心理平衡

重建青春期学生的自信心，接纳真实的自我，是恢复心理平衡的关键。

青少年的自我评价大多建立在家长、老师、同学及自身学业的评价之上，倘若外界与自身评价不一致，则容易出现自我同一性混乱，导致过度自卑，继而出现转嫁、回避和自暴自弃等防御心理。

处在青春期的叶晓兰，由于小学时受到老师的误解、同学的疏离，导致她产生了"复仇"这种偏执的学习动力，通过超越他人的学习成绩来获得存在的价值感。然而，当她从普通班升入实验班之后，叶晓兰发现无论自己如何努力，都无法再有以前那样的学习成绩了，于是她逐渐被无力感所笼罩，原有的学习动力与自信一步步瓦解，引发心理失衡，出现了抑郁及对自我的高度怀疑。

重建青春期学生的自信心，是恢复心理平衡的关键。心理医生通过对叶晓兰学习动机的面质与以往学习历程的再阐释，促其向内审视，让她意识到知识带给她的不仅仅是成绩的高低，还有思想的丰盈与心灵的愉悦，帮助她看到自己内心对知识的渴望，接纳了自己在实验班暂时落后的现状，转化了其扭曲偏激的学习动机，逐步回归真正独立的自我世界。

青春期的学生，独立意识进一步发展，他们能够认真思考、判断、处理自己身边的问题和对社会的关心。最后，叶晓兰主动做出了"我要复学"的重要选择，并决定在普通班继续学业。这与很多家长拼命想要挤进实验班的想法不同，表明了叶晓兰在对独立自我接纳之后，能够遵从心愿做出适合自己的选择，实则是一种为自己负责的，更为理性客观的行为。

叶晓兰再次重返学校，已不再是为了他人的评价，而是为了自我对知识的渴望。这种认知行为的升华，是个体生命里一次非常宝贵的成长。

☕ 第二杯咖啡：如何消弭青春期对父母的逆反

孤独不会消亡，但在与他人的关系中，可以抵御孤独。由此，人们需要情感，
更渴望得到他人的认同与肯定。

存在主义心理学认为，孤独是生命的终极心理冲突之一。因此，人对爱、
情感与归属的需要是一种普遍的、根本的、强大的原始心理动机。倘若这些需
求长期得不到满足，个体便会产生强烈的孤独感，引发内心的焦虑恐惧，甚至
陷入抑郁。

叶晓兰在少年期，被父母送往寄读学校，在长久的分离和孤独之中，其
对爱与归属的需求一直未能得到满足。在她的内心深处，十分渴望得到父母的
爱，但在意识层面却又不满父母的行为，反抗父母对她精神和行为的管制与要
求，难以接受父母以"爱"的名义进行过度保护，支配和控制。因此，对父母
表现出冷漠、拒绝和排斥。

心理医生通过对人性三问中"原谅"一词的解构与释义，让她感受到正
因为生命之间有原谅的存在，才使破损的关系有重新修复的可能。她感受到了
"原谅"一词中含有的温暖，修通了心理阻抗，为她与父母关系的最终修复提
供一个重要的契机。

另外，通过对叶晓兰父母行为的重新阐释，她体验到了原本感受不到的
父母之爱，明白了父母并非不爱自己，只是与父母之间认知的差异性。

最后，心理医生进一步解读了爱的内涵，使她理解到爱的本质是发自内
心的付出，而不是一味地向外索求或者是对等的补偿和回报，促使她再次审视
父母与自己之间存在的多重差异性，最终理解和接纳了彼此的不同，改善了与
父母的关系。

第 5 篇

我是爱情的"备胎"

人物独白： 从我们相遇的那天起，我就爱上了她，一起共同生活了 5 年。可是，现在她却决定回到前男友的身边。她走了，我的爱将如何安放？难道我只是她爱情的备胎？

◆爱情是什么？这始终都是心理学界最难给出标准答案的课题之一。美好的爱情，都有一种促进心灵成长的积极力量，它有生命的温度，也有情感的黏度，更是精神的滋养。即使，爱到最后是分离，若真心爱过，也是一种对生命的尊重与成全。

我的初爱，竟是"备胎"

爱情关系，是一个人获得安全感、价值感和归属属的重要途径，更是缓冲个体内心深层孤独感的重要途径。

"我女朋友走了，这回她是真的走了。"这是严晓俊见到我时说的第一句话。

他的表情严肃，不断地搓着双手，腿部也在下意识地抖动着。伴随着他低沉而快速的言语，我能感觉到他内心的不安，落寞的神情似乎充满着不舍。

我打量了下他，他是一个健硕的男人，看起来很精神，清秀的眉宇间透着一种男性独有的刚毅之美。

但我不知，究竟是什么样的经历让他如此焦虑？

待他的情绪有所平静后，严晓俊为我讲述了他的困扰。

六年前的一次聚会上，他遇到了慧外秀中、充满知性美的肖琳。他一下子被肖琳身上独有的女性魅力所吸引，主动展开追求。

最后，逐渐发展成为恋人，并开始相伴生活。

刚开始交往时，肖琳曾坦诚地跟严晓俊说，自己在大学四年时间里爱过一个男生，他们的感情很深，后来因为男生出国留学而分手。

在她的心里，依旧有着对那个男生的爱恋。可以说，在肖琳的心里，那个男生就是她心目中完美男性的化身。

但是，严晓俊实在太喜欢肖琳，他接受了肖琳对前男友的留恋与不舍，相信凭着自己的付出与努力，会让肖琳逐渐淡忘前男友而真正爱上自己。

就这样，平静而温馨的日子过了六年。

这期间，严晓俊对肖琳的照顾无微不至，用情很深。

严晓俊回忆说："她不是本地人，有时候亲戚朋友来北京找她，都是我帮忙安排吃住，生病了帮他们去找床位住院，她舅舅也在家庭聚会上常常说，有我这样的男朋友是肖琳的福气。"

他略微停顿后，继续说："肖琳是钢琴老师，她去琴行教琴，每天十点多才下班，只要我有时间都会去接她。有时候她接一些私教，一上课就是三四个小时，我就在楼下的车里等她。我知道她们弹琴的人手都特别珍贵，所以我尽量多干点家务活。"

"我希望看到她开心的样子。只要她看上的化妆品和衣服，我都会从日常的开销中节省出来，满足她的心愿。"

说到这儿，严晓俊的情绪再一次变得激动。

听着严晓俊的叙述，我已经了解到他对于女朋友的情感和**依恋**，但是，对方的回应如何呢？对方是如何看待这份爱的呢？

> **依恋**：一般被定义为幼儿和他的照顾者（一般为父母亲）之间存在的一种特殊的感情关系。在此拓展为个体与重要他人间通过亲密互动形成的持久、强烈的情感联系或联结。

我问道："我能感觉到你对她的感情，六年时间了，但是我很好奇，这样一个被你照顾爱恋的女人，她对你的爱是如何回应的呢？"

在我看来，爱持久的核心是互爱。

所谓爱情一场，就是两个人共同演绎的一场双人舞，他们彼此用心布景、用情谱曲、用肢体表达，展示出情爱世界里最美好、最神奇、最心旷神怡的婆娑舞姿。

严晓俊叹了一口气，说道："其实这六年来，她对我是忽冷忽热……"

"可以具体说一说吗？"我回道。

我需要将模糊的概念语言，用具体化过程去澄清。

"有的时候，她会像只小猫似的靠在我怀里，夸我长得帅，还说我要是敢背着她和别人好，就把我和那个人一起杀了。她也会在出差回来时给我带礼物，都是很有特色的那种，上面不是刻着一生一世就是写着白头偕老之类的话。每当这时我都很感动，经常想着随着生活再改善些，就把眼前的这个女人娶为妻子。可是有的时候……"

严晓俊好像不太愿意诉说了。

但我知道，接下来他要表达的内容才是问题的重点。

"有的时候她会怎么样呢？"我鼓励道。

严晓俊委屈地说："她在社交网站上和前男友依然保持着好友关系。每当他的前男友发布一些动态时，她的情绪就会有明显变化。"

"比如说呢？"我追问道。

严晓俊搓了搓手，显得十分地懊恼，说道：

"说到这些事我有些生气。刚开始我还不太明白她为什么有时候会突然心情就变得低落。有一次我问她遇到了什么事，她很坦诚地跟我说她的前男友拿到奖学金了，在社交网站上晒了一些照片，让她想到大学时他们一起领奖学金的场景，还会问我介不介意。其实我心里很介意，可是我不愿意在她面前显得小心眼，嘴上总说没事。"

说到这里，严晓俊低下了头，声音也低了下来。这时，需要给他一些时间整理自己的情绪。我沉默着，等待着。

"每当这种事发生时，她对我的态度也会随之转为冷漠。这让我非常难过。她的心里一直没有忘记他。"他说。

说到这里，他的情绪有些激动，能感受到一丝愠色。

在这种情况下，心理医生需要通过对复杂情感问题的不断澄清，就像在生活中剥洋葱一样，是一个由外及里，逐层剥离，靠近核心的过程。

我需要继续澄清他们感情中的一些模糊问题，于是，继续问道：

"从你的描述中，的确能够感到肖琳对她前男友仍有留恋。那么在这种情况下，在你们的亲密关系中，彼此之间有过什么**承诺**吗？"

> **承诺：** 根据斯腾伯格的爱情三角形理论，承诺指维持关系的决定或担保，主要指个人内心或口头对爱的预期，是爱情中最理性的成分。

严晓俊摇摇头，说道："没有过明确的承诺。每当说到谈婚论嫁时，她总以年龄还小为理由搪塞，因此在这段关系中我是没有安全感的。可是我太爱她了，我愿意等，我相信只要用真心待她，随着时间的推移她会逐渐释怀。直到上个月……"

说到这里，严晓俊闭起了眼睛，紧紧皱起了眉头。

"不着急，慢慢说。"我耐心等待着。

严晓俊倒吸了一口气，说："上个月的一天晚上，肖琳在我旁边辗转反侧。我问她有什么事吗？一开始她说没事。可是我看出她是有心事的，于是就一再追问。后来她打开了灯，说有件事想和我聊聊，让我有点心理准备。"

他说，肖琳对他是坦诚的。她说前男友已经回国了，打算在国内发展，目前在上海一家外资投行工作。他已经找过了肖琳，并且说当初离开她不是不爱了，而是为了出国学习不得不分开。5年来他在国外独自苦学，拿到了经济学博士学位，期间一个女朋友都没交往过。

说到这，严晓俊停了下来，叹了一口气，看得出他心里的憋屈。

"您瞧，他说的多轻巧呀！真是比我会说话多了。"他自嘲着，继续说。

"他还对肖琳说，这些年之所以不主动联系她，是不想给两个人太多的压力。如今他觉得能给肖琳一个幸福的生活，希望两个人能重新在一起。"

虽然，严晓俊尽量用平静的语气叙述着，但是我依然能够感觉到，他内心正在翻滚着惊涛骇浪。

男人是社会性的动物，当另一个男性的能力强于自己，继而威胁到自己的爱情关系时，男人的自尊会让他感到备受煎熬。更何况，这个男人还是自己女朋友的初恋。

严晓俊低着头，继续说："我当时感觉心脏皱成了一团死肉，胸口像堵了一块大石头一样，特别难受。我强忍住痛苦，问她是怎么想的。肖琳说她需要时间静一静。"

那一周，两个人几乎没有任何交流，从肖琳的冷漠中，严晓俊已经隐约知道了答案，在肖琳的心中，她还是倾向于选择她的前男友。

"一周后，我主动和肖琳提起了这件事。"他说。

"肖琳依然很坦诚，她说决定去上海找前男友。她觉得很对不起我，坦言道我在她的生命中是很重要的，但是她内心的归宿不在我这里。"严晓俊哽咽着说。

"虽然我已经有了思想准备，可听她这么说，我还是接受不了，心里堵得慌。我感觉，和她在一起的这些年，她的心不在我这儿，我只是她爱情的备胎。和那个男人比起来，我什么都不是。"从严晓俊叙述的主线故事中，我们能深切理解他内心的那份挫败与苦痛。说到这里，严晓俊再一次难过了起来。我安抚了严晓俊，来平复他回忆中不断涌起的痛苦感受。

因为咨询时间的限制，我做了小结并结束了此次咨询。

> **主线故事**：来访者生命故事中那些特别凸显，不断地被储存记忆，成为围绕着某个主轴的问题故事。这个故事往往是从主流文化价值观的评判中而建构起来的。

本次通过摄入性谈话，我了解到了严晓俊的主要心理问题和内心冲突。在接下来的心理咨询中，我需要帮助他接受失恋引发的分离性焦虑，尝试用新的视角去看待自己的爱情故事，重拾向往美好生活的动力。

失去爱后，我的心碎了

任何一段亲密情感关系的结束，在内心痛苦和不舍之外，是一个能够引发对情感关系内容与品质反思的过程，也是一个可以获得不同以往新的感悟体验的契机。

第二次见到严晓俊时，他新剪了头发，干练的发型更加凸显他的帅气。

我直接将谈话引入主题，说道：

"上次你谈到，你交往了六年的女友重新选择了前男友。所以，伴随着她的离去，你们这段情感关系可能就此结束了。那你觉得在这个亲密关系的分离中，它带给了你什么呢？有什么样的心理感受呢？"

"心里很空，也很委屈，还很难受。"严晓俊简短地说。

"能具体说说你心里面的变化与感受吗？比如脑海中会出现怎样的画面？冒出怎样的语句？"我询问道。

严晓俊毫不犹豫地说："我无法想象她跟另一个人在一起，宁愿她病了残了，我照顾她一辈子，也不愿她和别人在一起。"

我并不十分奇怪严晓俊的激烈言辞，这是亲密情感在分离的过程中引发的愤怒和敌意。

"你心里的这些感受跟她表达了吗？"我继续澄清细节。

对此，严晓俊坚定地说："当然没有。我觉得不能说实话，如果我跟她说了这些，我就不是一个男人了！虽然我很爱她，失去她我也很心痛，甚至恨不得跟那个男人打一架。"

说到这儿，他停了下来，似乎内心很纠结。

约莫一分钟后，他才抬起头来，看着我，说道："医生，我是爱她的，这些天都是彻夜失眠。但是，我知道那个男人才能给她更好的生活，我觉得自己应该接受肖琳的选择，只能放手了。"

听到他这样说，我觉得眼前这个男人的理性是很强大的。他的内心一定很难受，可是为了让肖琳过她想要的生活，他甘愿放手。

爱过的人都会明白，要放开自己的爱人，是一种怎样的不容易呀！

但我听出来了，他好像已决定这么做了，他是怎么做到的呢?

于是，我问道:"从一开始你就知道肖琳的心里还有另一个他，这意味着你们关系是有不确定因素的。现在他真的重新出现了，你们的关系也要结束了，这会让人很难过。"

他点一点头，说:"我人有点不正常了。只要闭上眼睛，脑子里就是我跟她的过往……"

失恋对于任何人来说都是一杯浓烈的苦酒，都会在心灵深处烙上深深的伤痕。

我回说:"但我看到，你并没有**歇斯底里**的情绪化反应，而是选择了让自己放手，让她去追求自己的归宿。我知道这是很不容易的，不是每一个人都能做到的。"

> **歇斯底里**:指情绪异常激动，举止失常，通常用于形容对于某件事物的极度情绪。

他频频点头，专注地听着。

我接着说道:"你一提到她的离开，眼圈就会泛红。但你还是能控制自己的情绪，不去责问贬斥对方，而是默默接纳承受，我看到了你内心的力量。不过我还想知道，你是如何做到的呢?"

我用柔和的语调，探索着他的心路历程。

听到我的问话，严晓俊没有犹豫，快速地回道:

"我知道，如果我表现出痛苦会加重她的心理负担，我只能压抑。因为她说过，她在这段感情里是有愧于我的，她不希望自己幸福而看到我痛苦。所以，在她面前我只能装作很好，但其实我很痛苦。"

其实，失恋造成的情感压抑是十分严重的，如果不及时地合理纾解，会出现各种身心不适应症状。尤其，在爱人离去的怨恨和忧伤之中，一般会采用贬损情感关系、否定恋人的方式来缓解自己的痛苦。如果出现强烈的愤怒和敌意，甚至会采用攻击他人或伤害自己的方式。

此时此地，我看到了严晓俊的冷静，在这种情境下仍然可以保持理性，在言语行为上如此克制，是非常难得的。

"在我遇到的失恋个案咨询中，你是一个理性而内心坚强的人。因为，如何好好地分手，比如何好好地恋爱要难很多很多。"我肯定地说道。

"您说得很对，我已经纠结了很久，也很想留下她。但是，她的心已经离开了，她想放弃了。如果我再坚持，还有多少甜蜜幸福呢？所以我只能决定放手。"

他缓缓地说着，好像在回忆着什么，也好像暗自给自己鼓劲。

任何一段亲密情感关系的结束，在内心痛苦和不舍之外，是一个能够引发对情感关系内容与品质反思的过程，也是一个可以获得不同以往新的感悟体验的时机。

经过思考之后，我决定将咨询的重心放在严晓俊身上，聚焦在亲密关系解离之后，他内在自我的重建上。

于是，对他说道："通过这两次的咨询，我了解到你的感情历程。虽然，你在理性上已经做出了决定，尊重女友的选择，但你心中依然有她离去的悲凉、无助和伤感。现在你可以为自己做的，就是真正向你的内心看，重新审视、发现和梳理这段亲密情感对你的意义，也许这个过程会帮助到你。"

"嗯，这些天我确实特别难受，有点撑不下去的感觉，也很想要医生帮助我。"严晓俊点头回应。

我接着问："在这段情感关系中，你是如何理解你们之间的爱呢？"

严晓俊思考了一会儿，回答道："和她在一起，我会有温暖、踏实的感觉，我在精神上比较依赖她。"

爱情，也是一个人获得安全感、价值感和归属感的重要途径，更是缓冲个体深层孤独感的重要途径。

听到他的回答，我觉得需要在"爱和依赖"的关系上，引导他做一些初步的自我觉察。

于是，我说："你觉得你们之间的关系是爱更多一点，还是依赖更多一点呢？"

严晓俊沉默了一下，说："我觉得是爱更多。但是您这个问题启发了我，肖琳有时候会抱怨说，我把她圈在了笼子里。"

"具体说一说，是怎样的'笼子'。"我追问。

"她不在家时，我总爱问她，你在干什么呢？和谁在一块儿呢？反正就是总想控制她。她原来有机会去参加舞台表演，但我觉得那样接触的人太杂，我就不让她去了。她原来喜欢去酒吧小酌，我也不让她去了。她回老家办事，我也会跟着她去。"他一口气说了很多。

爱情，是一个十分复杂的人类命题。因为爱的感觉是那样的神奇、甜蜜和触及魂灵！

关于爱情的研究，也是心理学界最艰难的课题之一。迄今为止，不曾有人给爱情下过真正令人满意的定义，这也恰恰证明了爱情的复杂性。如若用最简单的生活化语言来说，就是相爱容易、相守难。

所以，我有必要在此对爱情的内涵做一个简单的阐释，说道：

"爱情的确是件很奇妙的事，爱不是被要求来、被乞求来的，而是被吸引来的。美好的爱都有一种促进心灵成长的积极力量，它既有生命牵挂的温度，也有生命依恋的粘度。但是，如果你们在一起，她一直感到是被束缚的，是被圈在笼子里的，似乎脖子上还被牵着一根绳索，她的感觉一定不舒服，也许有一天她想要去挣脱。"

他点点头，认真地听着。

从他凝重的表情里，似乎也可以看出他在思考着什么。

我略微停顿了一下，继续说道："爱是柔软的、是温暖的、是融入内心的依恋与信赖。如果心里有爱，不管她在哪里，依恋的关系会联结你们。有了烦恼，她会跟你说，因为你是暖的；有了好事，她也会跟你说，因为她知道你听了会高兴。有了困难，她还是会跟你说，因为她相信你是会帮助她的。"

最后，我特意强调说："你们彼此的吸引、信赖和依恋是一段亲密关系中重要的特质。"

有时，爱里面是有控制与占有欲望的，但这恰恰不是爱。

严晓俊听完我的叙述后，急切地回应说："您说的对！在我们相处中，我好像不太信任她，不由自主地去怀疑。今天听您讲完后，我发现自己在这段爱中，是太有**控制欲**和占有欲了，感觉她应该是我的。"

> **控制欲**：是指对某一件事情，或者某一个人在一定程度上的绝对支配，控制欲强是内心恐惧的表现，也是极度没有安全感的表现，通过控制一些人或事物来给自己带来安全感。

对他的回应，让我感到一阵欣喜。

在严晓俊的内心里，对爱和感情有了不同以往的体验和感悟。

在对爱情内涵理解的基础上，他进入了自我反思，开始对这段亲密关系进行觉察和审视，这是严晓俊自我成长的重要一部分。

　　我需要在此停留，通过叙事的时空见证问话方式，帮助他对自我进行深层反思。于是，我问道：

　　"如今，请你回过头去仔细看一看，和六年前的自己相比，这段情感关系带给你的变化是什么？"

　　严晓俊略有沉思后，说道："嗯，是有变化！原来我很容易满足现状，对未来没有太多的想法。但是跟肖琳在一起之后，我就想去证明自己，也会在工作中更卖力。"

　　"可以具体说一说吗？"我继续追问，丰厚拓展着这一个重要的话题。

　　"我自己喜欢汽车，所以一直在4S店做汽车销售。原来就是为完成任务拿提成，但这几年我动了很多脑子，看了一些书，还想了很多办法，不仅业绩提升了，而且在管理和营销上也有突破。"

　　严晓俊提到这些过往的点滴，神情显得轻松了一些。

　　"可以多说一说你的业绩吗？"我笑了笑，紧接着问。

　　"在我做营销项目管理时，最好的成绩排前三，还拿了一笔奖金。"说到这儿，他不由得喜上眉梢。

　　"你工作都这么多年了，为什么这两年变化这么大呢？"我继续丰厚着这个主题，这对严晓俊重新恢复自信，唤醒内在力量很有帮助。

　　"对呀！为什么是这两年？没仔细想过，就是感觉心里挺美的，比以前有干劲了，在工作上对自己有要求了。"

　　严晓俊一边念叨着，一边回忆着。过了一会儿，他认真地对我说：

　　"医生，您不问我也不会想这些事。好像跟爱上肖琳有关系，从她进入我的生活以后，我的变化就有了。喜欢琢磨事，也更愿意做事了，不像以前那么懒惰了。"

　　"你是说，当你爱上她的时候，你更有动力了，工作也更出色了。这是你最真实的体验，爱情的确是一种促人成长的巨大情感力量。"我肯定地点头回应。

　　"不过，现在她要离开了。那么，你又怎么看待你们过往的爱情呢？"我接着抛出来一个棘手的问题。

　　关于这个问题的思索与回答，对一个失去爱侣的男性是重要的，这将对他抑郁焦虑情绪的缓解与心理平衡的重建，有不容忽视的影响。

严晓俊没有马上回答，他思索了一会儿。然后，用缓慢的语速，一字一句地说道：

"与她相爱的过程是很美好的，这六年时间她也是真心的，对我一直很坦诚。"

说到这里，他略微停顿了一下。然后望向我，接着说道：

"我觉得，也是我自己迄今为止最用心、最投入的一段情感。让我有了激情，有了动力。好像与以前的自己有所不同，变得更踏实了。可以说，与肖琳的这段爱，是其他任何东西都无法替代的。"

他一口气说了不少内心的感悟，也看到了自己的变化与成长，还看到了在这段爱情关系中肖琳的真心付出，以及两个人曾经真实相爱的踏实与幸福。

"所以，我还是很向往爱情的。"

严晓俊用肯定的语气，又补充了一句。

所有这些，即是他人生的岁月历程，也是他们相爱过的足印，更是六年来他们每一天的累积与彼此的付出。

此时，这种觉察与审视带来的真实体验与感悟，不仅对他修复情感伤害有意义，而且也将对他未来的情感生活带来深刻的影响。

于是，我说道：

"只有当你经历了这些爱恋之后，你也许才会发现，爱里面也会有伤痛，也会有分离。但是，爱能在生命里出现，本身就是一件神奇的事情！你想想看，茫茫人海中，两个没有任何血缘关系的人，能够遇到，并爱上对方，成为非常亲密的人。因为爱，也让两个平凡的生命因此有了独特的存在。"

严晓俊双眼望着我，点头认同。

是啊！只要你爱过，你真心的爱过，这种爱的体验都是相通的。

"所以，当爱来的时候，好好珍惜它；当爱因故离别时，在内心留下那些温暖和美好，而不去谴责爱的过往和爱过的人。"我回应道。

这时候，严晓俊直起身子，脸色微微泛红，嘴角微微上扬。

他说："今天跟您这么说一说，我感觉心里更踏实了，也不那么慌乱了，觉得让我爱的人去过她想要的生活，何尝不是我对她另一种爱的延续呢？您说对吗？"

严晓俊看起来轻松了很多，他一边说着，一边把眼光投向我。

"是啊。相遇是爱，放手也是爱。我觉得，这既是对爱的尊重，也是爱的升华。"我用肯定的语气说。

真正的爱，一定来自双方心灵的碰撞与喜悦。爱与被爱的历程，更是两个生命从相遇相识，到自我意愿、自我选择和主动投入的过程。如果，双方因巨大差异而无法逾越，那么，为爱而放手，也是对爱的一种成全。

只因，爱是生命的礼物！它既不能强求，也无法乞求。

最后，我建议严晓俊可以在咨询结束以后，对今天我们之间讨论的主题做一些整理，这对他保持理性审视，减少自我的情绪化是有助益的。

跟我的爱，说声"再见"

爱与感情的世界里，我们都不伟大，也无法做到拿得起放得下。所以，慢慢接受爱的分离，把曾经情感中美好的留存下来，把痛苦视为爱的一部分。

第三次见到严晓俊时，已是两周后。

简单地寒暄过后，我开门见山地问道："这段时间里，你的感受怎么样呢？"

他顿了顿，说："按照您的建议，回去后仔细梳理了一下自己的感受，总体来说好了不少。但是，只要一想到失去了她的爱，从此她再也不属于我了，心里就特别难受。现在一点安全感都没有，好像很难再去爱别人了。"

看得出，他的心里依旧有个结。

我很理解严晓俊为何会这样想，爱过的人在分离时都会在里面兜兜转转，舍不得离开。没有人是例外，除非他没有真正地爱过。

六年的情感历程中，他是如此投入地去爱，结果肖琳还是离开了。这不免会让他对未来的爱发生了动摇，也对自己爱的能力产生了怀疑。

从心理治疗的角度看，这一问题既是严晓俊当前面临的一个难题，也是一个解决问题的突破口。

我决定以此为契机，结合认知疗法和叙事技术，帮助严晓俊识别消极的**自动化思维**，重写他的情感故事，用新的视角诠释这段情感对他人生的意义。

　　自动化思维: 是指无意识的、不带意图目的的、自然而然的并且不需要努力的思维。

　　于是,我有意放慢了语速,一字一句地说:

　　"认知心理学有一个发现,当你遇到一件不如意的事情时,本能的第一反应是我太倒霉了,之后会体验到伤心、无助、压抑与不安。在这种弥漫的情绪状态下,会让你对其他事件的看法、归因变得负面消极。在心理学上,这是一种自动加工模式,它是以一种无意识状态运转的。比如,你刚才说在情感上没有安全感了。那么,是否就一定可以推论,在未来任何情感里都没有安全感了?"

　　严晓俊点了点头,回说:"不能说一定吧。这种推论法的确有些偏激、太绝对了。"

　　"上次咨询中,你在回望这段情感关系时,你有了一些新的感悟、看见与思考,比你之前有了许多不一样的变化。"

　　我需要逐步呈现一些事实,让他漂浮不定的情绪化念头,能够逐渐重回理性归因的层面。于是,我继续说:

　　"你还记得吗?上次咨询中你说,在情感关系中你有很强的控制欲和占有欲,而现在你意识到它不能滋养爱情,反而会破坏亲密关系。也许正是这次情感经历,会让你在以后的恋爱关系中变得更加理性成熟。"

　　"也许我自己越不自信,才越想控制吧!这也是我在跟您交流之后才意识到的。"严晓俊认同地点点头,很有感触地说。

　　此时,我也需要与他共情,见证在这段感情关系中他的真诚、勇气与力量,这有助于缓解他的自卑、压抑与无助感。

　　我说:"在这段感情中,你是真实的自己,发自内心地爱着。哪怕你知道,你在她心里并不是唯一,但也投入地去爱,这些不仅需要勇气,更需要内在的力量。还有,当肖琳决定离开时,你并没有责难她,而是选择了放手,这是难能可贵的,不是每个人都能做到的。"

　　这时,严晓俊露出了一丝笑容,这也是在诊室里我第一次看到他的笑容。

　　作为心理医生,我深深感觉到,当一个人的不容易真正被我们看见的时候,当他内在的勇气、力量与真诚被肯定赞赏的时候,这个被见证反馈的过程，就具有了心理疗愈意义。因为，心理治疗从来都不是简单的语言宽慰与劝导。

他需要被人真正的看见，因为看见本身就是一种对生命存在的安抚。

我说："我觉得，你是一个可以直面问题而不愿意回避的人。比如，在你感到痛苦，并且难以摆脱的时候，你来到了心理诊室，与心理医生一起寻找解决问题的方法。"

我看到，严晓俊的神情与之前相比，也已渐渐放松了下来。于是，继续说道：

"在我与你交谈中，你越来越接近那个真实的自己，一方面接纳肖琳的选择，另一方面也开始理解自己。在恋爱关系解离时，没有用过激的方式伤害彼此。"我停了一会儿，接着说："这不仅体现了一种涵养，更表现出了一种智慧。而所有这些，都是你真实意愿下的所思所为，它不是理所当然的。"

严晓俊听得很认真，坐直了身子，语气平和地说："这段时间的心理咨询，我的感觉轻松了一些，也没有一开始那么挣扎了，只是心里还是常常感觉不舍和痛苦。您说，我是不是太没出息了？"

他望着我，不自然地苦笑了一下。

我回说："我能感觉到那种分离后的悲伤感，会时常闯入你的心里。因为，真正有爱存在的关系，一旦分离都是痛苦的。就我个人来说，假设有一天，我将与我爱的人分离，如果心里都不难过，那会是一段怎样的关系？情感和爱本身就是一种深入融合的关系，彼此分离的那一刻心里必定是有疼痛的。"

我分享了自己对爱与分离的一些看法，这有助于他理解爱在分离中，内心痛苦、伤感与不舍等情感体验存在的普遍性。

"您说的我有些懂了，就是有爱就有痛。如果此时我感觉不到痛苦，反而可能是有问题的。"严晓俊一边点着头，一边插话道。

"在爱与感情的世界里，大多数人都没有那么伟大，真正能做到拿得起放得下。所以，要帮助自己慢慢地接受这种分离，把曾经情感中美好的部分留存下来，而把痛苦视为爱的一部分。"我说道。

"我也想过了，不管以后我会怎样生活，但我都不愿意忘记她。"严晓俊点头回道。

"爱,也是一种能力。每一对恋人在初始都是有爱的,但是相爱容易相守难。因此发生在你生命中的爱情体验,才是你最重要的反思与学习。这个体验是宝贵的,也是具有成长意义的。"我说。

严晓俊似乎在沉思着什么,停顿了片刻,他说:"我原来觉得,失去了她的爱,就失去了我所有为爱付出的一切。现在听您这样一说,原来这种情感经历,也是我人生的一部分,也是难得的。不过,偶尔我一个人的时候还是有想哭的感觉。"最初的"爱"有多深,离别时的"痛"就有多深!

作为心理医生,我深知在爱的关系里面,被分手的一方,常常是在没有任何心理准备的情况下发生的,一般最常见的感受是"我还在爱中,但爱却弃我而去"。由此引发心理伤痛、挫败和无助。

"当爱情离去的时候,你的任何情感反应都是可以被接纳的。你不仅可以痛,你也可以哭,这也是与爱情告别的方式。现在,你已经认识到,爱情是两个人思想的共鸣,灵魂的喜悦,对彼此的欣赏与承诺,而不是索求、束缚和依赖。"我分享着对爱情的理解。

看得出来,他听得很用心。

"更重要的是,你已经发现,这段爱情不仅激发了你在事业上的追求,而且也帮助你唤醒了自我潜在的能力,达成了你自我实现的社会价值,在职场上获得了优异的成绩。"我回应道。

作为心理医生,就是要将在心理诊室所见证到的,尽量完整地反馈给他,帮助他看到一个更真实的自己,也看到爱情对普通个体生命带来的激活唤醒、觉察学习和思考发展的意义。

严晓俊睁大了眼睛,若有所思地说:"我已经谈了六年的恋爱,但一直都是懵懂的感觉,只是跟着自己的感觉走,很少去想什么是爱,怎样才是更好的爱,对方需要什么样的爱。今天和您交流之后,我有了一些新的感受,回去后我还要再好好琢磨一下。"

严晓俊有这样的感悟,我很为他高兴。

尤其让我欣喜的是,他已经不再让情绪牵绊着他,而选择了用自我反思、获取知识的方式,引领他继续往前走。

这就是爱的意义!

即使最后是分离,也可以让人在情感这个神秘的世界里,去体验、去学习、去省思和成长,而不是用伤害性的语言,去贬斥否定、抱怨轻蔑曾经的爱，最终遗失了爱情中最难得宝贵的那一部分。

为了帮助严晓俊与爱人分离，我需要给他一些具体的方法。

我对他说："我有一个建议，对你爱过的人，你尝试着在心里跟她说再见，包括一些道别的话语。比如说：'因为我爱你，所以我要放开你，不再纠缠。我会尊重你，尊重你的选择和决定，让你去过你想要的生活。'如果你觉得有帮助，就可以多重复几遍这样的告别，也许这会帮助到你。"

"原来在心里与她的告别，也会帮助到我，我一定去试试。"他点点头，认真地说。

"失恋很多人都会遇到，因为在情感中，每个人都是在摸索中向前走。"我继续说。

这时，严晓俊眼神里掠过一丝好奇，直接问道："医生，我想知道别人是怎么从失恋中走出来的？"

"我有一个大学舍友，她大三那年失恋了。当时也是非常难受，根本看不进书。期末考试在即，我就给她读课本，拉着她背考点，最后幸好还是考过了。她刚失恋的时候，每天晚上我陪她在操场散步，她嘴里总是哼着一首歌，一边流泪一边唱——那是他们共同喜爱的一首歌。后来，她跟我说，失恋最开始是梦魇，是最难受的，随着时间的逝去，失恋的苦痛就慢慢淡了。"我说道。

严晓俊好像被这个故事吸引了，他追问道："后来呢？"

"她告诉我，有句话对她很有疗愈作用：'时间是一剂良药，它使甜的不再甜，苦的不再苦'。她还跟自己说，放开他的手，让他成为自己，而放手就是我爱他的另外一种方式。"我讲述道。

严晓俊一边频频点头，一边快速地回应道："确实，放手也是一种爱。"从中可以看出他具有十分强大的观察学习能力，我由衷地感到欣喜。

时间何尝不是一剂良药！它犹如小溪里的流水，在缓缓的流动中淡化了爱的过往，也在持续的流动中带着爱的希望到它未来的远方。

曾经的爱，最后留下来的，也只有淡淡的、依稀的和模糊的记忆……

在心理诊室里，我接诊过不少失恋的来访者，每当耳闻目睹他们因爱而苦痛的故事时，我都不断地去探寻，如何才能让爱永生呢？但是，往往没有一个通用的保鲜方法和答案。

世间的爱，神奇而珍贵！

　　我想，也许能让爱保鲜的秘诀是，相爱的两个人依然能互相激励、学习分享和思考成长。这样一来，爱情里才能不断涌出新的感受，带来新的心灵体验，以及伴随而来的相互欣赏和见证支持。如此一来，爱情这朵娇美之花，也会因这充足的养分，而获得持续的活力。

　　此时，他略微顿了顿，然后望着我，说道："医生，您做了这么多年的心理医生，您觉得我经历了这些事情后，还会遇到我爱她，她也爱我的人吗？就是那种两情相悦的情感？"

　　我肯定地点点头，微笑着说：

　　"如果说爱是一种能力，我想，也许爱会随着你的成长慢慢到来。我期待当你跟爱情再次相遇的时候，你今天经历的、感悟的和学习的东西，会帮助你得到想要的那份爱。"

　　严晓俊用手摸了摸头，紧接着问道："那您觉得我还需要做哪些调整吗？"

　　每当来访者提出这样的问题，说明他的内心是有主动学习动力的，也是心理医生给予建议的合适时机。

　　存在主义心理学看来，孤独是人类**终极心理冲突**，失恋后的孤独感带来的应激与唤醒体验，正是自我成长的深层心理动力。

> **终极心理冲突**：在个体面对存在的既定事实（死亡、自由、孤独和无意义感）时引发出来的深层冲突，同时是心理成长的动力。

　　我赞许地看着他，说："现在你正处于自我的恢复调整阶段，其实这也是一个自我成长的好机会。你有机会向内审视自己，问问自己真正想要的是什么？自己当下不足的是什么？什么是需要再次学习的？当你把生命中成长的力量激发出来，就有可能让自己心智更成熟，也更懂得爱的本质。那时，也许就会与真正的爱相遇吧。"

　　严晓俊点点头，很有感触地说："您说得对，这次失恋对我影响很大，原来我觉得自己做得很好了。但是，现在我不这么认为了。我希望让自己更成熟一些，也需要把感情再沉淀一段时间。"

　　望着眼前的严晓俊，我心里生出几多感慨。是啊！看似平凡的一天，却在日复一日的累积中成为了我们真实的人生。生活中不经意的一个遇见，一个选择决定，却在多年之后改变了我们原有生命的轨迹。

　　偶尔，我们驻足回眸，却意外而惊喜地发现，在时间的隧道里你已经成就了你自己——一个更美好、更有力量的自己。

于严晓俊而言，这是爱情带给他的！是生命的礼物，本无好坏！

想到这里，我把思绪收了回来，微笑着说："遵循你的心愿往前走吧！如果你的灵魂是喜悦充实的，那么所有你走的路、吃的苦也就无憾了！"

"您说的对，我也还是向往爱情的。"严晓俊连连点头，笃定地说。

时光岁月，不会因为我们停留而改变，它更像是一列永远停不下来的列车，载着我们走过人生。

所以，唯有珍惜！

半年后的一天，我接到一封寄到我诊室里的信，署名正是严晓俊。

在信中，他说这段时间最大的收获，就是自我的回望与反思。他说，原来自己匆匆向前但却常有迷茫，而现在则多了思考和检视。此时，他不再认为自己是爱情的备胎了，他是自己人生的主角，那段与肖琳在一起的日子是真心投入的一段深爱情感，也是生命历程中一段神奇美好的旅程。

谨记，一定不要恨你爱过的人，因为爱已经铭刻于心中；如果你恨他，就如植入一根尖刺在自己的心上，时时隐隐作痛。

祝福严晓俊！

也祝福每一个在爱情旅途上的人！

本篇 结束语

　　真正的爱，一定是来自双方心灵的真实意愿，更是一个自我选择、自我决定和投入真挚情感的过程。如果，两个人之间因为巨大的差异而无法逾越，那么为爱而放手，也是对爱的一种成全。

第一杯咖啡：如何能尽快从失恋中走出来

人都是独立的个体，彼此各有不同的身心特征，也有欠缺与不足，因此对待爱情，也不能求全责备。

爱是世界上最复杂的情感之一，因此无论选择爱或者坚守爱，都是一个极其复杂的过程。失恋，就其实质而言，它是爱的心理平衡被打破，是两人之间的情感共同体的解组。

如何尽快走出失恋？如何能在释放痛苦之后，达成自我心灵的成长升华呢？以下几种认知调整方法，也许可以帮助人们走出失恋，重建内心的平衡：

第一，对失恋这件事情定位，既不夸大也不蔑视。失恋发生在寻找与选择亲密伴侣的过程之中，因此失恋只是彼此的"不合适"，但失恋绝不等于人生的"失败"。

第二，失恋并非一无是处，爱是一种体验，失恋的痛也是一种体验。苦痛之时，也许会让人更深刻、更冷静地看到真实的自我，帮助我们认识爱与情感的复杂性。这些爱与痛的体验可以助人成长，是生命里不可多得的体验性知识。

第三，人都有选择爱的自由。爱和被爱是每一个人的基本权利，不爱和不接受别人的爱也同样是人的基本权利。因此，接纳失恋的现实，既是尊重自己，也是尊重他人。

第四，认识爱的多维性。爱情既是伟大的，也是自私的。只有双方都全身心投入的爱，才是真正纯粹美好的爱。如果恋人已做出了分手的决定与选择，那么另一半的放手就是对生命之爱的成全。

第五，不怨恨、不污名化对方。有爱才有恨，由爱生恨也是常见的一个心理现象，但怨恨是一柄双刃剑，一端指向对方，但另一端却直刺自己的内心。因此怨恨与污名化对方，不仅无助降低失恋的痛苦，反而会增加更多的痛苦与伤害。

第六，爱的本质是吸引。如若能把失恋的危机转化为生机，在深刻内省之中，将心中的失落转化为自我提升的机会，那么岂不是一种更接近爱本质的存在？

爱是情感世界的核心命题，是情感的灵魂。在一切的情感之中，最让我们珍惜和感动的，就是其中爱与被爱的感觉。所以，当我们与一段曾经的爱情分离时，内心的痛与伤才如此真实，因此，这种心痛才是促进我们内在成长的一个重要契机。

☕ 第二杯咖啡：如何让爱情在分手后依然有温暖

莎士比亚说：当爱情的波涛被推翻后，彼此应当友好地说一声再见。

一般来说，失恋后男性往往比女性要承担更多的来自自我及社会的压力。因此，对不少的男性来说被迫失去女方的爱，在精神上是不可接受的，这会使他的心理产生一系列"连锁反应"。

尤其是在被动分手的情况下，在极度的失望与痛苦的情境下，人们可能会通过贬低对方以换取内心的平衡。甚至由爱生恨，用言语或行为伤害曾经相爱的另一方。这样的方法，也许在短时间里有转移痛苦的作用，但此时，人们也亲手把曾经的过往彻底撕碎了，再用冰块封闭在内心，反而导致更长时间的痛苦，或者是终生无法释怀的怨恨与苍凉。

本案例中，严晓俊虽然理性地选择了和平分手，但内心不可避免存在挣扎与苦痛。因此，如何把爱人离开时的痛苦，变成促进来访者的反思与成长，是心理咨询过程中一个具有建设性的着力点。此时，心理医生聚焦在严晓俊的自我认知评价上，并用逻辑问话的方式让他看到自己在爱情中的变化与收获。

咨询中通过特殊语境的递进式问话，帮助严晓俊觉察自己在这段感情中对于爱情的理解，让他看到自己对女友的控制欲和占有欲，这是他在情感关系中需要学习成长的地方。

此外，帮助他看到爱情带给自己完整人生的积极力量，重新发现自己在恋人陪伴下的成长与获益。

最后，通过对爱与被爱价值的发现以及理解爱对生命的意义，让曾经拥有过的爱能够温暖地留存在内心深处，成为生命中一段美丽的故事。

莎士比亚说："当爱情的波涛被推翻后，我们应当友好地说一声再见。"你们若是曾真正爱过，就在分手的时候，友善地告别，这何尝不是一种更深沉的生命之爱呢！

第 *6* 篇

焦虑失眠的始作俑者

人物独白： 再过一个月我就要参加英语考试了，可我不知道为什么却越来越焦虑，晚上睡不着觉，心里一阵阵地慌乱、紧张害怕。我很想让自己好起来，可是无论怎样努力也控制不了自己，这让我有一种失控感！

◆情感，深埋于我们的潜意识之中，它不仅是人类意识难以控制的一种内心活动，而且是以混沌原始状态存在着的，拥有强大驱力功能的一种心理动力组织。

考试前夕，失眠越来越重

生命诞生之初，天赋了两种基本功能——摄食与睡眠。若一个人突然辗转反侧无法入睡了，就是身体用它的语言告知我们，它需要我们的帮助了。

初秋的一个清晨。一个娇小的女生，走进我的诊室。

她显然是个容易害羞的女人，怯怯地坐在沙发上，用将信将疑的眼神瞄了瞄我。看得出，第一次来做心理咨询让她有些紧张。

我眼睛里带着笑意，用轻松的语气跟她打招呼，帮助她放松下来："你好！是第一次来看心理医生吧？"

她一边回以微笑，一边点点头。

"你有些什么困扰呢？是情绪不好吗？"我一如往常地询问，一边尝试用目光探究她身上可能存在的问题。

一袭黄色的连衣裙衬托着她身上淡淡的气息，瘦削的脸上没有任何的修饰，落寞的眼神中透着几分僵硬。

她小声地说道："是这样的，我最近3个月一直失眠，去了几个医院，也看了几个医生，吃了不少药。但我还是睡不着觉，心里很着急。"语毕，脸上流露出不悦的神情。

"可以和我讲讲你失眠的具体表现是什么吗？"我回应道。

"我就是睡不着觉，想了很多办法也没用。之前医生建议我用听音乐和深呼吸的方法，但好像都没什么用。有时候就算睡着了，也睡不安稳，做很多梦，早上起不来床。"她这样告诉我。

在心理门诊，失眠有很多种类型，我需要对此做一些甄别。一般来说，最常见的是以早醒为主的抑郁性失眠，其次是以入睡困难为主的焦虑性失眠，另外，还有以睡眠浅、睡眠质量不高的混合性失眠等。

从心理医生角度看，我认为失眠往往是情绪紊乱的外在表达，它好像是一个忠实的信使，传递着情绪的语言。

因此，我需要把宋秋怡失眠的问题尽量具体化。

于是，我探索性地问道："睡眠紊乱只是一个结果，在生活中，会有很多影响睡眠的因素，你想一想，看看有什原因可能会影响睡眠？"

"下月我有个 GRE 考试。为了考试，我之前参加了 GRE 考前培训班，花掉家里很多钱。可是，从前两天的模拟测试成绩来看，我的分数离目标还差得很远。现在，我心理压力特别大。"

说到这儿，宋秋怡无奈地叹了口气。

据她的描述，前期的备考已经花去了家里数万元，这对一个普通家庭来说，着实是一笔不小的开支，这个女生所承受的心理压力可想而知。

听到这里，我的初步印象是宋秋怡存在考试焦虑。但是，多年的咨询经验也提醒我，基于人心理问题的复杂性，真正让她情绪起伏的深层原因，还要随着咨询的历程，做出进一步的澄清。

> **考试焦虑**：人由于面临考试而产生的一种特征性的心理反应，它是在应试情境刺激下，受个人的认知、评价、个性、特点等影响而产生的，以对考试成败的担忧和情绪紧张为主要特征的心理反应状态。

我试图寻找问题的起点："你是什么时候决定报考 GRE 的啊？"

"下决心要考是在半年以前。之前没想那么多，就是想出国读研。但在复习后，发现问题越来越多，现在临近考试了，就越来越害怕。"

宋秋怡不停搓动的双手，透露出她内心的不安。

"是你自己想去考 GRE 的吗？"我再次发问。

看到她这般反应，我认为需要去更深一步了解她的考试动机。

> **动机**：是指由特定目标或对象所引导、激发和维持的个体活动的内在心理过程或内部动力，是人类大部分行为的基础。

"对，前几年考大学的时候没考好，上了一个二本院校。后来发现不好找工作，国内考研竞争太大，于是就想出国试试。另外，我还想……"

说到这儿，她欲言又止，眼神里闪过一丝忧伤，这是她之前未出现过的细微表情。

我迅速捕捉到这一细节，感觉到她的问题背后一定还有更深层的原因。我知道这个时候需要给她一些时间。

我没有催促，也没有追问，只是耐心等待着。

沉默良久，宋秋怡再次开口："我还喜欢过一个人。但是，后来他出国了，我们就再也没见过面了。"说到这儿，她的眼睛有些泛红。

"那么，你是因为喜欢的人才有了要出国的想法？"我探究道。

"也许吧！"略有踌躇之后，她点点头说。

我意识到，这个问题或许是她内心纠结的另一个重要原因。

从表面上看她的失眠可能是考试焦虑引发，但是，至此已经能够预见一个更深层的心理原因——情感困扰。

这是因为，情感情绪深埋于我们的潜意识之中，它不仅是人类意识思维难以控制的一种内心活动，而且是以混沌、原始状态存在的一种有强大驱力的心理动力组织。

于是我决定，先着重探索她的情感困扰。

"秋怡，你愿意跟我说一说这个你喜欢的人吗？"待宋秋怡的情绪略有缓和后，我开始询问。

直到我说到这个话题，她的眼睛才抬起来，在交流中第一次和我直视。

她一边回忆，一边缓缓地说道：

"他是我的初中同学，比我大一届。尽管他一直都说我们不是恋人关系，但我心里一直都很喜欢他。后来他去了美国，我们联系越来越少，现在已经不联系了。自那以后我的睡眠就不太好了，还经常做噩梦。"

在心理学中，梦是有临床意义的。为了更好地探索她的内心，了解她的梦并分析其中的隐喻是有价值的。

> 梦：分析心理学认为，梦是潜意识欲望的满足，人在清醒的状态中可以有效地压抑潜意识，使那些违背道德习俗的欲望不能为所欲为。但当人进入睡眠状态或放松状态时，有些欲望就会避开道德习俗的检查批判，偷偷地浮现各种各样的意象表现自己，这就是梦的形成。梦是人的欲望的替代物，它是释放压抑的主要途径。

"可不可以先跟我说说你的梦境？"我再次鼓励道。

她眨了眨眼，回道："最近一次，是我在一个陌生的宾馆里，我梦见自己躺在床上，用余光看见一个男人站在旁边，他手里拿着一束花，在我面前摇晃。我清晰地听见他说：你马上就要死了。当时，我尖叫一声就吓醒了……"

"还有哪些梦呢？"我追问着。

"嗯，还有我梦见，自己喜欢的那个人走了，我在后边追他。他开着一辆车，越开越快，我怎么也追不上……一周前，我还梦见自己被一个男人扔到一条干涸的沟里，然后他往里边灌水，最后我被淹死了。有时候，我也会梦见和一些小女孩捉迷藏，每当一个女孩被找到，她就会死掉，最后就只剩下我了。"

她一口气，又接连说了三个记忆深刻的梦境。

听着她的诉说，我在头脑中展开了快速的梦境概览性的分析。

显然，宋秋怡的梦境中充满了两性关系的意象。睡床本该是带给人归属感、放松和温暖的场景，也是两性生命和情感交融的地方，但在她的梦里却充斥着死亡的威胁。其次，她拼命地追赶那个喜欢的人，但却无论如何也追不上，恰恰是情感分离的写照；还有，在她的梦境故事里，男人似乎总是一种不安威胁的存在，就连自我与其他人的关系，也成了危险恐惧的象征。

结合她在咨询室里不安的、无助的表现，我想也许在她既往的人际关系里，尤其是亲密关系里，她曾经历过的情感分离或有过的情感创伤体验，让她在不知不觉中陷入挫败、迷茫、无助和焦虑之中。

看着眼前这个瘦弱的女生，想象着她焦虑恐惧的梦境，我能想象出她在那段情感关系中一定经历了很多。

但是，究竟真实情景如何影响她，是否还有其他原因，都还需要做出进一步的探索、澄清与分析。

于是，我对她说："谢谢你和我分享了你的梦。在医学上，梦是大脑意识的一种特殊活动状态；而在心理学上，梦是深层潜意识的一种表达形式，梦境在意识下的加工中会出现变形、伪装和重组，所以它并不是真实的生活。"

她听得很专注，于是，我放慢了语速，继续说道："然而，梦境可以帮我们更多地了解一个人的心理感受和情绪状态。看得出，你在梦里是无助、焦虑和不安的，甚至还有一些恐惧。"

"嗯，每次做这些梦时，我心里都很害怕，常常从梦中惊醒。有时白天我在教师听课，这些梦里的场面像过电影一样再冒出来。"她点头，回应道。

我意识到，对于宋秋怡来说，这段在青春期萌生的爱的情感，在她内心不仅有很深的印记，而且还带来一些创伤性的感受。

因此，接下来的咨询需要在此处停留。

我望向她，再一次对她说道："我感觉你喜欢的那个男同学，给你留下了很深刻的印记。你愿意说一说这段感情历程吗？"

我用探寻式问话的方式，来邀请她。

暗恋五年，甜蜜又苦涩

爱是一种强烈而深刻的情感，也是人类重要的心理需要。很多心理学家和思想家认为，爱在生命的存在中有着根本性的奠基作用。

原来，那是她深藏在记忆中的，一段爱与被爱的过往。

男孩叫李刚，比她大一级，她有时会叫他李刚哥哥。巧的是，他们每天放学时都可以同路一起回家。那时，她一个人很孤单，没什么朋友，但跟李刚在一起时她觉得很开心、很舒服。

在别的同学眼里，李刚一点儿也不帅气，只是一个矮矮的普通男生。但在宋秋怡眼里，她的李刚哥哥不仅聪明学习好，而且腰板挺直，气质还酷酷的。

每天放学后，她会到李刚教室不远的地方等他，一起回家的路上，她喜欢跟他说很多的话，他都会耐心地听。有时，宋秋怡被同学欺负了心情不好，男孩还会安慰她。

从宋秋怡的叙述中，我能感受到这段故事的温暖，也能感受到那个名叫李刚的男生在她心里的位置。

在她的印象里，那三年是幸福的，是一段让她难以忘怀的时光。每一天放学回家路上的相伴，每一次跟他说过的心里话，都成为了她最珍贵的记忆，回忆中有甜蜜，也有美好。

但是，作为心理医生，我更想要知道这段感情对她的今天意味着什么？对她现在的考试带来的影响是什么？与她每天晚上的失眠有没有关系？

对这些混沌问题的澄清过程，不仅是梳理一段缠绕与模糊的情感记忆，更是解开她心结的必要心路历程。

于是，我再次将眼光投向她，问道："那么，你觉得李刚同学身上最吸引你的是什么呢？"

她顿了顿，说："他成熟，不会像别的男同学那样，只会在教室里打闹，他显得稳重沉静，话语不多但却很柔和，连表情和眼神都跟同龄的人不一样。"

我微笑着回应她："好像我能想象出他那种稳稳的、酷酷的样子。"

"对的，他就是个心理年龄比较成熟的人，这让我觉得心里踏实。"她回答的很快。

从与宋秋怡的对话中我观察到，当她说起李刚时，不自主的眼睛里就有了光亮，神情也柔和了不少。我感觉到那似乎是一个情窦初开的青春少女，对一个异性男生爱慕的缠绵柔情。

> **性意识觉醒**：青春期性心理发展，从关注自身与相貌外，逐渐发展出对异性的好奇与关注，并继续发展为好感、吸引与欣赏，行为上表现为彼此主动靠近、积极交往与爱慕。

是啊！青春时期的爱，有点羞涩，有点痴迷，但却很纯粹。这种爱由心而生，它很甜蜜，也很执着。

同时，这种初生的爱也很青涩，它既脆弱，也极易受伤。

果然，他们之间的关系，出现了意想不到的变化。

高二那年，李刚的父母要送他去美国留学，所以，他转学了。从此，回家的路上只有孤单的自己了。

此后，她与李刚之间的联系也越来越少了，实在想念他时会去打个电话。

半年时间过去了。最后，是李刚打来一个电话，他说不想再互相联系了，他还说，这些年虽然喜欢宋秋怡，但一直都是把她当妹妹看待，并直言表明两个人不可能发展成为男女朋友。

"听了他的话，我当时感觉脑袋'嗡'了一下，之前也想过有一天我和他会分开。但是，没想到当他真说出这话时，自己却接受不了，特别难过。"她说。

看得出，宋秋怡在提及分手的那个瞬间时，依然感伤不已。

每一段亲密感情的结束，都有一种如灵魂被撕裂的痛。

虽然，时至今日，那个分手的时刻，已经过去 7 年了。

此时此刻，我作为她既往情感记忆的分享者，若能深入理解她那一段情感，尊重并见证她的那段情感，这种自我坦露式的疗愈过程，对她情绪稳定有着积极作用。

于是，我将焦点重新转回到她自身，并与她共情，说道：

"我能感受到他离开后，你的那种失落和迷茫。曾经那个有些体贴、愿意倾听你的男同学，突然提出要结束这段关系，虽然你也曾经预想过有这个结果，但是在情感层面上依然难以接受。因为，在潜意识中，你甚至幻想过和这个男同学相爱相伴一生。"

宋秋怡的眼圈有些泛红，小声回应道："是啊！就是这种感觉。"

作为心理医生，无法决定一段初生爱情的开始与终止，我所能做的就是帮助她用新的视角，来重新审视这段曾经的爱，并获得与以往不同的自我觉察、省思与成长。

于是，我继续向她提问，说道："他离开了，你们爱的感情也结束了。但是时至今日，你依然有机会回头审视这段情感经历。我想知道你们在一起时，你心里的感觉是什么？"

宋秋怡沉思之后，若有所悟地说："他带给我一种很温暖、很踏实的感觉。我觉得他是我心理上的一个依靠，想到他我就觉得自己很安全。还有，我觉得在这个世界上，再也不会有一个男生对我这么好了。"

"你说的这种感觉我能体会到，两个人从喜欢到相知，再到信任与爱慕，的确是难得的。"我回应说。

"在他离开后，我感觉做什么都没意思了。"她的眼眶再次红了，眼里有泪水。

我给宋秋怡递了一张纸巾，等待她从伤感的回忆中恢复过来。

> **非言语回应**：在心理咨询中，面对来访者的情绪波动不一定都要做及时的言语回应，非言语行为（微笑、点头、将身体前倾、递一杯水、递一张纸巾等）同样可以让来访者感受到心理医生的善意和支持，同时避免了产生言语过多带来的压迫感。

片刻过后，宋秋怡抬起眼睛，很委屈地说：

"当时，我还觉得自己很丢人的。我们初中、高中是同一所学校。大家都知道我喜欢他，但是最后就这样结束了，很多人都嘲笑我。还有让我难受的，就像我刚才说的，他在别人眼里是又矮又胖的。人家都问我，你是不是喜欢他家有钱啊？我说，我没考虑过这些。"

我回应道："嗯，也许你说不清楚为什么，但你是发自内心地喜欢他。"

"是的，我很喜欢他！他总是那么沉稳，不像我似的，遇到事情就容易惊慌失措。"

她这样笃定自己的情感，让我感到她是个有独立判断力的女生。因为她对自己喜欢的人自始至终都很肯定，而无患得患失的摇摆。

这时，我需要把这些真实的感受反馈给她，促进她更多的自我了解。

"这一点恰恰说明你不是一个人云亦云的人，你是个听从自己内心的女生。"我回说。

听我这么说，她微微地笑了，这是今天她第一次露出笑容。

我联想到，这样一个痴情的女生遭遇了情感挫折，她的学业会不会受到影响呢？这对于判断她当前的学习状态和考试都会带来帮助。

"我还想了解的是，你当时的学习成绩如何呢？"我问。

她不假思索地回答："我初中的时候成绩很好，基本是班里的前 5 名。但是他走了以后，我整天都很烦闷，就基本上放弃学习了。记得他以前跟我说过，我除了学习好，剩下什么长处都没有，他的离开把我这一点优势都带走了。"

她无奈地叹了口气。

> **情绪的组织功能：** 包括对活动的瓦解或促进两方面，一般来说，正性情绪起协调、组织作用；负性情绪起破坏、瓦解或阻断作用。

她说，失去了那个男同学，她便失去了学习的动力。

他离开的那段时间，她感觉生活特别压抑，心里空荡荡的，每天如同行尸走肉般听课、记笔记、写作业，失去了以往的热情，也没有了未来的希望。

人为什么要学习呢？是为了某个人吗？还是为了爱情？她好像从没有意识到这个问题，更没有认真思考过这个问题。

一个中学女生，对异性情感有如此强烈的渴望和依恋，并成为她认同自己和学习的唯一动力，这就提醒心理医生要进一步去探索她的社会关系，包括她的成长经历、原生家庭以及同伴关系。

一般来说，大部分的心理问题背后，常常有着更为深刻的个人历史、家庭文化和社会原因。对这些深层原因的澄清、具体化和分析，将会对后续的心理治疗起到关键的作用。

我心冰冷，看不清自己

只有靠近和接纳真实的自己，才能产生真正的自我认同，而真正的自我认同才是个体心理动力的深层源泉。

一周后，宋秋怡如约来到了我的心理诊室。

在简要地回顾了上次谈话的内容之后，我直接进入今天的主题，开始了解她的原生家庭，以及其**成长经历**。

> **成长经历：**成长经历对人的性格形成、处事方式、人际能力都影响至深，因为成长经历跟社会环境，家庭教育，学校教育密切相关，精神分析学派创始人弗洛伊德尤其强调早期经历的重要性。

她告诉我，她父母都是普通的工薪阶层，父母相处不好，经常吵架，互相指责。父母冲突最严重的一件事，是母亲要把她送到姥姥家去养，而父亲则要把她送到奶奶家去养，家庭矛盾始终十分尖锐。

不仅父母不和，对她来说，还有另一件令宋秋怡无法释怀的记忆。

她伤感地说："我母亲怀孕时产前检查发现患有严重的肾脏病，家人千方百计劝她打胎。尽管最后我妈生下了我，但家人都不喜欢我，甚至说我就不应该来到这个世界上。"

时间久了，连宋秋怡也开始觉得自己在这个家有点多余，是一个不被期待的生命，更是父母错误结合制造的一个错误"产品"。

听着宋秋怡的叙述，我暗自思忖：在这样家庭长大的孩子，她还能够拥有健康的幼年、童年和青春期吗？

因此，我问道："现在我想知道，你小时候的生活是怎样的？"

"不瞒您说，我从小就被人欺负。"她长长地叹了口气说。

如今已经大学毕业的她，依然清晰地记得小学时被同学嘲笑，大家讥讽她。她曾被男生追打，还有同学拿她寻开心，在她的衣服和书包上抹涂改液。

有一次，全班的女同学两两结伴做游戏，没人愿意和她在一起。这件事情发生后，宋秋怡不再相信周围同学，更加的自卑、胆小，为了自保回避人际交往。

她无奈地对我说，最后她还是被送到奶奶家生活，他们不会关心自己在学校过得开不开心，只关注学习好坏，好像成绩好就意味着一切都好。

对于宋秋怡来说，这种唯分数的评判方式，不仅偏离对人的价值判断，也阻碍了自我的认同与成长。

> 唯分数论：即只注重考试成绩，以考试成绩为唯一标准评价学生的成败得失，而忽略学生其他方面的优势、特质与成长。

至此，我基本了解了宋秋怡不同寻常的童年，以及在学校生活的主要经历。此时，也更加能理解她的那段青涩恋情，对她有多么珍贵。尤其是这段情感，带给她的温暖、踏实与安全，也正是她心灵与精神寻觅归属感的需要。

对于宋秋怡来说，无论这段爱怎样珍贵，但最终，无奈这段青涩的情感，还是成了彼此生命中的过往。

爱在记忆中依然美丽，但它曾经的色彩却已褪去了。

按照存在主义心理治疗，我需要通过对既存事实的重新澄清与诠释，帮助她回到当下。让她意识到一段感情的结束，会带来分离的痛苦。但是，这不等于她没有了爱的权利，也不等于她不值得被爱，只是人生途中两个人选择了不同的方向。

是啊！至今，她有自己的目标要去追求，有自己的心愿要去达成。毕竟，她才是自己独立人生的主体，她有权利，也有责任要让自己过上想要的生活。

于是，我接着说道："这两次咨询中，我不仅了解到你那段美好的情感，也能感受到你的家庭并不是特别温暖，父母关系不太和谐，甚至认为自己是一个错误的'产品'。但是，你现在能来看心理医生，能安静平和地告知你的过往，说明你是有力量的，对情感也是有期待的。"

她望向我，点点头，表示很认可。

我需要对她刚才讲述的生命故事，做一些必要的分析和整理，然后反馈给她。

"你刚才说，自从那个带给你温暖的男生离开后，你的噩梦就开始了。

那么为什么这段感情对你如此重要呢？这是因为，他愿意倾听你，对你表现出亲近和友善，让你感到温暖舒心。还有，他言行举止的成熟稳重，带给你一种踏实、安心的感觉，这是你生活中一直缺失的。"我说。

宋秋怡的眉毛挑了一下，这时眼睛里也有了一丝喜悦，连忙回应道：

"是的，跟他在一起我真的很开心，不自觉的说话也就多了。"

"你说，每当你被突然出现的问题，吓得惊慌失措时，他却可以不慌张，让你稳定下来，对你来讲意味着什么呢？意味着他是一种安全，一种接纳，好像你跟他在一起就不会受伤。"我继续分析着。

"是的，医生。可能真的是和我从小的家庭有关吧，我一直心里都不踏实，也许是缺乏安全感。"她轻声附和道。

心理咨询进入到这个阶段，来访者的内心也越来越开放，更加接近那个真实的自己。因此，后续的心理治疗将采用叙事疗法的外化、解构和重写技术，帮助来访者改变对自我问题解读的视角，唤醒内在动力，修正消极的自我评价与束缚，更多自我的积极正向力量将被看到。

> **重写技术**：叙事疗法认为，心理医生可以帮助来访者重新叙述自己的生命故事，从中发现新的亮点，产生新的态度，从而唤起新的内在力量。

正如叙事疗法的创始人麦克怀特说："个人问题的形成，有很大因素与主流文化的压制有关。"社会文化通过引导社会评价体系来塑造社会成员的行为，很多人对自己的消极结论就是在文化的大背景下形成的。

于是，我接着说道：

"记得你说，同学们耻笑你喜欢一个个子矮的男生，而你却看到了他的成熟稳重，看到了他的善良踏实。所以我看到的是，你在这个事情上有自己独立的判断、选择和坚持。你敢于遵从自我的内心，这种坚持也挺难得的。"

她的眼睛瞪得大大的，听得专注。

显然，听到我这样解读这个过程，她有些出乎意料。于是，我放慢了语速说：

"你尊重自己的内心体验，跟随自己的思考判断，坚持自己的初衷三年多，这不是每一个像你这个年纪的人能做到的。我感觉，你知道自己需要什么，并且努力去争取，这不仅需要内在动力，还需要你有独立的自我意识。"

宋秋怡笑了，她涨红着脸问我："我真的是您说的这样的人吗？我自己有时候都搞不清楚了。"

"是真实存在的。在我和你的交流中，我感觉到你特殊的成长经历，让你和同龄的女孩不太一样。"我回应。

听到这儿，她微笑着说："这么多年，从没有人这样看待过这件事。大家都认为我是因为他的家庭，甚至认为我就是个'贱女孩'。真的没有人像您这样理解过我，谢谢您！"

我用见证与诠释技术做她那面镜子，让她从不同视角看到一个更真实的，更完整的自己。在我看来，只有靠近和接纳真实的自己，才能产生真正的自我认同，而真正的自我认同才是心理动力的深层源泉。

随后，我和宋秋怡约定了下次见面的时间。

随着考试时间临近，下一次我们咨询的重点，就是她的学习问题。

找回初心，我有了远方

人是自己生命的主宰。人的生命历程，其实就是一连串的自我选择，就是通过对自我不断的追问、省思与思考展开的。

第三次见到宋秋怡，是在一个阳光明媚的午后。

今天，她画了淡淡的妆，嘴角微微泛起了笑意。乳白色的风衣进一步衬托出她那恬淡和安静的气质。

简单问候过后，我直接切入主题，说道：

"你之前说过，你是一个学习很好的女生，你觉得那是自己很美丽的一面。但是他离开后，你就不再学习了。"

"嗯，他离开后，我一点学习的心思都没有了。"她小声回应道。

"是啊！"我加强了语气，紧接着说："你注意到其中的变化吗？当你无法做自己的时候，你连自己最美丽的那一面也找不到了，好像迷失了。但实际上它们依然存在着，并没有真正的消失，只是你感觉不到了，所以我愿意用'迷失'这个词。"

宋秋怡认同地点一点头。我没有停下来，而是接着去追踪问题的成因，问道："然而，究竟谁能对你的人生起到那么大的作用，让你做不成真实的自己？是那个坐着飞机去了美国的男生吗？"我追问着，期待着她的回答。

刚开始她点点头，之后又摇了摇头。

我等待着。

她考虑了一会儿，说："哦，他也只能算是诱因，还是我自己决定不学习的。"

听到她的回答，我欣喜地意识到，她开始做问题的**内归因**了，这对她觉察问题与省思问题有积极作用。

> **内归因**：是指将事情发生的原因归结于个体自身所具有的品质和特征，包括个体的人格、情绪、心境、动机、欲求、能力、努力等。

"你开始从自己身上找问题的原因，这是很难得的。我能感觉到，当带给你温暖的这个人，坐飞机到美国后，你似乎做不了自己了，那些温暖美好随着他一起跑到了大洋彼岸。所以，你会觉得心里空虚、生活寂寥，学习还有什么用啊。"我说道。

宋秋怡微微低下头，抿起了嘴，仿佛在沉思着什么。

此刻，她已经走到了重新审视自我问题的大门前，亟待有人给她一个助力，与她一起把心灵上的这扇门打开。

于是，我放慢了语速，一字一句，用肯定的语气说道：

"其实，一个人最本真的学习动机，往往不是由外界决定的，而是源于自我对知识的向往和追求。自从那个男同学离开后，你就没有去亲近自己的内心了。现在你来感受一下，看看自己内心深处真正想要的是什么？"

"我也很不喜欢这样的自己，我觉得自己是有问题的。"宋秋怡回答得很快，表情有些凝重。

"你愿意来到心理诊室，肯于向心理医生说出自己的无助、纠结和迷茫，是因为不希望自己再如此下去，这就是你内心改变的动力。你现在不妨再想一想，你的学习奋斗究竟是为什么呀？纯粹是为了某一个人吗？"

宋秋怡停顿了一会儿，看着我的眼睛，回答了这个问题，她说：

"在跟您的这几次交流中，我已经开始反思自己了，好像我也不是为了他，因为我们早就没有联系了，包括我现在选择考 GRE 出国读研究生，终归还是为了我自己的人生。"

　　的确，她的情感经历，以及现在面对的考试焦虑，只是她成长历程中遇到的一些阻碍，心理医生要做的就是与她一起，移除那些与她不期而遇的屏障。

　　"我能感觉到，你正在渐渐找回自我，重新看到自己的力量，但这一过程可能需要时间。其实，学英语也是一种劳动，它是从无到有的过程，你得先有了播种，还得去浇水施肥，才可能在秋天有果实。"

　　宋秋怡很认同，用肯定的语气回道："学英语这个劳动，对我来讲是不容易的，但这次英语考试，我想好了要全力以赴。"

　　此时，我乘势而为，加重了语气，对她说：

　　"这是你今天的一个决定，它是很有意义的。其实无论结果如何，当你带着自己的目标，走过了春夏秋冬，这个历程本身就是一种执着、追求与承担。"她微笑点头。

　　我接着说："从遗传学上看，男女在大脑**语言加工优势**上是有差异的，相比于男生来讲，女生学语言可能更擅长一些。之前也有个大学女生，有着跟你类似的经历。"

> **语言加工优势**：心理学研究表明，性别在语言加工上存在差异。女性在阅读理解、词语拼写和词语流畅性方面存在一定优势。

　　我微笑着说，与她分享着一些有关学习的其他信息。

　　她听到这儿，好奇地看着我，急忙插话，问道："哦？还有跟我一样经历的人？您能跟我讲一讲吗？"

　　我告诉她，一开始那个女孩觉得中国人学英语没什么大用，因此一直不投入、不喜欢，成绩当然不好。直到有一天，她有一个做交换生去英国学习的机会，才感到英语其实是一个工具，对她看世界也是重要的。当她看待现实存在的视角变了，她的感受就变了，不排斥了。所以，她开始主动想办法去行动，去做事情了。

　　"我想知道，她具体用了什么方法呢？"宋秋怡听着我的叙述，主动开始追问。

　　"她告诉我，'捷径'就是把自己投入进去，包括选择定向培训，让英语进入生活，听英文歌，看英文电影，读英文小说或报纸等。最后，她发现这种拼读文字是有规律的，相比中文来说，反而更容易进步。"我回道。

宋秋怡若有所思，然后点点头，说道：

"哦。原来'捷径'就是投入，让英语进入我的生活？我想去试试这种方法，再为自己拼一下。"

看到她如此认真，我回应道："我觉得，当你想去追求某些重要的东西时，若你发自内心就会有动力，也愿意为它投入。只有你真正投入后，才能感到趣味，从而激励你再投入，形成一个正性自我动力循环。"

"您说得对。我上中学时，就有过这种感受，一种敞亮的感觉。"宋秋怡笑了，眨了眨眼说。

"**积极心理学**中有一个概念就是'投入'，也就是说，如果人们深入地投入到某件事中，往往会伴随积极的情感体验，甚至能够产生一种被称作心流的状态，那是一种专注于做某件事情而忘记时间和空间的内心体验。"我回应道。

> **积极心理学**：采用科学的原则和方法来研究幸福，倡导心理学的积极取向，以研究人类的积极心理品质、关注人类的健康幸福与和谐发展。

宋秋怡开心地笑了，说道："原来心理学早就有解释了，看来我还是投入不够，但却急于要成绩，所以才胡思乱想，睡不着觉了。"

此时，我需要继续深化她的自我意识，让她看到作为一个独立的生命体，不但拥有选择人生目标的权利，更要有为自己的选择而承担责任的觉醒。

于是，我转换了话题，再一次将重心聚焦到她的行动力上。

"于你而言，在这个世界上你是一个独立的生命体，是独一无二的。换个角度说，就是你是自己的主人，你今生最重要的财富也是你自己。所以无论别人怎样，如果你没有方向与行动，都是没有意义的。"我说。

存在主义心理学中，非常强调一个人的自主意志与行为结果之间的关系。它以人为中心、尊重人的个性和自由。强调一个人可以在原有存在的基础上自我塑造、自我成就，活得精彩，从而拥有意义。

她点点头，直视着我的眼睛，说道："我懂了，您是说不管我遇到什么，都要为自己做些事情，如果我不做，那就会待在原来的地方，还是会难受的。就像我害怕考试，睡不着觉一样。"

宋秋怡的领悟让我感到一阵喜悦。是啊！这就是每一个心灵里的智慧，是珍贵而真实的存在。

当消极情绪弥漫在心间时，犹如阳光被暂时遮蔽一样。然而，当情绪的雾霾散去，心灵里就会是一个明亮的晴天。

面对当下的宋秋怡，我需要对关于自我塑造、自我成就与自我责任，给出一些更具体的解读与引导。

于是，我放慢了语速，对她说："在我看来，人的生命历程就是一连串的选择，而选择的基础是什么呢？就是通过对自我的追问与审视，发现自己身上最具有成长性的潜质，好好培育、投入和发展。现在，你想想看，什么是你最具有成长性的潜质呢？"我接着问道。

她想了想，轻声回应道：

"哦？我自己最具成长性的潜质？让我想一想，运动、艺术我都不行，好像是我的学习能力吧？！"

听到她的答案，我愉快地回道：

"很有道理。通过对你的了解，我感觉学习能力的确是你最具成长性的一个潜质，在中学时你就做到了，你喜欢的那个男生也看到了，不是吗？"我既遵循着**心理咨询的客观性**原则，又从中发现其积极闪光的一面。

> **心理咨询的客观性**：对来访者的分析和判断要基于来访者的客观陈述，而不能主观臆想。

宋秋怡听到我提到了那个男生，忍不住笑了，肯定地点了点头，说道：

"是的！他曾说过学习是我仅有的优势，现在您也让我重新看到了自己，而且这个自己让我看问题更客观了，以前我都会归结于自己的命运不好。"

我本以为这次咨询就能就此结束，但在短暂地沉默之后，宋秋怡本已上扬的嘴角又微微落下，小声说道：

"可是，父母挺辛苦的，花了那么多钱……"

看到宋秋怡欲言又止的神情，我意识到出国留学的花费，对她来说是个很大的心理负担。

我决定跟她分享一个类似的实例，让她能从更多的角度去理解这件事情。

"秋怡，你认为参加英语培训给家里带来很大的经济负担。在这个问题上，你的焦虑、担心和失眠是帮不上忙的。作为父母，我能理解为了女儿可能有好的未来，父母都是倾己所能去支持。记得我有个同事，家里经济也很有限，可是最后她还是帮助女儿完成了留学这个心愿。"

宋秋怡向前倾了倾自己的身体，显然，她对这件事很感兴趣。

我继续说："几年前她女儿出国读研时，要花去家里大部分积蓄。我问她，真要女儿出国读书吗？她说在女儿长大的路上，若能铺一条路，搭一个台，比把钱存在银行更有价值。"

她听得很投入，频频点头，说道："看来父母都是一样的，他们都希望孩子好。"

我看着她的眼睛，认真地回道：

"我想这就是父母对儿女爱的一种方式吧！之前，你父母已经做出了决定，你若能专心地做好自己的事情，实现了自己的心愿，就是对父母爱与付出最好的回应。"

我看得出，宋秋怡听进去了！

她说："谢谢您跟我讲了这个故事！现在我更理解父母了，我回馈他们的方式不是为钱不安，而是投入到备考中，做好安排，让自己更好，这也是为自己的选择负责任了。"

"很高兴你这样想，如果你父母听到了，一定会为你高兴的。"我微笑着说。

约好了下次见面的时间，我们互相道别。

看着宋秋怡离去的背影，我感觉她的确在慢慢成长了。

想要成功，就要稳住脚步

当面临太高、太远的目标时，人会不由自主地感觉到自己的弱小、无助和焦虑。

这一次见到宋秋怡，离她的 GRE 考试只剩下不到一周时间了。

我没有寒暄，直接询问她近期的感受。

"考试越来越近了，说说你这段时间的感受吧。"

宋秋怡想了想，说："前两天复习太用力了，有些疲惫。周末的时候与父母一起去了趟香山。"

考试前的加班加点，我能想象得出来。

"不过，这次去香山让我有了一点小感悟。"

对于宋秋怡来说，自己的切身感悟，都是宝贵的。我抓住这一点，要进行一些具体化的探索。

> **感悟**：是指人们对特定事物或经历所产生的感想与体会，是一种心理上的"妙觉"。这种体验性感觉的获得往往是深刻而持久的。

"嗯，可以说一说是什么样的感悟呢？"我好奇地问道。

她若有所思地说："我发现，如果爬山时没有一直仰头看着山顶，也不多想何时我才能登顶，只关注脚下一个一个向上的台阶，在感觉上就没那么累了。"

听到她的回答，我十分欣喜。

爬山的隐含象征，多么像她正在学业路途上的劳作、辛苦与攀爬。

于是，我要借助她的感悟，激发她做进一步的思考与拓展。

"能具体说一说它们之间的区别吗？"我说。

她笑着说："看山顶时会感觉它很远，心里就有顾虑不想爬了；但如果只盯着脚下的台阶会感觉轻松，没有一直望着山顶时那么多的负担。"

她当下的这个感悟很有哲理，需要继续丰厚发展。

于是，我继续追问，说道："当你一直盯着山顶，那种很累的感觉为什么很强烈？但同样的距离，当用另一种方式去做时，感觉上又会有什么不同？"

"是不一样的。当我一阶一阶向上走时，感觉比较容易，心理上轻松。但当我盯着山顶那么高远的地方时，心里就感觉很累、有些厌倦，就不想再向上爬了。"

她不假思索地脱口而出。我知道这是来自她真实的感受，又何止是她的感受？我们每一个爬过山的人都有过这样的感受。

但我并没有止于此，而是继续追问，说道："哦？那么盯着山顶时为什么会感觉到很累呢？"

她面露难色，说："因为觉得它太高了，也太远了。"

我意识到，需要在她理性思考的层面上再做一些工作。于是，我对她说：

"当你面对太高、太远的目标时，你就不由自主地感到自己的弱小和无助。"

"您说对了，就是这样的感觉。"她回应道。

"那么，我想知道你爬香山获得的这个新感受，对当下你的学习会带来怎么样的帮助呢？"我问道。

宋秋怡似乎没有料到我的这个问题，她停下来，想了想，开始讲述：

她说，记得在高中一次班会上，老师讲过一个故事，一名业余马拉松选手，两次都夺得了比赛冠军。记者第一次问他原因时，他说："靠智慧。"第二次他再次夺冠时，记者依然追问原因，他还说："靠智慧。"但是，记者还是不停追问，最后他才笑着说："其实，我在赛前都会反复去踩点，把大目标分割成若干小目标。这样路径清晰，力量分配合理，跑起来有底气。"

宋秋怡一口气把这个记忆中的故事讲完了。

> **目标分解**：将总体目标分解成阶段性的小目标，可以有效降低焦虑感，安抚情绪，提升工作效率。

这时，我没有插话，等待着她接下来的话题。果然，她若有所思地说道：

"真的是没有不付出的成功。就算一个人说得轻巧，但背后也都是充满艰辛的努力。我觉得我自己想要快速地取得成绩，反而成了巨大的负担。"

此时是深化宋秋怡认知行为转化的时候，我需要对她的感悟做一个联结性的阐释，于是说道："是的，如果你把这次考试过程也当成一次马拉松，先把路线勘察一下，分解成若干小部分，再逐个去达成，心也就淡定了。你也可以将每次考试，视为马拉松途中的一个小驿站，在那里修整小憩和修正方向。"

"我觉得'驿站'这个比喻很贴切。"她笑着说。

"这个'驿站'只是你修整后再出发的一个起始点，既不是学习的终极考场，更不是人生胜败的角斗场。"我紧接着说。

宋秋怡沉思着，点了点头说："嗯，这么说接下来的考试也只是一个小段落的结点，所以我只要尽心尽力就好了。"

"对，你说得非常好。这次考试，就先把它当作一个现场体验，给自己定一个稍微低点的目标，重点放在考试的感觉体验上，包括熟悉考试题型、模块分类和时间分配等。"我回应道。

听到我的回应，宋秋怡开心地笑了。

"医生，您对考试也很熟啊！刚才你说的那些事情，对我来讲并不难，我会再好好想一下，做一些相应的考前准备。"

听到她的语气中增添了几分之前不曾有过的自信，我为之欣然。

"好！就把这次考试只当作一个途中小检测吧！"我强调着重点。

宋秋怡认同地点点头说：

"我以前把每次考试，都当作奔向终点的决赛，所以很焦虑，很紧张。现在我才明白，学习更像是一场马拉松，也像是一个爬山的过程，要一步一个台阶，不断地累积。"

> **掌握目标**：Dweck 等人提出的成就目标理论指出，相比于成绩目标，掌握目标取向的个体更重视个人的成长和能力的提升，而不只以成绩评价自身的成就。

"当你开始相信自己，情绪就稳定了，焦虑失眠也不再找你了。希望你把自己最好的能力投入到你追求的目标上，那些曾经爱慕你勤奋、努力和智慧的眼光，也许会慢慢聚焦在你身上。因为，这是基于人际吸引的本质。"我说。

"谢谢您！我也感觉这段时间以来，不仅对很多事情释怀了，而且自己的心情也变好了。在备考上也比以前努力了。我觉得自己正在慢慢变好。"宋秋怡回道。

望着眼前的宋秋怡，感受着她独有的气质，我心里涌出来一种特别的感受，我想告诉她。于是说：

"如果要我用花来比喻人的不一样，我感觉你更像一朵茉莉花，茉莉花虽不像牡丹那么鲜艳，但它却能散发出沁人心脾的芬芳，是那种淡淡的、持久的、弥散开来的香气。"

听到这儿，她笑了，很灿烂的那种笑……

在结束时，我给出了一些可操作的建议方法，对她说道：

"你可以尝试写一写心理日记，用来记录整理自己的所思所想，也可以观察记录自己的行为变化，让自己保持目标感。另外，还可以把理想的自己与真实的自己做一个比较，也许会带给你一些帮助。"

> **心理日记**：一种常用的行为疗法。来访者把一天的生活事件、情绪情感和思考感受记录下来,用自我对话沟通的方式,理清自己的所思所想。

之后，她又来到心理诊室一次，既是她与我的告别，也是与我的分享。

她告诉我，在这段经历中自己最大的收获，是她找回了曾经迷失了的自己。尤其是懂得了如何去选择、如何去决定以及如何为自己负责，并通过行动去努力达成目标。

在我看来，她所做的这一切，于她而言，恰恰就是对自己生命真正的爱。

秋怡，我祝福你拥有如愿的人生！

　　尼采说，生活是一面镜子，而我们寻求的第一件事情，就是从中辨认出自己。只有当你接纳了真实自我的时候，才能彰显出你独有的魅力。这时那些爱慕你的眼光，那个真正欣赏你的人，也会被你独有的特质深深吸引，这是基于爱的本质。

第一杯咖啡：为何要先解决情感问题，而不是焦虑失眠

人是一种情感动物，情感对人的影响至深，情感更与人的心理问题密切相关。

宋秋怡在准备考试时出现了焦虑失眠，但是为什么要先解决她中学时的初恋及失恋困扰呢？其实，失恋是一种独特的心理挫折，引发强烈而持久的痛苦，甚至可以有创伤性的情感体验，如若一直没有修复这种创伤感，个体会长久地陷入一种自卑、无力与孤独的境地。

本案例中，宋秋怡在与自己爱恋的男生分手后，不仅出现严重的失眠，而且反复出现与爱恨有关的焦虑、恐惧，甚至有死亡意象的梦境等。显然，宋秋怡内心是自卑的，充满着哀伤与无助。因此，在心理咨询的起始阶段就要把着力点放在情感疗愈上。

神经心理学研究证实，当一个人被痛苦、焦虑、自责和哀怨等消极情绪包裹，找不到出口时，大脑里与情绪管控有密切关系的特殊脑细胞，会被强烈地、持久地激活，引发大脑里负责思考脑区的强烈抑制，认知过程和意志能力受到明显影响，表现出对外界的兴趣减退，情绪低落与自怨自艾，注意力无法集中在学习上，而在行为层面表现为考试焦虑与失眠。

本案例中，宋秋怡前来就诊的表面原因，是考试焦虑与失眠问题，但如果不深入到她内在的情感世界里，潜藏在冰山下的消极情感能量无法释放，考试焦虑这个现实问题，就很难得到有效的解决。

这就是为什么在心理咨询中，情感与情绪问题具有优先权的原因，也是后续心理治疗取得效果的基础。

☕ 第二杯咖啡：什么是焦虑？如何减轻焦虑失眠

细致地了解每一个焦虑症状背后的心理原因,并且通过个体化的心理治疗方案,才能有效地松解心理症结,缓解考试引发的焦虑状态。

考试焦虑,是考生面临考试而产生的一种具有特征性的心理应激反应,是一种以担心、紧张或忧虑为特点的复杂而延续的情绪状态。

考试,对于应试的考生来说,既是一种评价学业的量尺,也是一种引发心理应激的外部事件。认识与识别这些焦虑引发的身心反应,是学生自我干预、父母安抚与老师提供帮助的前提条件。主要焦虑表现有:

一是严重影响睡眠。终日处于焦虑中,噩梦频频,易惊醒,而且常感到疲乏困倦。

二是情绪焦虑。感到心慌、喉部梗塞,并伴有紧张、恐惧,或感到控制不了自己。

三是自主神经功能障碍和躯体不适感。如心率增快、多汗、肌肉紧张、手脚出汗、动不动就想小便等。同时,伴随有自信心开始动摇,学习动力不足,以及学习成绩下降等。

焦虑强度的高低,受个人的认知评价与个性特点的影响。一般来说,轻度的焦虑并不对人有负面的影响,反而对人的认知有促进和唤醒作用,只有高度的焦虑对人有消极影响。具体到考试焦虑,主要影响因素有两个:

一是个体内在因素,即个体身心因素对焦虑水平的影响。

二是环境外部因素,包括家庭教育、学校教育和社会环境等,对焦虑水平的影响。

在考试焦虑的咨询中,心理医生要澄清学生考试焦虑背后的深层心理原因,并且通过个体化的心理方案,才能有效化解心理症结,缓解焦虑引发的心身不适。在本案例中,宋秋怡产生考试焦虑的重要原因,一是缺少自信,没有学习动力;二是将学习看成是回报父母的方式;三是将考试成绩与人生成败画等号。

心理医生在咨询中,除了修复她的情感创伤,唤醒内在动力外,并且及时抓住其讲述的登山感悟,以及马拉松选手获得冠军的故事,把获得知识的过程隐喻为一个持续累积的过程，而把考试视为路途中一个停留修复与检视的驿站，逐步把宋秋怡潜意识里对考试成败的担心，转变成理性化的、可操作的行为过程，即学习是一种劳动，一种自我追求，知识获得的过程，更是一个渐进式累积、耕耘与踏实付出的过程，而考试只是一种用来自我检视、发现知识漏洞的一种方式。

心理疗愈是逐步推进的，针对宋秋怡担心花费父母太多积蓄，害怕无法回报父母这一问题，心理医生通过分享的方法，帮助她理解父母对子女理想追求的支持，感受父母搭建学习平台背后的爱与情感，从而认识到对父母最好的"回报"，就是努力让自己从知识中获得力量与成长。

第 7 篇
控制不住的 "手癮"

人物独白： 最让我上瘾的事情，就是不断地买新衣服。但是，那种购物带来的快乐稍纵即逝！我很不解，为什么不买衣服我难受，但买了我又后悔，而且这种情景反复地循环，无法控制！

◆对于情绪管理，一是承接，二是给出口，三是用成人化的方式去表达。首先是对它传递的信息需要接纳，其次是与它进行理性的对话沟通。对于生命而言，情绪是个信使，它表达的信息被你接收到了之后，也就完成了使命。

不断买新衣的人

反复购买新衣服，这只是一种表层行为，只有深入探究其行为背后的心理动机，才是解决问题的关键。

新年的第一个工作日，雪花飘飘，大地银装素裹，凸显出冬天别样的气息。我坐在心理诊室里，等待着预约好的来访者。

此时，一个身着灰色风衣的男子匆匆走进了我的诊室，二话没说坐了下来。

他礼貌地冲我微笑着，说："医生您好！我是一号患者李晓强。又是新的一年了，我想从解决自己的心理问题开始。"

他这样说，引发了我好奇，不知道他为什么要把调整心理状态作为新年的头等大事呢？

我用手示意他可以让自己坐得舒服些，回应道："那你就来详细说一说你的心理困扰吧。"

> **建立咨询关系：**心理咨询是一个过程，是一种关系。良好心理咨询关系的建立是心理咨询的基础，也是心理咨询的第一步。

他皱了皱眉，说："最近我脑子里比较乱。"

心理治疗中很重要的一点是将问题展开，于是我用外化问题的方式追问，说道："哦？那么脑子里冒出来，打扰你的那些念头是什么？"

他用手指贴住额头，抿着嘴说："很长一段时间以来，我有这样一个毛病，同样是一件衣服，它在商店里挂着或者穿在别人身上时我感觉很好看，但是我把它穿在自己身上就感觉不好看了。"

"噢，那你的解决方式是什么呢？"我向他投以好奇的眼光。

"所以，我就不停地买新衣服。买回来，穿两天，不喜欢了，再去买新的。"他无奈地看着我。

购物狂，目前在心理治疗中是经常遇到的，但我知道这只是一种表象行为。探究其背后的心理动机，才是解决问题的关键。其实，衣服还是原来那件衣服，只是使用它的人不同了，对衣服好坏的感觉也就发生了改变。

购物狂：指完全不假思索地购买各种生活所需的物品，如衣物、小装饰品等，该种现象较常出现于女性，男性中也有存在。

所以，不断买新衣服问题的关键，还是出在人对自我的认知评价上。

我似乎感觉到了什么，但还不是很肯定，故而用温和的语气继续问道："听你这样说，我有一个问题想问你，你爱你自己吗？"

"啊？"李晓强被我问得一头雾水。

"你喜欢你自己吗？"我又重复了一遍问题。

"喜欢呀！为什么不喜欢？"他小声嘟囔了一句。

从他细微的语气、神态中，我已感到他对回答这个问题的不自信。

我继续追问着："你最喜欢自己哪一部分？"

他眼睛一转，快速回说："生命。"

我感到他的回答过于笼统，继续问："除了生命呢？生命里的内容太多了。"

"我文化程度不高，没有太多爱好，除了爱买衣服，还有就是喜欢性生活。"他把身上的风衣整了整，坦率地回答了我。

望着坐在我对面的李晓强，在他看似大大咧咧、坦率直白的背后，我隐隐有一种感觉，在他内心深处应该有一些故事。

所以，我需要进一步贴近他，于是我沿着这个话题继续推进。

"目前你对性生活还满意吗？"我问道。

他摇摇头，直接回答："不太满意，我现在都得两次才能成功，第一次都是失败的，第二次能撑 10 多分钟，但第一次连 1 分钟都撑不到。"

"那么，你去做过身体方面的相关检查吗？"我继续询问。

他用手捏了捏眉心，回说："男科都检查过了，身体没什么大问题。就是现在血压有些高，高压都有 150 了，医生让我开始用药。最近我体力也不好，可能和血压高有关。而且，晚上我还总做噩梦。"

"都是什么样的噩梦？"我好奇地看着他。

"总是做一些警察抓小偷的梦。"他快速回到。

"在梦里谁是小偷？谁又是警察？你在干什么？"我追问。

"我是小偷，在前面跑，警察在后面追我，我很紧张的。"他回到。

为什么会做这样的梦呢？我心里暗自思忖。不等我做出回应，他马上说道：

"不过，最主要的问题还是我心里很烦，静不下来。就算是过性生活，脑子里还是想着买衣服的事儿，现在感觉自己都有心理问题。"

我接着他的话，说道："看来，买衣服这件事已经严重影响到了你的生活，连你最喜欢的性生活都变得不那么享受了。你现在需要回答我一个问题，你觉得衣服好看就买了，但当你穿上了那件衣服后，你就觉得这衣服不好看了。那我想知道，你究竟是觉得衣服不好看了？还是你这个人不好看了？"

他没有马上回答，而是沉默着，似乎在考虑如何回答我的这个问题。

"在你心里，你真的喜欢自己吗？"我再一次追问。

> **面质的作用**：使来访者看到自己的矛盾所在，从而进行深层内在反思。

"难道我不喜欢自己吗？"他歪了歪头，自言自语地反问着。

此时，心理医生往往先不给出明确答案，而是让来访者去感受自己、回望自己。

"你需要自己去感受，我只是一面镜子，让你看到发生了什么。你再来想一想，同样一件衣服，穿在别人身上好看，但是别人换做你之后，你就觉得衣服不好看。那么，你觉得发生了什么？"

他从沙发上坐了起来，眼睛望向我。然后，踌躇地、缓缓地说：

"那就是我讨厌我自己，我怀疑我自己，没有别的解释了。"

"你是说你在怀疑自己，不太能接纳自己，是吗？"我对他的表述做了进一步澄清。他默默地点头。

话题至此，我需要对他的成长过程做进一步的了解，尝试探索他强迫性购物的真正原因。

> **封闭式提问**：用"有没有""是不是""是吗？""对吗"等提问。对回答的内容有一定限制，提问时，给对方一个框架，让对方在可选的答案中进行选择。

我再次示意他让自己放松地坐着，说："你还记不记得在你小的时候，有多少人经常夸你？又有多少人经常指责你？包括你周围的家人、同学和老师。"

"指责的占70%，夸我的占30%。"他眼睛望着窗外，低声回应我。

这时，我有一个强烈的感觉，似乎这个年轻的男人有一种深层的自卑，可是原因何在呢？

我继续问道："在指责你的话语中，你印象比较深刻的是？"

"你这人很笨，什么事都干不了。"李晓强情不自禁地提高音调。

"这话谁说得比较多？或者谁说出来你感觉心里很难过？"我放慢了语速。

他抬头看了看我，说："我爸和老师。"

"嗯，都是在你心里占有重要位置的人。"我回应道。

他再次低下头，说："我小时候是在婶子家长大的，和我父母的关系不是很好。"

"你几岁回到父母身边？"我继续帮他进行自我整理。

"15岁。"他的头依然没有抬起来，好像欲言又止。

这时，他用眼神瞟了我一下，说："医生，跟您说实话，我小时候犯过错误，偷过家里的东西，还偷别人家的东西。"

深藏多年的秘密

倾听来访者生命的故事，不是去评判是与非，而是帮助他们能够真正面对自己内心的真实，一起去感受、省思与领悟。

我意识到，这是深藏于他内心里的秘密。

新的一年，他想让自己卸下心里这个沉重的包袱，希望过上轻松健康的生活。

"都偷了什么呢？"我继续问道。

他用手搓了下脸，说："偷钱，把钱偷来，然后再给别人花，就是让别人觉得我好，喜欢我。包括现在我也还是这样，总想让别人肯定我，听到别人夸奖我，但我又做不到啊！"

这时，我的脑中闪过一个念头，难道他不停买衣服的行为就是为了得到他人的肯定与赞赏？

"你最开始拿钱来换取别人的喜欢，那时你多大？"我问道。

他叹了口气，说："小学快毕业时，我爸妈白天工作都很忙，我总偷偷地拿他们的钱到学校去买东西，然后给同学花，或者到别人家去调皮捣乱。"

"在你记忆里，你偷了多少次东西？"我问。

他用眼睛扫视着房间，说："我记不清了，有无数次了，也挨了不少打，最严重的一次鼻梁都骨折了。"

"爸爸打你？"

"对。"他回答得很干脆。

我似乎能感觉到一些什么，于是，进一步追问："你拿了钱从来不会存起来，而是直接花掉了？"

"是的，那时候什么新潮我就买什么。"他回答得很迅速。

这一点也和他目前喜欢买衣服很吻合，表明李晓强在青少年期，就想通过物质消费来满足被他人关注的心理需要。

> **爱与归属的需要**：马斯洛的需要层次理论认为，个体天生就有被团体关注和接纳的需要。这是一种缺失需要，具有强大的心理能量。

我继续跟进细节事实，澄清他的问题："那么你从什么时候开始，就不再去拿别人的东西了？"

听我这样说，先前表情很自然的李晓强变得凝重起来，默默低下头，小声说道："也就是近几年吧。"他抬头看了我一眼，欲言又止。

我静静地坐在他对面，等待着他敞开自己的心扉。

他把头低得很低，好像要埋进胸口里一样，然后，小声对我说：

"医生，我不想藏心里了，都跟您说了吧！我对学习一直没什么兴趣，就在社会上混，结交了几个不三不四的人，和他们一起偷东西。"

当下，李晓强能够坦率地说出这些，是需要很大勇气的，也从一个侧面说明他已经开始信任我。同时，我也基本明白了他不断做噩梦的心理原因了。

从道德层面来讲，李晓强这种偷窃的行为是不被社会所允许的。

但是，在心理诊室中，来访者讲述这些过往，不是为了评判是非，而是在心理医生的陪伴下，开始真正面对自己的内心，对过往不良行为进行重新的审视、内省与评判，促进自我的成长，获得行为的自律。

　　我没有流露出任何负面的情绪，用平和的语气，继续问道："那段时间你是以偷钱为谋生方式吗？"

　　他的眼神有些躲闪，但依然坦率地说："是的，但我结婚以后，就一心想和老婆孩子踏踏实实过日子，就再也没有去偷了。之后，我去南方打了两年工，生活挺稳定的。最后，就是气候不适应，就回这边了。"

　　"这样啊。"我轻轻地回应。

　　他像个犯了错误的小学生一样，低头嘟囔道："说实话，之后又偷过一年，我也攒了一些钱。"

　　之后，他严肃地对我说："医生，我真的不再干那些事了。现在我做旧建材回收，特别是回收旧电缆，这个来钱更快。"

　　"目前这个工作的收入还好吗？"我没有对他的过往做任何评论，而是将关注的焦点对准当下。

　　他深深地吐了一口气说："挺好的，不用担那么大的风险。不过也有运气不好的时候，去年下半年，我就出了一次事。"

　　"出了什么事？"我追问道。

　　"我低价收了一些旧电缆，结果公安还找上门了。"他闭上眼睛，皱起了眉。

　　"你说的旧电缆，真的是别人卖给你的？还是其他来路？"我要确认。

　　虽然，我知道这个问题可能会引起李晓强的不快，但我的确在质疑，他是否像过去一样，仍有偷窃的行为。

　　果然，李晓强显得有些不悦，回道："真是别人卖给我的！我这两年都不再偷了。因为我有钱了，有了钱谁都愿意过体面的生活，我又不傻。"

　　他停顿了片刻，继续说："我的经济逐渐好了起来，可是不知道是什么原因，这两年让我快乐的事不多，让我自卑的事很多。以前我没觉得这是毛病，但近两年我的血压都不正常了，心里烦得厉害，经常头痛，睡不好觉，医生说这可能是心理问题引起的，我就来看一看。"

　　经过前面的谈话，我感到和李晓强的咨询关系已经初步建立，能够感到他是渴望自我改变的。

想过正常的生活

心理治疗的过程不是算命，也不是玄学，而是唤醒来访者独立的自我意识，激活他们内在的心理动力，为自己的生活负起责任来。

接下来，我要确定具体的咨询目标。

我问道："如果我们要为治疗找一个方向，你最希望在哪些方面做出改变？"

他沉默了一会儿，似乎思考着什么，然后目光投向我，说道：

"我想能过一个正常人的生活！可以不再看见别人穿什么好看我就去买，买回来自己穿上又不满意。一旦心静了，也许我的血压就正常了。我还想把自卑也去掉，我感觉我所有问题的根源都是自卑。现在，我想把小时候的事再跟您说一说，然后您给我一个治疗的方法。"

当来访者急于向心理医生索要方法时，往往代表他渴望有个快速的捷径。但真正的心理治疗是一个人内在的行为、动机和**认知发生改变**，是一个逐步推进的过程，如果急于给出方案，容易使来访者产生心理依赖，导致责任转移，缺少了觉察省思的过程，不利于来访者的心理成长。

> **行为改变的责任：**存在主义心理治疗十分重视责任的概念，强调使来访者看到，是自己的选择构建了自己的世界，因此改变的主体在于自己，来访者自己做出的决定和想到的解决问题的方法更容易转化为改变的动力。

此时，我需要让他对心理治疗目标有一个清晰的认识。

于是，我放慢语速，一字一句说道："当下，我还没有现成的方法。因为你的所思所想和内心感受，完全是在你自己的内部世界完成的。心理医生存在的意义是，帮助你尝试审视自己的内心，发现自己真实的心理需要，并用成年人的方式去满足这些需要。因为，你才是解决问题的主体。"

"哦？我以前认为，心理医生应该能看出我是怎么想的，然后就告诉我方法就行了。"李晓强讪讪地说。

他的反应体现着不少人对心理学的误解，即认为心理医生可以一眼看穿他人的想法。但心理医生并不能凭空掐算，而是需要一定的方法技术来了解问题的来龙去脉。

要想取得好的治疗效果，首先要让来访者对心理咨询与治疗的过程有一定的了解。

我解释说："临床心理治疗的过程不是算命，也不是玄学。心理医生的工作，是通过对具体问题的觉察、澄清和梳理，帮助来访者去发现心理问题形成的原因，并采用相应的技术方法解决问题的过程。"

李晓强一边点着头，一边说道："医生说得对，可是我心里急啊，真的没有一个现成的方法可以直接给我吗？"

> **玄学：**李晋时期出现的一种以《老子》为研究核心的哲学思潮。在近代泛指一切研究不可知本体的学说。

我意识到，他把自己改变的希望寄托于心理医生。在此，我需要唤醒他独立的自我意识，激活他内在的心理动力，让他为自己想要的生活负起责任来。

于是，我再次强调心理咨询中他的主体地位，说：

"就像你在前面告诉我的，你希望过一个正常人的生活，也就是靠自己的能力和力量去让自己很有尊严地活着，而不是我将某一个现成的想法植入到你的内心。也就是说，你自己开始向内看，慢慢追问自己，怎样的活法才能让自己获得一个正常人的生活？"

"嗯，您说的有道理，也的确是这样的。"李晓强逐渐接受了我的解释。

看到他已有所领悟，咨询到了要向前推进的时候了。

于是，我微笑着说："现在，你需要为自己做出一个决定，如何才能成为你想要的那个自己？另外，你是否愿意为此而付出努力？如果你能做出肯定的选择，我愿意陪你走这一程，因为改变自己要从认识和了解自己开始。你想明白了这些，我们才能从中找到一个方向，我再和你一起去找办法做出改变。但所有的历程都是由你选择和决定的。"

> **选择的重要性：**存在主义心理治疗认为，自由必定与责任相生相伴。自由意味着主动的选择，是个体选择的，不是他人强加的，所以个体要为一切结果承担责任。

李晓强整了整领子，目光坚定地说：

"我明白了，要改变的是我。我可以拍着胸脯告诉您，我已经下定决心了，我在这个泥潭里已经很难受了，我一定要改变！"

我点点头，说："你能够下定决心改变自己，愿意为此付出，这是非常难得的。今天，我已经了解了你的主要问题，但只靠诊室的时间是远远不够的，回去后需要你做一个功课，对自己的心路历程再做一次梳理。"

"能告诉我怎么做吗？"他端坐起来。

"你可以不断地问自己，你喜欢的自己是一个怎样的人？结合你的现在，你怎么做才能接受现在的生活。如果现在的生活不富裕，甚至是贫穷，是否可以接受物质拮据。比如，是否以后再也不动拿别人东西的念头了。就如你前面告诉我的，你现在也会经常梦到自己是小偷，警察在后面抓你。这说明在你内心深处，拿别人东西的欲望会让你心虚不安。另外，如果你需要梳理的东西比较多，可以拿笔记下来。"我说。

李晓强很配合，点头回应。

我给出了建议，说道："为了达成你想改变的目的，你要改变现有的某些行为模式。如，改变花钱的行为模式，从减少支出、增加储备开始。举个例子来说，这个月少花 300 元，下个月少花 400 元，把钱积攒下来，让自己心安。如果你总是看见别人的衣服好看就买，穿在自己身上又不满意，再去买新的，你赚的钱永远都不够花！现在，你是否可以在我的见证下，和自己定个行为契约，如果有想买两件衣服的欲望，那你就在其中选一件，把另一件衣服的钱攒起来，给自己一个时间上的缓冲，这在心理学上叫'延迟满足'。这是你改变的第一步。"

"好的，如果您觉得这是我改变的开始，我想要去试一试。"李晓强一边答应着，一边用笔记下来。

看着他在纸上滑动的笔，我感觉到他是认真的。

我需要在此做出进一步的阐释，这一直是他的一个纠结点。

于是，我继续说："钱是每个人都需要的，在你赚钱不多的时候，若你还有积蓄，就有可能真正放弃那些小偷小摸的想法，让自己有尊严的活着。偷偷地把别人的东西据为己有，让你感到自己是一个不好的人，也许白天会感觉不到，但夜深人静时，你心里不踏实，紧张恐惧的感觉就清晰地浮现出来。甚至，警察也会反复出现在你的梦里，它是提醒你要做改变了。"

"哦，难怪我总会做这样的梦，而且在梦里我总是那个小偷，我从来都没有当过警察。"李晓强若有所思地回应道。

我没有停下来，继续拓展着这个核心的话题，说：

"我有这样的感受，有些人可能并不富裕，但在生活中我们却很尊敬他和喜爱他，因为他的精神很富有，行为很自律，恪守人之间的界限。但是，当你想要打破这个界限，把别人的东西占为己有时，你深层意识里觉得自己是个坏人，自己的行为也很不体面。此时，你想用漂亮的衣服装扮自己，希望在别人眼里是个体面的好人，你认为呢？"

> 补偿：指个人因心身某个方面有缺陷不能达到某种目标时，有意识地采取其他能够获取成功的活动来代偿某种能力缺陷而造成的自卑感。

"有道理，我总是心里不踏实，也总想把自己打扮得漂亮一些，还控制不住地想买新衣服。"他点着头，小声地应了一句。

"所以说，你的内心并不宁静，你的血压为什么高？因为你的内心是冲突的，情绪的紊乱影响到了心血管系统，这就在身体上反应了出来。但是，我对你希望改变自己还是欣赏的，难得的是你把自己带到了这里，坐在了我的面前。我要谢谢你，可以把心中的担心说出来。"

李晓强有些不好意思，笑着回说："好像我也能感觉到当我紧张的时候，身体就会不舒服，血压也会升高，原来这和我的心情有关系。"

此时，他需要来自我的心里支持，于是说道："从你穿着风衣进到诊室，我就看到了一个挺拔的男人。如果你能让自己内在的世界和谐起来，那就是由内而外的美，你也会因这些变化而感到踏实。今天时间到了，你回家后可以把自己的感悟写下来。"

看着李晓强默默走出诊室的身影，我不禁感叹道：难以解脱的过去，把一个堂堂七尺男儿折磨成了如此模样，他现在最需要的就是平复内心的冲突，重新建立完整的自我认知，进而达成行为上的改变。

心理咨询是一个循序渐进的过程。今天，他的内心已受到扰动，这是一个不错的开始。期待着下一次和他见面。

"两个我"的分离

心理治疗不是我拿一把钥匙开你的锁，而是在我们共同的探索中，你自己看到内心的真实存在，最后找到那一把适合开启你心灵之锁的钥匙。

一周后，李晓强再一次来到诊室。他穿着一件浅灰色的呢子大衣，配上一条黑色休闲裤，整个人看起来精神了不少。

"回去后，你对自己的问题梳理得怎么样？"我追踪着上次留给他的家庭作业。

他挠了挠头，说："我梳理了一下，感到内心深处对自己的确不是很认同。"

我点点头，继续问道："购物方面呢？最近买新衣服了吗？"

"买了一双鞋，一件衬衫。"李晓强的脸有些红。

结合上次的心理咨询，我已意识到反复购物的行为，并没有满足李晓强自我认同的需求。我需要进一步探索他内心更深层的冲突，发现隐藏在冰山下的潜意识内容。

> 家庭作业：心理医生为了巩固治疗效果，促进来访者对心理咨询技术的掌握，并把这些心理技术自觉应用到现实生活中，促进心理问题的解决和个人的心理成长，要求来访者在离开心理咨询后，在现实生活中去完成的心理咨询性质的任务。

我问他："买衣服带给你的感觉是什么？"

他说道："我觉得特别开心。"

"这不止是你的体验，很多人也都有这样的感觉。"我很自然地说道。

"每个人都有对物质的欲望。记得，上次我问什么让你感觉快乐？你回答说：是性生活和买东西。这些都是人性里最原始的欲望，以满足而快乐。但是，欲望是无尽头的！新的欲望会不断地涌出。其实，人还有心灵与精神，除了物质层面需要，还有精神的愉悦，心灵的畅快，比如听喜欢的歌曲，看美丽的景色，来自他人的喜爱、信任与尊重，它满足了你精神需要。这些东西，也能带给人很享受、很快乐的感觉。"我继续说。

"精神的享受？我好像从来都没想过这些事情。"

李晓强眨了眨眼睛，又继续往下说：

"我感觉自己有双面性，平时给人感觉是大大咧咧，但其实内心不是这样的。比如别人问我口渴吗？我都会说：不渴。但当我一个人的时候，就会大口喝下去。另外，哪怕我心里很在乎那个东西，但只要有人在，我嘴上都会说'没事，我不在乎'！"

我感觉到了他当下的真诚，也知道改变的不容易，回道：

"你今天能把这些心里想的说出来，就很不简单呢。"

"我总害怕别人瞧不起我。稍微做出一点成绩，我就去炫耀，我急切需要别人的表扬和肯定。"他似乎沉浸在回忆里，继续说。

"是的，这说明你需要被人看见。"我继续说："你的动机是想让别人赞美你，想让别人看见你和肯定你。我好奇的是，这会给你带来什么样的感受？"

他看着我，皱着眉说："我感觉它带给我的都是烦恼。"

烦恼，是他的真实感受。

于是，我要让他继续向内看，将探索引入内心深处。

"能详细说一说这种烦恼带给你的感觉吗？"我继续探索李晓强内在的心理活动。

他疑惑地看着我，语速很快地，回问："有很多方面呢，我不知道具体是指什么？"

"现在，顺着我的思路去思考，你内心希望别人能看到你和肯定你，这是一个真实的存在。你每天和这样的自己相处，它会给你的生活带来怎样的影响？"

他吐了一大口气，好似发泄着心中的愤懑，说道："也就是在炫耀的那一刻挺高兴的。但是过后又会想自己是不是太招摇了，觉得自己太孩子气，这种感觉很痛苦。我都到而立之年了，还总有这种小孩子的想法。但自己又控制不了这种念头，所以有一种愧疚，也有一种丢人的感觉。"

当来访者心中产生矛盾想法的时候，采用叙事的外化技术往往能够帮助来访者将问题和个体拉开距离，梳理烦乱的思绪。

于是，我决定采用**具象化**的技术，将冲突的两部分呈现出来，并且找到方法去整合它们。

> **具象化：**将抽象的概念以生动的形象进行隐喻，使来访者更易理解其中的内涵。

"也许在你心里有两个不同的自己，一个是有点孩子气的你，我们叫它小李，它希望炫耀自己，被别人看见；另一个是成人的你，是理性的你，我们叫它大李，它认为不该炫耀，这样做是丢人的。这两个你都是真实的，它们都是你生命里的存在。"我对他说道。

"哦？原来还可以这样理解。"李晓强有些兴奋，恍然大悟地说。

看到李晓强似乎有所感悟，我继续说：

"接下来，顺着我的思路往下想。那个孩子式的你、情绪化的你，想要被别人看见，有什么问题吗？"

"没有问题！"他摇摇头，坚定地说。

接下来，我需要帮助他了解来自内心深层的冲突，尝试让他感受情绪和理性之间的角力和博弈。

这是心理治疗中最为关键的一环，即对问题重新释义，帮助他澄清问题，探索自我冲突的根源，最后达成自我和解。

于是，我对他说："我们现在来想一想，大李和小李能不能改变一种相处的方式呢？之前大李采用的方式，是批评、骂它和看不起它，嘲笑小李浮夸炫耀。如果大李总是这样责怪批评小李，小李会出现什么反应呢？"

"它会反抗吧！"他回应得很快，但表情有些凝重。

我点点头，说："是的，它一定会反抗。小李会感到不服气，它会说：'我就是想让别人看见我的好，我有什么错？'它因为觉得自己没有错，所以还会重复那样去做。然后大李再去狠狠地责备它，大李和小李之间冲突的循环就开始了。"

李晓强叹了口气，说："对，就是这样的！已经好多年了，情绪也时好时坏，有时还睡不着觉。"

我抓住时机，说道："如果今天的你想要终止这个循环，不想在自己的心里打仗了，你觉得应该由谁来做出改变？"

他没有犹豫，很快给出答案，说："应该是大李。"

此时，他已经接纳了改变的主体是自己。接下来我将采用**角色扮演**技术，让他进入自己的深层内心，帮助他完成内心冲突的整合与纾解。

> **角色扮演**：是一种综合性、创造性的互动活动，人们通过进行角色扮演活动，可以分享和感知经验与心得。

"好，现在假设你是大李，当小李的诉求出来了，你要怎么和它说话，它就顺从不闹腾了？"我继续说。

他沉默了一会儿，我静静地等待着，看着他紧锁的眉头。

"小李，这不是你的错。"他用缓慢地语速，一字一句地说。

"它怎么没有错？请你具体说一说，你觉得它哪个地方没有错？"

为了将"大李"和"小李"之间的对话具体化，加深内涵的理解，我有意进一步问。

他急切地回应，道："小李，你的要求是真实的。"

我需要扮演"小李"的角色，让对话进行下去。

我说："小李这时会说：'我就是希望我的好被别人看到，我的辛苦也被别人看到。大李，那你怎么看我啊？你会觉得我不顺眼吗？'"

"小李，你有些时候很不理性。"他回应。

我意识到，李小强进入了"大李"的角色，眉头依然皱得很紧。

听到李晓强这样说，我意识到他还无法与"情绪我"和谐相处，我需要在此处停留，帮助他在旧有的行为模式中，建构出一种新的、更恰当的方法，这才是心理学助人自助的核心所在。

为了引发他的另一角度思考，我刻意加重了语气，说：

"其实，今天的你已经做了一个决定——大李不再去一次次重复它原来的做法，它希望找到一个新的解决问题的模式。之前，它对小李贬损和批评的模式已经驾轻就熟，现在它需要开辟另外一条路，这条路可能从未走过，但却是一条与自我冲突和解的路。"

我能感觉到坐在我对面的李晓强，眼神里似乎流露出一些不解。

于是，我放慢了语速，对他内心的"两个我"做进一步的阐释和解读，说道："那个大李就是理性的你，它是内化了的父母权威，象征你在道德层面的要求，在心理学上称为'超我'。小李是本能的你，它表达的是欲望情绪层面的需求，在心理学上称为'本我'。具体到你的身上，大李扮演着你曾经父母的角色，对待小李的方法是贬损和惩罚。但是小李不顺从、不服气，所以'两个你'就在心里摆开了战场。"

"哦，从前我只感到心烦，原来这里面还有这么多道理啊。"他若有所思地点点头。

"你需要先接纳小李，它是你真实存在的一部分。小李希望被看见，也不想成为所有人都讨厌的人，它不是一个坏家伙，它只是敏感顽皮。但是，一旦它被大李视为一个劣等的……"我说。

不等我说完，李晓强迫不及待地插话，说道："您这么一分析，我有些明白了，应该是我一直在排斥自己内心的某个地方，但它又是真实存在的，是我心里的一部分，所以就打架了。"

听到他这样反馈，我感到他已经体察到了内在情绪冲突的来源，不再以批判的眼光将内心简单地分为黑白两个世界，也意识到采用"战争"的方式不能解决问题。

我要将他的这种感觉抓住并且进行深化。

于是，我微笑着点点头，说："你的领悟非常难得。上次你向我要治疗方案，我说我这里没有现成的方案，是因为心理治疗不是我拿一把钥匙开你的锁，而是在我们共同的探索中，你自己看到内心的真实存在，最后找到那把适合开启你心灵之锁的钥匙。"

"解铃还须系铃人。"他笑着插话道，并示意我继续。

"在你小的时候，父母曾严厉对待你，现在父母老去，而你长大了。小时候的你没有办法主宰自己的人生，现在你已经是一个独立的男人了，只有你能为自己做出决定，终止'父母'和'孩子'之间的战争。因为你知道，这样打下去，你的内心将很难安稳。小李想要被别人关注，所以它不闹腾的话就感到会被你遗忘，所以几乎天天都会跑出来，提一些诉求。"我说。

"原来，老想买衣服是小李想被关注的一种方式。"他自言自语，若有所思。

他这样回应，显然他已经意识到了内在自我的存在，也意识到自我的某一部分需要被关注、被接纳、被肯定的深层渴望。

我需要在这个地方做个解释，帮助他理解内在渴望与外在行为之间的关系。

"是的。如果你能看到这个孩子，关注到它，而不再用打压贬损的方式，也许这个孩子就不需要这个'仪式行为'，比如反复买新衣服去证明它的存在了。"我说。

李晓强的眼睛忽然一亮，恍然大悟地说："那就是我需要完全接受我自己，包括小李和大李。"

为了强化他的自我觉察和理性认知，我继续帮助他做角色扮演的练习，让他和自己的内心沟通对话。

"如果现在小李有想被关注的诉求，你试着对它说几句话。"我说道。

他静静地想了想，说："小李，我接受你的存在，你也是我本性的一部分，别人爱怎么看就怎么看吧，我接受你就行了。"

我肯定地说："你这样的话语一出来，小李感觉被你看见了。你可以对小李说：'你想证明自己的存在，这个信息我接收到了，这种要求不是一个错误。'"

他一边点点头，一边似乎在心里默默地背诵着什么。

这种情况在我的诊室里并不奇怪，当来访者开始接受这些治疗性语言的时候，他们就会主动地投入到体验和学习中。

接下来，我要在他自我觉察的基础上给予一些自我改变的探索性尝试。

我继续说："觉察了小李的诉求后，你可以对小李说：'你的需要我都了解了，但我要用成人的方式去表达。'"

"成人式的表达？您具体地说一说，我想把它记下来。"

李晓强认真地看着我，急切地说。

我笑了笑，说："这个问题正是我接下来要说的。成人往往是有计划的、有安排的。大李可以对小李说：'你想买衣服，我知道了，我已经都有安排了。下个月我就会去买，我都考虑好了。'小李每次来提要求，你都告诉它你是有计划的，而不是一口回绝它或者马上满足它。"

李晓强不好意思地笑了笑："原来可以这样做。"

"其实，情绪只是一个信使，当它想表达的信息被你接收后，它就完成了使命，会走掉。情绪有时也像个孩子，当孩子说：'妈妈，我想买新衣服。'妈妈说：'过年给你买。'孩子高高兴兴地就走了。但如果孩子想要新衣服，妈妈说'走开！没有新衣服！'这样一来，那孩子就会反复不断地索要。"我说。

李晓强冲我微笑着说："您比喻得真形象。"

"你给情绪一个安抚，它就停止了。但你别骗这个孩子，当小李反复要求你买新衣服时，你说：'我已经有安排了，过两个月就买一件新的。'

小李听了以后就安心了。这样，就可以把短时间、频繁性的购衣行为，逐步改变为在季节变换时买。"我接着说。

"对于处理情绪，第一是承接，第二是给出口，第三是用成人化的方式去表达。情绪传递出的信息你要先接纳，然后在心里面与它对话沟通，然后，用理性思考去行动。"我说。

李晓强的面部表情彻底放松下来，嘴角溢出一丝微笑，说道：

"我明白了。一旦这个念头冒出来以后，我要先接纳下来，然后再与这个念头对话，告知它我的安排，当然这是我思考后的安排。我回去一定试试。"

"你已理解我讲的方法了，回去后试着把它迁移到你的现实生活中。"

"好的，我会按照您说的去做。"他点着头回应了我。

我知道，心理咨询和来访者的心理成长需要一个过程。接下来，我要从多方面激发他改变的动力，这是心理咨询过程中最关键的一环。

平衡心海的欲望

如果只过度地满足欲望而忽略了生命本身，那似乎也是一种更深的生存遗憾。

两周后，李晓强第三次来到诊室。

他是今天走进心理诊室的第一个来访者，如此积极主动的行为，可以看出他想通过心理咨询改变自我的愿望。

落座后，他主动向我致谢，说："这两周以来，我已经控制住自己买衣服的行为了。很感谢您！"

我回应道："这很难得，我想知道你是如何控制自己不买新衣服的？"

他微笑着说："回去后整理了一下和您交流的内容，做了一个行动计划，按照您说的方法和我的内心进行对话，感觉理性了很多，买衣服的愿望没有那么强烈了。不过我感到自己还是有自卑，我怎么做才能不自卑呢？"

我没有直接回答这个问题，而是反问道：

"你自己觉得呢？你应该是最了解自己的人啊。"

"通过几次咨询，我大概了解自己是一个怎样的人。但是我如何才能摆脱这种自卑，我希望您能给我一个快速见效的方法。"

依赖：指在心理咨询中来访者把成长和改变的责任转移给心理医生。

他再次直接索要治疗方案的请求，让我意识到他依然急于求成。看来，此时我需要推他一把，帮助他再一次回归治疗的主体，向内审视自己，寻找问题解决的途径。

我回应说："就像我第一次所说的，我这里没有现成的方案可以给你。你才是生命的主人，我无权做安排和决定。对于你自己内心出现的冲突，比如自卑，你试着去感受它，体会这个感觉是怎么来的，它怎么影响你，又如何可以调整它？我希望你能够贴近自己，感受自己，我们一起来尝试破这个题。"

李晓强面露难色，皱了皱眉，说："说实话，现在每天我都有一种很慌的感觉。"

看到他如此痛苦，我把语气缓和下来，试着去解读，说道：

"在此之前，你反复去买新衣服，这往往是因为内心有一种不踏实的感觉。如果每天你做的都是让自己心安而有意义的事情，你的心里就会踏实。你试着继续向内心审视，看看能让自己不慌、静下来的东西是什么？"

他将身体向前倾了倾，认真地思考着。

也许他并没有意识到，现在的他已经在改变的过程中了。我要将这些反馈给他，增加他疗愈自我的信心。

于是，我继续说道："相比之前的你现在你已经有了改变。比如，用理性的方法改变了自己反复买衣服的行为，这是很不容易的，不是每一个人都能够做到的。"

"是吗？我在改变吗？第一次有人这样肯定我，看到我的不容易，我……"李晓强说到这儿，有些语塞。

内心自卑的他，听到心理医生的赞许一定百感交集，但我知道这种触动是宝贵的，将会带给他更多发现自己和丰盈自己的力量。

我需要趁热打铁，于是接着说：

"除此之外，现在你每天做点什么，怎样生活才能让你自己内心安宁，这是你要去感受的，因为它对你的身体健康是非常重要的。记得上次你说，生命对你来说是最宝贵的，那你就要好好疼惜它啊。"

> **积极反馈**：对于来访者出现的适应性行为改变给予积极的反馈，可以增加和保持这样的行为，并提升疗愈的信心。

说到这儿，李晓强满脸愁容，说："唉，血压一直下不来。"

我点点头说："其实，你的身心是一个整体，如果你能把心静下来，情绪稳定下来，身体功能也就能渐渐恢复了，这是一个因果效应。"

李晓强用手托腮，微微低下头思索着。

他内心的不静一定还有现实原因，我要等待他做出自我整理。

此时，我默默地翻看着他的心理咨询记录，等着他先开口。

突然，他用手拍了一下腿，说："我想起来了，是不是还是和我做的工作有关？我现在细细想来，我的工作还是有风险的，有时候也会出事。就拿去年来说，本来我挣了不少钱，后来，又把辛苦挣来的钱搭进去了不少。"

这正是当前困扰他的核心问题。他的精神焦虑、躯体症状都可能与此有关。所以，从事一项稳定的工作，将是接下来改善他身心问题的重点。

> **职业影响**：职业对个体人生有着一定的影响，尤其是对家人和朋友也都有着一定的影响。而一个人从事的职业不同，也会对一个人的情绪、行为及思想产生一定的影响。

我尝试地问道："如果现在的工作让你焦虑，那你能不能做一份比较稳定的工作？比如，收入比较稳定，你又力所能及，又在法律允许的范围之内。这样对你的情绪和身体都有好处。"

他摆了摆手，说："我自己能力不强，不敢走出自己熟悉的地方。有时候也有去尝试的想法，但又始终不敢迈步。而且，说实话，我还是有点舍不得现在的这个行业。虽然有风险，但是报酬真的很高。"

看到他迷茫的眼神中略带一丝无助，显然我需要帮助他做进一步的澄清。

"尽管你说舍不得这个行业，但我还是能发现，在冒着触犯法律的风险中，你常常内心不安、紧张和害怕。而且这种状况持续多年了，身体上已经有了功能紊乱的症状，比如你的心慌、血压高和失眠。"我说道。

"您说得对，我在做这份工作时，是提心吊胆的。有些废旧材料的确来历不明，但利润很大。"他用手搓了搓脸，心情沉重地说。

他回答的很真实，也越来越贴近自己的内心，这为下面的心理治疗提供了契机。

下面需要我跟进，挖掘他深层的心理动力，促进在认知行为层面的改变。

我加重了语气，缓缓地说道："你还很年轻，你的职业人生还很长。你虽然没有详细告知我你所从事的职业，但是我能感觉出你的行业可能存在法律风险，有时还要被警察追究和查证，甚至可能因为越过法律的界限而受审。"

说到这儿，我有意识地停顿了一下，给他时间思考我的话。

"我想要问你一个问题，你认为以这样的职业来谋生是安心的吗？是稳定的吗？是能养家的吗？"我继续说。

李晓强似乎依然沉浸在思考之中，轻声回应道："从来没有人问过我这些问题，我是要好好想一想。"

听到他的回应，我感觉到他的内心已经有所触动，自我探索的动力有所增加。

"你现在正处于一个选择的十字路口，也许决定你未来十年、二十年的人生。当然，从存在主义心理学的角度来说，如果此时你不做选择，它本身也是一种选择。所以，这个时候你需要审慎地倾听来自你内心的声音，找到自我行动的方向。"为了鼓励他直面问题，我继续说道。

李晓强忍不住说道："嗯，您说得对，就是因为我现在处于十字路口，所以才会特别地纠结和烦恼。"

我认同地点点头，说："这是一个很困难但又很重要的问题，需要你用一点时间来思考，做出决定和选择，甚至需要和家人商量。另外，你还可以上网先做一个信息的搜索，了解什么样的职业适合自己，这对所有求职的人来说都是一件不容易的事情。"

李晓强也点点头，认真地回应道："好的，我要好好想一想，也听听别人的意见。"

我说："另外，你还需要考虑的是，工作能够给我们带来收入是一方面，另一方面，你所从事的工作也是给孩子提供的一个榜样。你说过有个孩子，对吧？"

> **动机面询的理论假设**：此处运用动机面询的原理，即人们自己找出理由说服自己去改变，效果往往好于别人给予他的理由。子女作为重要他人，往往是来访者改变的强大动力。

"对，有一个儿子。他很聪明，也很可爱。"提到儿子时，李晓强露出了难掩的笑容。

我顺着话题说道："你想过没有，如果从现在开始，你做一份比较稳定的工作，对你儿子又意味着什么？"

他低下了头，长叹了一口气，说："我也想过这个问题，如果我儿子长大了，知道了我以前和现在的有些境况，他也会瞧不起我的，这也是我想改变的一个原因。"

作为心理医生，我感到了情感的力量，一个父亲在谈到孩子时变得如此的柔软，也许这将成为他改变自己的精神支撑。

我还要让他看到工作状态的改变，不仅仅是为了家人，更是他自身生存和健康的迫切需要。

"从你身心紊乱的表现中能看到，近两年提心吊胆的工作状态，已经严重影响了你的身体健康，从头晕失眠、心慌不安，逐步发展到血压升高。所以，现在就需要你做一个长期的考虑，来协调你的生活状态。"我接着说。

他一边点头，一边回应道："是的，这几年我也感觉身体越来越不好，特别是血压一直高于正常值，这些都是促使我来接受心理治疗的重要原因。我也想过要调换一个稳定的工作，只是其他行业挣钱都太少太慢。"

> **心身疾病**：是一组发生发展与心理社会因素密切相关，但以躯体症状表现为主的疾病，主要特点包括：①心理社会因素在疾病的发生与发展过程中起重要作用；②表现为躯体症状，有器质性病理改变或已知的病理生理过程；③不属于躯体形式障碍。

我意识到多挣快钱依然是他的一个问题结点，因此需要在这里做一个阐释。

"我们每个人都有多挣钱的欲望，这很正常。但现在身体出了问题，你需要在挣钱和踏实之间做出一个选择。如果只过度地满足欲望而忽略了生命本身，那似乎也是一种遗憾。"我一字一句地说道。

　　"试想一下，假如你从事一种稳定的工作，心里不慌了，晚上睡觉踏实了，也就不会有警察抓小偷的噩梦了。也许，你的心慌、紧张和失眠，正是用身体语言在提醒你，似乎应该去做一些能够让自己心安的事情。"我顿了顿，继续说。

　　李晓强沉默了许久，然后抬起头，看着我说："是啊，我应该让我和家人过上一种踏实的日子了，不能再做一些提心吊胆的工作了。"

　　由此看来，那份让他纠结的工作，的确影响到他的心身健康和生活稳定，我有必要在他内省领悟的基础上，促使他做出有利于自身生存与发展的决定。

　　我接着说："在心理咨询的过程中，我一直在感受你，你是个勤奋的男人，你愿意付出。但也有内心弱小的时候，那时你就不相信自己了，一份踏实的工作对你是重要的，规律而稳定的生活也会很好地滋养你的身体。"

　　"你说我是一个勤奋的人，我很高兴，我也这么认为。"李晓强忍不住笑了。

　　我继续说："当你的勤奋可以带来稳定的报酬的时候，你的心里就不再那样烦乱了；当你开始认同自己是一个好人，不再触碰到法律的边缘，你的内心就开始变得更加平静了。慢慢地你会与自己和解，喜欢那上个勤奋、踏实和有力量的你。"

　　"跟您交流到这里，我觉得好像是到了要换一份工作的时候了，我真的需要给自己一个机会，让自己有所改变。"李晓强郑重其事地说道。

　　看到他终于下定决心，希望给自己一个踏实的生活，我感到欣慰。

　　我放慢了语速，继续说："你内心所有的不安都在提醒你，你要去帮助自己。当你拥有了一份踏实的工作，你作为父亲和男人的角色才能被你真正认同，自己会有被尊重的感觉。而这些，别人都无法给你，因为它是从心里中生发出来的。"

　　李晓强露出释怀的微笑，说："以前我从来没这样分析过自己，现在我想要去找一份踏实的工作，做一个让我自己心里认可的人。"

　　我故意用反问的语气说道："这是在告诉我你的决定吗？"

　　"是的，这是我的决定。"他认真地回应道。

　　我知道来访者的每一个改变都是很困难的，在认知上的接纳只是第一步，但行为的改变才刚开始。

又到了要说再见的时候，我用坚定的语气对他说："我相信你会为自己和家人去改变，尽管它不容易，但我相信你。"

"好的，谢谢您。"他笑着说。

"你更应该感谢你自己，你一直都在为自己的改变做着努力。"

作为心理医生，我一直秉持的理念是，我们只是陪伴者、见证者与反馈者，来访者才是自己生命的主人。

为此，我相信他的选择，更要感谢他的付出。

再一次得到李晓强的消息已是半年之后。

他已经和家人搬回老家居住，和妻子在当地开了一家小便利店。

 结束语

　　　心理咨询与治疗，不是我拿一把钥匙开你心里的这把锁，而是我们在不断的追问与探索之中，让你看到了内心真实的存在，自己找到了那把开启你心灵之锁的钥匙。

第一杯咖啡：如何透过心理防御发现内在自我

心理医生要作一面镜子，帮助个体看到防御机制背后的真实自我。

掩饰是潜意识层面的一种心理防御机制，它可以掩盖、遮蔽自己的缺点和弱小，不让他人发现，行为背后的动机是获得他人的肯定与认同评价。但是，因为心理防御是在意识下完成的，个体在意识层面无法觉知，说不清自己这种行为的原因，甚至也意识不到这是一种掩饰行为。

心理医生需要作一面镜子，帮助来访者看到冰山下的真实自我，将潜意识的内容意识化，促使来访者获得更深层领悟和成长。

本案例中，李晓强的主诉是不停地买衣服。原本觉得好看的衣服，一买回来穿到自己身上就觉得不好看了，于是不断重复购买的行为。从表面上看，这是一个强迫性购物的行为问题，可以从行为矫治的层面入手。但是心理医生并未止于此，而是继续向李晓强的内心深层挖掘，探索问题的成因。在李晓强买衣服的强烈欲望背后，似乎隐藏了内心对自我的否定与低评价，心理医生用"你爱你自己吗？"这种直接切入的问话，引导其对内在深层冲突进行觉察、澄清和省思。

另外，心理医生发现李晓强频繁购买衣服背后还隐藏着深层的自卑。在进一步探索心理根源后发现，他在少年时期曾有过偷窃行为。所以，在潜意识的作用下，他通过不断购买新衣服的方式装扮自己，但让他困惑的是，这样做了却依然无法满足自己的内心，更无法缓解他内心的压抑与惶恐。当找到这一重要的心理问题节点后，接下来的心理咨询就围绕着重建李晓强的自我认同、情绪管理与潜意识的意识化逐步展开。

☕ 第二杯咖啡：如何采用拟人技术外化问题

人际交流中，生动的语言和具象化的隐喻，更容易被来访者所理解和接受。

外化和具象化是叙事疗法中的重要技术。它摆脱了传统上将人看作为问题的治疗观念，透过"故事叙说""问题外化""由薄到厚"等方法，使人变得更自主、更有动力。另外，外化可以把人和问题拉开一定距离，具象化可以将抽象的概念形象化。如果将两种技术联合使用，有助于把内心不易捕捉的混沌感觉，转变为具体的、生动的和可操作的问题理解，促使来访者将诊室中的领悟延伸到现实生活。

通过澄清与探索，心理医生发现来访者李晓强的内心充满冲突，其核心是理性化的想法与情绪化的需求之间。相比单纯进行理论性的解释，采用生动的语言和具象化的隐喻，更容易被李晓强感悟、内化和转化。

本案例中，李晓强对自我的心理冲突十分苦恼，却无法解决：一方面不断买新衣服，让别人羡慕自己，靠满足欲望提升自尊；另一方面，感到这样做很幼稚，不是成年人解决问题的方式。心理医生将这两种想法比喻为感性的"小李"和理性的"大李"。此前，每当"小李"和"大李"冲突打架的时候，他都出现焦虑失眠，而现在他能分辨出，这是理性与感性在不同层面表达各自诉求，并没有绝对的对与错，于是内心挣扎得到了缓和。

在日常生活中，对于情绪冲突的管理，可以先从觉察情绪入手，其次到审视自我心理感受，再到适度承接与平衡需要，最后是理性的介入引导。

犹如在本案例中，来访者解决自我内在情绪冲突时，在理解的前提下，对情绪给予了适度承接，最后的结果是，矛盾冲突后的焦虑情绪缓解了，购买新衣服的念头和行为也随之显著减少。

第 *8* 篇
怀疑恐惧，我究竟得了什么病

人物独白：我一直处于焦虑之中，总怀疑自己得了什么病。我看了很多医生，也做了很多检查，但什么病也没有发现。可我还是感觉心慌、焦躁不安，夜晚睡不踏实。直到有一天，我终于明白自己发生了什么……

◆恐惧情绪，像是一个"黑洞"，很容易让人一直深陷其中找不到出口，令人无助而迷失。然而，人若想要从这个"黑洞"里跳出来，也不是那么简单的，而是要用审视、探寻和智慧找到它的出口。

我的身体，得了什么病

人内心过度的不安恐惧，常常发生在对某个事件过分主观化的认知评价后，这是一种主观臆断与灾难化的认知过程。

　　四月，柳絮纷飞。心理诊室的门被推开了，一位年轻的女大学生走了进来。

　　她主动向我打了一声招呼，把咨询登记表递给了我，安静地坐了下来。我迅速打量着这个名叫王诗慧的女孩。

　　戴着琥珀塑框眼镜的她，看起来颇为文静，披肩的长发虽是随意一搭，却显得恰到好处，十分自然，很容易给人留下很好的印象。

　　只不过，我仍透过她的镜片，从她眼眸深处捕捉到了一丝难以掩饰的焦虑和担忧。

　　"想跟我说一说你有什么困扰吗？"我问道。

　　"我总是感到心慌、焦躁不安、睡不着觉。还有，我已经看过很多医生，做过很多检查了，都找不出问题来。医生，我今天好不容易挂上您的专家号，请您帮帮我吧！"

　　跟着我的提问，王诗慧顿时如开启了机关枪一般，吐字飞快。

　　"**逛医**"？听到王诗慧对自己的症状如数家珍，再看看她脸上焦急的表情，我脑海中突然跳出了这两个字。

> **逛医**：是指病患为了同一疾病，在医治过程中，未经任何医务人员的转介，就向第二个或更多个医师寻求医疗服务的行为表现。

　　"你别着急，慢慢地说。"我按压下脑中一闪而过的念头，安抚了一下王诗慧。随即问道，"你的心慌有多久了？"

　　"从开始到现在断断续续快半年了，之前没觉得自己有焦虑，心慌只是偶尔的，一会就好了。但怀疑自己可能是焦虑症之后，心慌就多了起来。"王诗慧急忙应道。

　　"在觉察到自己有焦虑之后，心慌的感觉反而更频繁了，是吗？"作为心理医生，我需要对来访者相关重要信息的细节进行确认。

"对！还会经常胡思乱想，怀疑自己有病。"王诗慧快速回道。

我继续了解着她的情况："在这之前，有没有什么事情发生？比如说家里重要的人或者其他人生病了？或者你的生活中发生了什么事情？"

"好像没有。不过之前有个朋友让我感觉到很不舒服，让我感觉到了威胁。"王诗慧一边回忆，一边回道。

"威胁"！刺耳的两个字。出于职业的敏感，我立即想到她之前提到那个"朋友"应该是个男性。

"是男朋友？"我需要探究。

"不不！不是的！只是一个普通的男性朋友。"王诗慧立即矫正道。

看到王诗慧眼中有些闪躲，我心中泛起了一丝好奇。

"他对你有好感，是吗？"我好奇地问。

"嗯，我想应该算是吧。"王诗慧有点支支吾吾地说道。

我还想继续从这个话题中，获得一些对她心理困扰来源的评估和诊断信息。但是，显然王诗慧一直在有意回避这个话题。

我隐隐地感到，她现在的焦虑状态很可能与这个"男性朋友"有关。但是，倘若她一直回避这个话题，那么在这个重要节点上的心理咨询就很难深入下去了。

我斟酌了一下，决定给她做一些关于身心关系的解释说明，目的是让王诗慧放下内心的防御和阻抗。

想到这里，我望着她的眼睛，放慢了语速，郑重其事地说：

"你知道吗？人的身心其实是一个整体。你刚才说自己心里不舒服，感觉到了威胁，然后身体就有了不适反应。显然，是心里累积了很多不舒服，身体才出现了难受，这是身体语言在提醒你。所以你来看心理医生。"

王诗慧坐得直直的，听得很认真。

我没有停下来，接着说道："对心理医生来说，重要的是了解不适症状的成因。在得知了症状源头之后，医生才有方案让症状消退。倘若根本不知情，只能用通用流程做评估诊断。这么一来，治疗方案与你的匹配度就会差，效果也就不尽如人意。也许，你就需要不断地换新医生。"

我的话似乎引起了王诗慧的共鸣，她若有所思地点了点头。

我顺势将话题一转，说道："如果我们能够追着不适症状出现的轨迹去探寻，就可能紧贴着它的特点，制定出更具针对性、匹配性的方案。所以，重要的是我要去了解你经历了什么？心里有了怎样的感受？如何引发了身体不适的反应？所以，能不能让我了解一下这个过程呢？"

听了我的话，她点点头，然后犹豫地望向我，问道："我从哪儿说起好呢？"。

"就从你和那个男性朋友的关系说起，也就是你刚说的'威胁'说起吧。"凭着我的临床经验，明确地回道。

王诗慧点点头，略微考虑片刻。

然后，开始述说她和那名男性朋友相识的经历……

他叫肖笑军，是比她高一年级的高中同学，两人相识于一次迎新晚会。那时，她参加年级女生合唱队的演出，肖笑军则是作为老师的帮手，做一些现场事务的协调。之后，两人常常相遇于校园、饭厅或者教室走廊上，彼此会微笑地点头招呼。毕业后，也就没了联系。

原本，两人可能一辈子都不会再有交集了。

不过，人生如同一场剧，总会有些巧合发生。

一次春节同学聚会，王诗慧和肖笑军偶遇了。聚会结束后，两人互留了联系方式。照理说，两人只是擦肩而过，一个向左，一个向右，之后不会再有交集。

只不过，其中一人回头了。

在王诗慧述说时，我一直仔细观察着她的神情。在她叙述之前的经历时，她的表情一直是平和的，但当说到下面这段时，她的眼神里透露出一丝恐惧。

"聚会几天后，他就主动加我微信了。不久，他向我表白了。我明确地告诉他没有可能，但他还是不断给我发微信。后来，我都不敢再理他了，很害怕再这么下去，他可能会做出伤害我的极端行为。"

留意到她提到的"极端行为"，我觉得有必要在这儿做一个澄清，看看究竟在她的生活里发生了什么。

于是，我问道："他给你发了什么信息，让你觉得他可能会做出极端的事情？比如他说没了你就活不下去了？或者其他什么？可以举一个例子给我吗？"

"他就是说'不放弃'。"王诗慧很快回道。

"之前他有明确的表白吗？你怎么回应的？"我接着追问。

"有！不过他怎么说的我记不清了，我就记得我说让他别回头，向前看，前面还有很多好姑娘等着他。"王诗慧回想了一下补充道。

"你们相识后的相处是怎样的，是平和的吗？"我继续探索着可能让王诗慧产生恐惧的联结点。

"认识后，一直都以普通朋友来相处的。但半年后，他就说喜欢我，我那时也是拒绝了，过后他没有纠缠，也没有再联系我。真没想到，事情过去四、五年了，他竟然还没忘了我，而且又向我表白了，这让我感觉很害怕！"

说到后来，王诗慧的声音逐渐开始有点发颤。

他的爱慕，让我很害怕

人类对未知的恐惧是与生俱来的。当知道了自己害怕恐惧的对象是什么时，这种感觉就会有所缓解。

原来，王诗慧害怕的原因，在于那个曾经向她表白过的男学长，时隔多年之后还没有忘记她。这本是一件正常的单身男女间的爱慕故事，顶多是那个男生的痴情。

为什么一个痴情的男同学，会令她感到如此恐惧呢？

是她自身的原因？还是由于那个男生的原因呢？还是两人之间的关系发生了什么突然的变化呢？

一个接一个的疑问从我的脑海中冒了出来。于是，我整理了一下繁复的思绪，想通过还原那个男生的心路历程，尝试将两人的关系做一个过程梳理。

"一个高中开始喜欢你的学长，上大学后依然还记得你，这其中有爱慕的成分，但这种情感不是病理性的。那时你们未满18岁，上大学后的某一天，你们又相遇了，当年那个让他怦然心动的小学妹又出现在眼前了，他想尝试联络一下，向已经成年的她表达自己的爱慕之情。如果是这样一个过程，我尚未从他这个行为上看到不恰当。"

我按照时间历程，做着事件过程的信息梳理。

"其实，我一直就当他是个普通朋友，对他保持一般正常的交流状态。"

王诗慧在"普通"和"正常"两个字上面加了重音，特意强调道。

说完后，不等我回应，她又急忙加了一句，说道：

"只是我不明白，我对他并没有动心过，也从来没给过他哪怕一点点暧昧的暗示，他为什么还要再次向我表白。而且我每次都拒绝了，他还说喜欢我、追求我是他的权利！"

说到后来，王诗慧语调越来越高、声音越来越大，莫名火了起来。

看着王诗慧气呼呼的样子，我没有立即接话。而是起身打开窗户，让清新的空气流动起来。

王诗慧沉默了一会儿，脸上的怒气也开始渐渐地消退了。

我接着刚才的话题，继续做着探索性澄清，说："如果你们曾视彼此为朋友，那应该是互相有好感的。四五年时间过去了，你们都上了大学，也还是单身。假如我是那个男同学，当又再次遇见心里喜欢的那个学妹时，我可能也会想要争取一下。这样的一种感觉，你能理解吗？"

王诗慧回想了一下，然后没有点头回应，但也没有否认。

于是，我不急于深入下去，而是决定继续了解细节。

我问道："你刚才说你们再次遇见后，彼此关系持续了半年多，这期间你们是怎么交流的？"

"他每周都会用微信联系我一到两次，这样的状态大概持续了半年，之后他就跟我表白了，然后我就开始紧张害怕了。"王诗慧回道。

"他跟你交流的时候，你的感觉是什么？"我接着问道。

"起初只是有点烦，现在就是很厌恶吧！"王诗慧的脸上也出现了嫌恶的表情。

"很厌恶？可以说说具体原因吗？"我追问道。

"他这种死缠烂打的行为，让我越想越害怕，感觉连朋友也没办法再做了。"

王诗慧看似有些气愤，却也显露出无助、焦灼的神情。

我需要做一些信息的澄清，说道："现在，先把'死缠烂打'这个词放到一边。因为无论是你们在高中时的交流，还是你们最近这半年里的交往。到目前为止，从你提供的信息来看，你们的联系并不频繁，他的言行也没有越界，从这些角度看似乎还谈不上死缠烂打。"

"但他的目的就是想跟我做男女朋友啊！"王诗慧争辩道。

　　我察觉到，王诗慧对问题的归因有些绝对化了，加之她"越想越害怕"这个主观臆想的信息加工，看来我要在这里做些工作了。

> **归因偏差：** 来访者由于自身存在的局限性，在认知过程中忽略或曲解了某些行为或信息，致使其未能客观全面地对这些行为或信息进行评价与归因。

　　于是，我说道："如果我们能基于这段关系的事实做分析判断，就容易理解彼此言行的真实内涵。若你先在主观上视为威胁，其实是在信息中掺入了自己的主观化或者灾难化的推断，这就足以让人产生不安和恐惧。"

　　为了帮助她更好的理解我想要表达的意图，我进一步解释说：

　　"你这样来想象，我是你眼前的一面大镜子，通过你给我的原始事实与信息资料，并把这些信息尽可能地还原到这面镜子上，让你看得更完整、更清晰一些。心理学上把这个过程叫做问题的澄清和具体化。"

　　"看到镜子？澄清问题？"王诗慧喃喃道。

　　"我发现，有时候你的不安和恐惧来自于对某种信息的过度加工，当我把这些事实信息重新还原之后，你会发现自己没那么紧张害怕了，这是因为认知归因与情绪有关联性。在这个过程中，我不是在劝导你，而是回归到事实的原点，再从那个原点一步步走过来，让你看到一个更完整、更接近真实的情境。"

　　"哦？还有我自己的过度想象在里面，我怎么没有意识到。"王诗慧解释说。

　　"很多时候，人是按照自己的本能进行防御性反应的，是情绪性的，但却不是事实本身。所以，我会帮助你还原一些基本信息，你就会发现有些担心是本能无意识的反应。当你重回事实本身时，这种担心就会减少，自然也就不再那么害怕了。"

　　人类对未知的恐惧是与生俱来的。当知道了自己害怕恐惧的对象是什么时，这种感觉就会有所缓解。

　　在这儿，我把恐惧的心理过程解释给王诗慧听，是想通过一种回归客观推理的方法，来还原事实本来的样子，以此缓解她内心莫名的恐惧感。

　　果然，王诗慧听了之后，不由自主地舒了一口气，能感觉到她比先前放松了一些。

我开始重新探索之前她一直回避的一些话题："能不能把你们当时交流的过程，尽可能不加任何主观评论的给我？"我问道。

"他就是说喜欢我很久了，问我可否做他的女朋友？我直接拒绝了。他说能理解，做什么事都要遵从自己的内心，但他说还会接着喜欢我。我就说，如果他再继续喜欢我，就不与他联系了。"王诗慧道。

"之后呢？"我接着问。

"我们之间就没有联系了。是他不再主动联系我了。当时，我想要删除他的微信，但害怕删了微信会刺激他，更担心他做出什么出格的事儿，就没有删。"

王诗慧回道。接着，她又补充道：

"从他不联系我后，我就开始经常感到害怕了，而且也开始怀疑身体得病了。我发现身上出现小红点了或者发烫了，就会怀疑自己得了什么怪病。然后心慌、失眠和恐惧……什么症状就都出来了。这时我就更担心了，感觉自己身体越来越糟糕了。"

听了她对自身体征与心理过程的描述，我有了一些新的思考和预判，即对男同学的害怕可能只是浮在表层的原因，其核心症结并不是这段关系，而是源于她自身的归因模式。

于是，我没有再继续探究她与肖笑军的关系，转而说道：

"从你刚才所说的来分析，我发现了你在信息加工和解释归因上有些特点，比如一个喜欢你的男生，他只是口头说还想争取，但其实也没任何行动。而在你这里，却会强烈感受出一种真实的威胁。我想知道，你是否听过类似的故事？还是看过有关影视作品？"

王诗慧说："有啊！我在新闻报道上看到过。"

这是一个重要的信息，也就是她的心理症状与她看到的新闻事件的内容相关联，也许这就是她无端恐惧以及身心生理性功能紊乱的一个原因。

于是，我紧紧追着这个问题，说道：

"我很好奇，这是什么样的新闻故事，会给你留下了这么深刻的印象？"我追问。

"有个电视新闻说，某女大学生和男友分手了，之后这个男生就开始报复，对她泼了硫酸；还有一篇新闻说，一个女生与恋爱三年的男友分手后，被拳打脚踢，受了重伤……"

我能从王诗慧的眼里，看到她的不安，以及越来越多地流露出来的恐惧感。

我明白了，她是被自己对意外事件的过度推论以及灾难化给吓住了，把发生在别人身上的事情，用想象性假设联结到自己身上。

这是一种不真实的、不合逻辑的、带有主观臆想的信念。

> **不合理信念**：通常指个体内心不现实的、不合逻辑的、带有主观臆想的信念，主要包括绝对化要求、糟糕至极和过度概括化三种类型。

看来这是王诗慧出现心理症状的核心冲突，需要我在此停留进行深入澄清的工作。于是，我回应道："那个女演员被伤害的新闻我也看了。不过，我还是先回应一下你刚才说的第一个新闻报道。好像在新闻报道里面，没有描述过他们如何相爱，如何冲突，又如何转化为仇恨，因此，这个故事的具体过程我们都不了解。但是，那个喜欢你的男生是你的学长，你们相识于校园，并以普通朋友交往。那么，你对他应该是有一定了解的。如果抛开你现在对他的看法，回到最初你们相识的时候，告诉我他是怎样的一个男生？"

"嗯，他个子挺高的，身高一米八几，特别爱踢足球，外表看起来还挺帅气的。在学校餐厅遇到时，遇到排长队，他还会帮我买饭。其他的就印象不深了。"

王诗慧一边回忆着，嘴角一边不自觉地露出了笑容。

"他的人际关系如何？会爆粗口吗？会和别人打架吗？"我接着问道。

"没有。感觉他人缘还好吧！挺开朗的，和同学开玩笑式地调侃打趣。好像没听说过他和别人打过架。"王诗慧回说。

"最初你愿意作为朋友来往的，那又是因为什么呢？"我进一步问道。

"呃，我没有太多印象了。"

王诗慧在听到我问题的一刹那定格了一下，然后猛地摇了摇头，似乎想要甩掉什么。

我能感受到王诗慧那份纠结的心情。她可能在某个时段对那个男生也有过好感，只不过因各种原因，后来没能再继续下去。

我没有再继续探索她对那名男生的看法，而是沿着分析心理问题的路径继续。

"好，我们来试着分析一下这个男生的行为。在学校时，他应该对你有好感，会通过替你做一些事情表达出来。高中时，他表白时被你拒绝了，之后他也没有再打扰你或纠缠你。大学时，同学聚会上再一次偶遇你，他发现依旧没有忘掉你，甚至喜欢你，于是他尝试每周与你联系一两次。从这个过程中，并没有如你所说的纠缠不休和威胁。"我说。

我把王诗慧的片段回忆，用具体化的情景语言还原出来，这就是心理咨询中的问题澄清。我注意到她一直很关注我的表达，听得很用心。

我继续说："可以看出，他是一个有节制的男生。你们再次遇见后，他跟你先慢慢地从普通朋友开始，在维持了一段时间后，再找一个时间点表白他的情感。在被你拒绝之后，他也只是再一次表达了自己的想法。之后，他就再也没有联系你了。所以，到目前为止，这个男生的行为其实都是没有越界的，也看不到任何对你有攻击报复的意图。"

王诗慧一边听着我的述说，一边沉思着，似乎在感受着我所表达的信息。

"还有，你当时有没有好奇，他为什么时隔三年后又跟你表白呢？"我补充问。

"我问他了。他说觉得我人挺好，跟我挺聊得来的，就想说看看我们俩有没有可能。"王诗慧回道。

"嗯，当你再次拒绝他之后，他也会想说，算了，她真的对我没有感觉。从此，他决定再也不打扰你了。"

"确实，从那以后他就再也没有联系我了。"她确认了我的分析。

"但是奇怪的是，他不再联系你了，你反而越来越害怕了。似乎你的焦虑恐惧都是在他不再与你联系后出现的。是这样吗？"我需要她的确认。

王诗慧连连点头，回说："是的！就是这样的！"

"好！现在再回到事实本源上看看，那个你害怕的男同学——他是个爱好足球的男生，人缘不错，当你第二次拒绝他后，就再也没有联络你了。显然，他喜欢你，但也具有较强的自控力。更何况你们之间一直理性交谈，看不出有什么地方激怒他。"

王诗慧点了点头，然后笑了一下，回应道："嗯，您把事情的过程还原了，我有点明白了。确实，他再也没有联系我了。"

听了王诗慧的回应后，我开始转向处置王诗慧本身存在的心理困扰，说：

"现在你和那个男同学的关系脉络清楚了。再来看看你发生了什么，当他不再联系你时，你的担心、害怕和恐惧等一系列负性情绪就都出来了。你在无事实依据的情况下，害怕他有极端行为，其实这来自于你自身极端化的念头，认知心理学将其归因为'糟糕至极'的思维模式。"

> **糟糕至极**：美国心理学家韦斯特总结的不合理信念的三个特征之一。是指个体存在的一种认为如果一件不好的事发生了，将是非常可怕、非常糟糕的，甚至是一场灾难的想法。

王诗慧瞪大了眼，一脸讶然：

"哦？难道原来这一切都是我自己在瞎编？是我自己在胡思乱想？"

看到王诗慧有点曲解了我的意思，我摇了摇头，进一步解释道：

"不是说瞎编，可能是你比较敏感，在这段时间里比较频繁地看到有关恋人伤害的新闻，在大脑中留下了深刻的印记。于是你就下意识地将这些片段加工成与自身经历相似的事件，并对号入座了。"

说到这儿，我略微停顿了一小会，目的是让王诗慧对问题的理解有一个内化过程。果然，王诗慧喃喃自语道：

"嗯，我经常上网去查看了解这些恋人之间报复伤害的新闻，越看我越害怕！"

看到王诗慧已经开始觉察自己，我继续做着分析，说道："你对这个男同学的害怕也是这个道理。之前我已经分析过了，首先你们并不是情侣关系，也没有任何亲密接触及财物纠纷；然而，新闻报道的都是情侣关系，彼此有很深的情感卷入，在一方提出分手时，另一方会有被抛弃感，可能会出现冲动行为。你们都不是恋爱关系，只是普通同学，他为何要攻击伤害你呢？"

王诗慧沉默着没有言语。

也许，我在这里给予她的信息、释义与因果分析，的确与她先前在网上看到的差异很大，我需要继续做一些分析性的阐释。

于是，我接着说道："世界上有很多人，但每个人又如此不同。有的人比较冲动，有的人性格温和，有的人比较知性，有的人比较情绪化。依你所描述的这个男同学，看不出他是容易冲动的人。在你说'不'以后，他一直没有联系你。这本来符合你的愿望，但你臆想中的猜疑念头不断浮现，比如他会泼硫酸吗？他会报复吗？我怎么办呀？最后你发现，这些念头你控制不住了。"

"的确，刚开始还能掌控一些自己的想法，后来就快失控了，反复想万一他伤害我怎么办？白天、夜里都会想这个问题，有时梦里也有。"

王诗慧已经向内省思自己了，这是一个不小的进步。于是我趁热打铁，接着说：

"是的，头脑中的念头和想法，可以在没有事实依据的情况下，通过主观臆想和嫁接形成某种信念，这恰恰是灾难化思维的主要特征。所以，现在你需要以客观事实为起点，重新梳理你所思所想的内容，甄别哪些是你想象的，哪些是真实的。这样会帮助你发现自己哪里出了问题。"

听了我的分析，王诗慧使劲地点了点头。

之后，我结束了咨询，约好了下次心理咨询的时间。离开诊室时，王诗慧一边说着再见，一边露出了笑容。我暗想，希望下次见到她的时候，她依旧能保持这样的微笑。

我的敏感，是个错误吗

"情绪脑"是依靠神经反射去完成的，所以它的反应非常迅捷。"理性脑"则在执行中速度较慢，因为它需要对信息进行提取、分析与判断。

一周过后，王诗慧如约前来。

进入心理诊室后，王诗慧一如先前般主动问好，然后安静入座。

今天的王诗慧，脸上带着淡淡的微笑。

她身着白色碎花连衣长裙，领子上镶嵌着淡粉色的蕾丝边，加上微卷的长发和恬静的气质，很容易让人一下联想到安徒生童话中的公主形象。

我能感觉得到，今天的她和初见时有所不同。

于是，我直接问道："这一周来，你的感觉如何？"

"好多了呢！那天和您交流完了之后，我在回学校途中，一直都在想着您说的话，回到宿舍后，打开微信时突然发现自己好像不那么害怕了。之前，每当我打开微信时心里都是忐忑的，既害怕收到他的信息，也害怕没有他的信息，猜测他可能正在筹备报复我什么的。刚开始我还以为只是偶然的心情好转，现在我发现，害怕他报复我的念头几乎没了。真的很不可思议！"

　　一听我问她的近况，王诗慧犹如小鸟一般露出雀跃的欣喜，一口气说了很多的话。

　　王诗慧的反馈在我意料之中，不合理信念**修通**之后，来访者常常都会有这种轻松释怀的感觉，这是一个积极的信号。

> **修通**：是指咨询师运用多种技术，使来访者修正或放弃原有的非理性信念，并代之以合理信念，从而使情绪症状得以减轻或消除。

　　"怎么做到的？还是同样的那个你，为什么现在感觉就不一样了呢？"我拓展着话题。

　　"嗯，具体我也说不太清，这几天一直在反复想着您说的话，还有您对事件本身的还原和分析，越琢磨越就觉得您说得有道理，然后就突然发现那种害怕的感觉消失了。"王诗慧想了一下，欣喜地说道。

　　我一边看着沉浸在喜悦里的王诗慧，一边思考着。从表面上看，王诗慧因害怕而来，现在害怕的症状消失了，不过依据我的经验，来访者通过一次心理咨询就能完全好转的个案少之又少，我不会乐观地认为她的心理困扰已经完全解决了。

　　所以，我还需要再做些一些澄清的工作。

　　我问道："除了害怕的感觉没了，其他身体上不舒服的症状呢？有什么变化吗？"

　　"早上起床时，还是会有一些心慌的感觉。"王诗慧脸上又浮现出了一丝担忧。

　　"那也是正常的，因为你的症状已经持续有几个月了，所以恢复起来也同样需要一些时间。"我回应道。

　　王诗慧点了点头，不过我看到她的眼中仍有一丝疑惑。于是，我紧接着做了一些有关情绪的理论解释，说道："你的心慌与情绪有关。情绪是有物质基础的，而这种物质基础的恢复是需要时间的。简单来说，人有三个脑，爬行脑、情绪脑和理性脑。其中，理性脑是反应最慢的，因为它需要搜集、分析和判断信息，而情绪脑在进化发展的过程中是依靠神经反射去完成的，所以它的反应特别快，此时理性和思考是无法干预的。"

> **三脑学说**：神经学专家保罗·麦克里恩提出假设，他将这三个脑分别称作新皮质，边缘系统以及爬行动物脑。每个脑通过神经与其他两个相连，但各自作为独立的系统分别运行，各司其职。

我略微停顿了一下，紧接着继续说："比如说你身体出现了一个反应，你即刻就会有担心的感觉，紧接着做出一个'我可能身体出问题'的假设。此时随着你投入更多的关注与警觉，身体会出现更多的反应，如心慌、胸闷和出汗等，然后你会更加紧张害怕。如此，便进入了一个身心不良的循环之中。"

听了我的解释，王诗慧似乎若有所思。

紧接着，她又坐直了身子，问道："医生，那怎么做才能把这个循环打破呢？之前我身体出现反应时，我也曾试图不去这么想，但好像控制不住自己的情绪啊。"

王诗慧眼中流露出迫切的神情。

听到王诗慧的提问，我心中不由对王诗慧生出几分赞许。

她能主动提出问题，说明她对问题的原有归因发生了改变。现在，她主动寄希望于自我对问题的觉察改变。这对后续心理问题的解决和自我成长很有助益。

于是，我给予了她积极的回应，说道："你问的这点很重要。以后，当你的身体再次出现这种类似的感觉时，可以告诉自己这不是什么病症，之前你已做过体检，当下身体这种反应是情绪的一种表达。另外，你还可以通过调整呼吸放松下来。用这种方式来帮助自己，而不是通过主观臆想和揣测，那样只会让自己更紧张。"

王诗慧点了点头，又想了想，然后向我抛出了一个问题："不过，为什么我会有这种反应呢？我周围的同学们好像都不是这样的。"

"这只是你观察感觉的一部分，其实同学的真正情况你并不了解。记得上次我们讨论过这个问题，人与人之间是有差异的，尤其在感觉和情绪层面上。你只能觉察到自己是易感的、细腻的，比别人更容易有这种感受，身体反应也就来得快一些。其实，人类对于未知的恐惧反应，是一种本能的心理防御，是无意识层面的。"

针对王诗慧的疑问，我用她能理解的方式，做了初步的解释。

解释技术，是心理咨询中一个具有重要影响力的技能。对王诗慧心理问题成因和过程的解释，是松解她心理困扰的重要一环，也是对她既有问题建立新认知的关键所在。

"嗯嗯，是的！我从小就比别人敏感，我妈一直这么说我。"王诗慧连连点头，回应道。

我向前略微移动了椅子，继续解释道："现在，请你感受体验一下这个过程：比如，当你察觉到身体有一些异样感觉时，你慌张害怕的情绪就跑出来了，本能上你就会立即逃跑求援。这时，可以把情绪看成孩子，当你慌张不安时孩子就会害怕，变得很无助。你的理性可以看成是成年人，有能力分析判断，你知道情绪不是那么可怕的事，就会去安抚那个恐惧无助的孩子。你若能这样去想去做，那个恶性的循环就被打破了。"

我感觉王诗慧听进去了，一动不动的。

于是，我没有立刻去探寻她的反应，继续说道："以后，若你再出现心慌的感觉，可以先安抚情绪小孩，告诉它没有伤害发生。然后，再通过深呼吸放松身体，学习用新方式和自己相处，而不是像之前一样，重复性地害怕和逃跑。"

听到这里，我看到王诗慧舒了一口气，露出了好看的微笑。

如果解释技术运用得当，它犹如艺术般的神奇，可以消融固化在来访者内心里尘封的冰山。

王诗慧用肯定的语气对我说："医生，我现在是真的想明白了，其实身体、情绪和感受是个挺复杂的东西，它们不是我以前想象的那个样子，所以我也不会再那么自以为是了。"

之后，我结束了这次心理咨询。望着王诗慧离开诊室时轻盈的步伐，我似乎感受她在自我成长路上的坚持与笃定。

父母宠爱，都是滋养吗

让来访者成为一个人格独立而成熟的个体，是心理咨询的终极目标。

　　王诗慧每隔一周都前来复诊，及时反馈她身心上的感受、情绪状态和行为状况。

　　直到第六周时，我感到她的整体状况已基本恢复稳定，便决定进一步减少我们在诊室里见面的频次，为结束咨询治疗做必要的准备。

　　不料，当我告知她我计划结束咨询的安排后，在接下来的见面中，王诗慧的心理状态似乎又有了明显的退步。开始述说自己的心慌症状，还有控制不住地胡思乱想。

　　难道有新的心理应激事件出现？或者又叠加了新的问题？我开始仔细寻找引发她病程波动的各种原因。但是，却依然没能找到相应问题的答案。

　　为此，咨询陷入了困顿之中。

　　然而，就在本次咨询即将结束时，王诗慧突然对我说：

　　"医生，我想改回每周都能见您一次，不知可以吗？"

　　随着她的这个请求，我脑中突然闪过一个念头，难道是她不愿意结束咨询关系吗？难道对心理医生产生了依赖？这个念头一闪即逝，一时之间还来不及细想。

　　当王诗慧离开诊室之后，我开始仔细回想脑海中闪过的念头，联想到王诗慧见我时眼中的期盼渴望，我脑海中很快浮现出了一种可能性。在临床心理咨询治疗中，来访者原有的症状会在咨询结束前短暂地重现或加重，究其心理根源，是来访者不愿意结束咨询，原因是对心理医生产生了**正移情**。这不是意识中的产物，而是其潜意识下的应答。

　　想到这里，下次咨询的重点逐渐在我心中形成了一个脉络。

> **正移情**：是指来访者将自己过去对生活中某些重要人物的情感转移到咨询师身上的一种情感。

　　再一次见面的时候，王诗慧晚到了十多分钟。

　　一进心理诊室，她连连道歉："不好意思医生！今天路上出了一起交通追尾事故，堵了半个多小时。"

"没关系，可以理解。你平常都是坐的公交吗？"我随口问道。

"没有，每次都是我爸爸开车送我过来的。"王诗慧说话的声音有些喘，脸上还渗出细密的汗水。

我点点头，如往常一样，用微笑作为回应。

但是，此时王诗慧有些突兀地、急切地又补充了一句："都怪我父母，我不让他们开车送我，但是他们每次都非要送我。"

这句突兀、急切表白的话语，反倒引起了我的关注，我头脑中一直回味着王诗慧刚才说的那一句话。

这句话里的信息不少，首先隐含着王诗慧父母对自己孩子的过度保护，已经上大二的孩子每次见心理医生需要父母开车接送；其次，也隐含着王诗慧对父母的依赖，似乎缺少一些成年人的独立人格。

> **独立人格：**是指人的独立性、自主性、创造性。具有独立判断能力和独立自主的精神。

那么，如何唤醒她内心的自我独立意识，让她成为能够直面自己问题的人，就成为下一步心理咨询治疗的主要方向。

在接下来的咨询中，我也会及时调整之前与她的关系模式，把她在心理成长之路上的责任与承担，更多地交给她本人去思考、去选择、去决定。

让来访者成为一个人格独立而成熟的个体，是心理咨询的终极目标。

想到这儿，我梳理了一下咨询的方向，决定从她的成长经历深入下去。

于是，我对她说："能不能和我说说你是在怎样的环境中长大的？"

王诗慧点点头，一边回忆一边叙述着她成长的过程。

她是家中的独生女，早年间父母忙于事业，很晚才有了她。在她出生之后，基本上也是集万千宠爱于一身，在众多长辈的呵护中成长。从小到大，都是家人接送她上下学，基本没有单独出行过。

"上大学后，父母还接送吗？"我追问着细节。

王诗慧的脸唰地一下红了，讪讪地说道："我不让父母送，但是他们每次都坚持要送我去学校。"

"所以在你长大的过程中，你是希望爸妈陪在你身边的？甚至还是给你开车的那个人，是吗？"我继续追问。

王诗慧先是一怔，然后肯定地回道："我会希望他们一直在我身边。"她的话语中，依旧未涉及"我已成年，父母代驾"的这个主题。

于是，我直接切入主题，说道：

"我想让你考虑的是，看看你什么时候能够成为自己驾车的那个人。父母在你的生命中的确很重要，对于年幼的你来说，他们是依靠。但父母会逐渐老去，而你终将成长，需要独立面对这个世界，也终将成为掌控自己方向盘的那个人。所以，你需要去调整与父母之间的关系，可以试着让自己独立做一些事情。"

"嗯，我会好好想一想的。"王诗慧一边应答着，一边默默地点点头。

为了给王诗慧一个思考的时间，我没有沿着这个主题继续追问，而是开始询问她的一些近况，说道："最近你的情绪状态如何呢？"

王诗慧说："现在还是不太稳定，早上起床的时候还是会感觉脑子比较乱。"

听到王诗慧的反馈和两周前如出一辙，又联想到先前王诗慧要求增加见面频次原因的猜测，我一边想着如何切入问题，一边澄清道：

"脑子很乱？是每天都有？还是偶然有？"

"以前是两三天一次，现在每天早上醒来的第一件事就是开始胡思乱想。现在我担心自己到底能不能好得了了。"王诗慧苦笑道。

我意识到，如果她独立的**自我意识**无法被唤醒，她的心理症状是无法得到根本改善的。

> **自我意识**：自我意识形成原理包括：正确的自我认知、客观的自我评价、积极的自我提升和关注自我成长。人生不同的发展阶段，其自我意识的形成各有特点。

于是我用缓慢而有力量的语调，一字一句地说道：

"如果你只是叹息和抱怨，而没有作为，那么它就会固化为一种习惯化的反应模式，一直循环下去。"

"啊？！医生，那我怎么办呢？"王诗慧一听，有些发懵。

但是，她依然还是习惯性的依赖，本能地开始呼唤求助，想要从医生这儿获取保护和不经自我思考的现成药方。

这时，我没有在情绪上呼应她，也没有给她现成的方法。而是，用平静且坚定的语调说道：

"在我看来，你问题的最终解决，在于你的选择和决定。要知道，每个人的内心世界，都是由她自己主动构建的，而不是被动地参与。你现在这个状态，是与你自己选择性关注分不开的。"

"哦？是我选择的？"王诗慧喃喃自语着，好像有些不解。

我决定了，要改变自己

当一个人真正意识到自己所面临的危机时，自我内在的心理动力也是最强的。

我给王诗慧举了个例子。

两年前，我与一名同事赴无锡参加学术会议，合住一个标准间。次日，当我懵懂地睁开眼睛时，就听见她说"生活多美好呀！"当时我有些不解地问："这是你真实的感受，还是今天有让你高兴的事？"她很认真地说："每当我睁开眼睛看到阳光时，都会跟自己说：生活真美好！"

我的同事说这些话时很真诚，给我留下了很深的印记。

我发现，在我眼里极为普通的一天，在她的感受里却是如此真实而美丽。但是，作为她的同事，我知道，她的父亲不久前因心脏病去世了。

说到这里，我放慢了语速，望着王诗慧的眼睛，说道：

"也许，苦难、死亡与离别，也是让我们活着的人，更懂得珍惜当下每一天的时光。"

她听得很专注，似乎在思考着什么。

不过，她的眼睛里还是流露出了些许的迷惘，抬起头来探究地问我，说：

"您的意思是说，她睁开眼睛看到的是阳光，而我睁开眼睛想到的是烦恼，所以我与她的关注点是不同的，所以感受就不同。我的理解对吗？"

我肯定地点头回应。

王诗慧在我的启发下，已经开始向内检视自我状态了。显然，她已经不再用回避问题的方式了。这种独立意识的逐渐觉醒，是她生命里最宝贵的内在成长力量。

我内心是欣喜的。

我直视着王诗慧的眼睛，柔和地说道：

"我们生活在当下，拥有着每一天的自由，我们可以自由地呼吸，自由地看着这个世界，自由地选择我们想要关注的事情。比如像我同事那样，以美好的心情陪伴自己过一天，是她的一种选择；如果像你那样，每天睁开眼就想自己哪儿不好，然后在惶惶中度过一天，那也是一种选择。"

王诗慧睁大了眼睛，若有所思地看着我，我知道她也在思忖：我究竟是哪儿出问题了？

我顺着话题，继续说道："人的选择不同，关注点就不同，感受也就会不同。比如想到自己怎么这么倒霉，就会引发哀怨，哀怨会让人无助，变得更加不安，继而出现投射性攻击，攻击的对象可以是自我或他人。不仅帮不到自己，还可能越陷越深。"

"医生，我才刚从泥沼中出来的，实在不想再陷进去了！所以我愿意面对自己的问题，也想要改变自己。"

也许，当一个人真正意识到自己所面临的危机时，自我内在的心理动力也是最强的。

"作为心理医生，我愿意与你一起面对问题，但不能代替你思考，你是自己世界的构建者和主宰者，只能自己做出选择、做出决定，并且去执行。"

我依然坚持着心理咨询中主体责任的原则。

"医生，我真的不愿意这样过日子了！可是每天一睁开眼，念头就自己跑出来了，我控制不了。唉！"

我深知，如果这个时候心理医生不去坚定地推她一把，激发她改变的内在动力，也许王诗慧的心理问题就会原样不停地"复制"下去。

此时，我没有去抚慰王诗慧的情绪，而是紧紧抓住这个心理治疗的有利时机。

我紧接着开始澄清细节，问道："你所说的这些'冒出来'的念头，它是一直就有的吗？"我有意识的用了"冒出来"这三个词，是想要传递出大脑里念头的流动性、瞬间性与变化性。

"时间不长，就是前一段时间，我心里感觉害怕时才出现的。"王诗慧快速回道。

我接过王诗慧的话，用平静的语气说道：

"这种'念头'既然可以来，同样它也可以走开，因为冒出来的念头本身就是流动的、变化的。就像身体上不舒服的感觉，是随着情绪而变化的一样。当下，你需要改变的是，不再'黏贴'着这些冒出来的念头，而是允许身心的感受是流动变化的。"

我在这里用了"黏贴"一词，目的是让王诗慧看到，正是她自己让这些念头停留在自己的头脑里。

"我觉得有道理。您说的也挺像我的，我总是习惯性的关注身体症状，特别是不舒服的感觉，好像是黏着它们，让它们缠上我了。"

王诗慧点头认同，我感觉她有了自我觉察和检视。

我知道，这时她最需要的是唤醒内在思考、审视与改变的力量。

于是，我接着说：

"现实生活中，我们每个人都需要成长。其中很重要的一部分，就是学习如何接纳一个完整的自我，既能够欣赏自己的优点，也可以接纳自己的不足。具体来说，就是你能够接受自己的敏感多思，接纳它是你生命体的一个特点，但不是一个不好的品质。"

在这里，我有意识地把一个人的理想自我与现实自我做着解读，帮助王诗慧看到真实的自我，进而坦然地接纳这个真实的自己。

王诗慧似乎在沉思着我刚刚说过的话，我没有催促她。

约莫过了两分钟，她抬起头望向我，问道："哦？您是说'敏感多思'是我的一个特点，让我理解它，允许它存在，而不是害怕它或者赶走它？"

看来王诗慧对自己的问题有了新的认识感悟。

我接着前面她对自己身心症状的描述，做了进一步澄清与确认，问道：

"你刚才说，一天大部分时间你的状态都是不错的，也就是你对自己大体上是满意的，可以这么理解么？"

"嗯，可以。"王诗慧点头道。

"明确这一点非常重要。因为对'自己满意'本身就是一种能够迁移的内在力量。当你出现不好的感觉时，你可以对自己说情绪起伏是常态的，只是现在有点心烦，但是大部分时间都是稳定的。内心这样对话，你的感觉是有力量、有控制的。否则，就会出现无力感和失控感。"我进一步阐释道。

"嗯，您的意思是说，我不要关注、停留在某一刻不舒服的地方，也不必过度地担心，而是应该放在自己的整体状态上，用这个转变去替代我原来的多思多虑。对吗？"王诗慧表达了自己的理解。

我赞许地点了点头，回道："可以这么理解。不过准确地说，是需要你更多地关注其中的积极因素。人有智慧的潜质，倘若忽略了这部分的力量，而只聚焦在问题这个部分，那么就会牺牲掉内心的宁静。所以，试着去构建一个与内在自我积极相处的认知行为模式，对你以后的生活、学习和成长都是有帮助的。"

听到这里，我看到王诗慧欲言又止，她的眼中似乎仍有一丝漂浮的不确定感。

我试着问道："你觉得这种改变有点难，担心自己做不到，是吗？"

王诗慧眨了眨眼睛，点了点头，说："我还有些胆小、敏感，依赖性也挺重的。"

"是的。你性格中是有一些易感的因素，会比较容易担心。可否接纳这样的自己，接纳自己是容易敏感焦虑的人，是个注重细节、注重固定模式的人？也就是说接受自己的小敏感，然后发展出与其相处的方法。因为，你只能是你自己，是与任何他人都不同的独立个体。"我笑着说。

"我就是我自己？就是与其他人不同的独立个体？"

王诗慧喃喃道，似乎仍有不解。

我打了个比方作解释，说："每个人，也犹如自然界里不同的植物一样，有的花十分美艳，但枝干却十分纤细；有的花长得一般，但枝干却十分粗壮。如果非让前者变成后者，那它们得多辛苦啊？而且事实是，即使再辛苦也变不过来，因为它们品种就不同啊。所以，试着接纳自己本来的样子，而不是以挑剔、责备、寻找问题的姿态来跟自己相处。"

"我真的可以改变吗？"王诗慧再一次质疑自己。

这种不断自我质疑的历程，也是她不断积聚内心力量的过程。

这时，我需要给予她一些具体的指导。

于是，我说："通过我们的交流，我认为你最根本的困顿在于，尚未在内心深层做一些视角的转换。当你视角转换以后，你会走出这片沼泽地。所以，试着为自己创设一条有绿荫的路，并开始行动，而不是纠结于能不能做到。"

"现在我明白了，也搞清楚了，您是说重点是在行为上去改变，去尝试，而不是总纠结在想法上，感受上。我的理解对吗？"

"是的。你需要用行动去亲近真实的自己，去发现自己潜在的智慧和力量。"我用坚定的语气回应道。

"知道了，我一定会努力尝试的！"王诗慧坐直了身子。

她紧接着还加上了一句话："医生，这是我今天的决定！也是我自己的选择！"

感受着王诗慧渴望的目光和话语，我也被她这份情绪所感染，心生喜悦。

宁静，让我能看清自己

如果你把故事里虚构的内容去掉，你就会发现人的内在世界并没有那么嘈杂。

原本约好复诊的时间恰巧遇上国庆放假，王诗慧再次见我，已是两周之后。

王诗慧一进心理诊室的门，我就感受到了一股扑面而来的青春气息，脸上洋溢着有别于前几次的笑容，阳光而灿烂。

"最近你的状态怎么样呢？感觉你的气色不错。"我主动说道。

王诗慧笑着回道："我挺好的，感觉现在自己内心平静了，也没有以前那么多的胡思乱想了。"

我内心已有预期她会有积极的转变，但她的反馈仍让我有了几分意料之外的欣喜，不禁惊讶道："哦，你是怎么做到的？有什么地方跟以前不一样了？

一听我这问话，王诗慧显得有些激动，脸上也泛起了些许红晕，很快回道："嘿嘿，医生！这两周我有好多好多改变呢！"

看着王诗慧有些急促的样子，我微笑道：

"不着急，一样一样慢慢地说。"

> *反思式提问*：心理医生常用"你是怎么做到的？""你的想法是怎么来的？"提问方式，将焦点转向来访者曾经的努力和内在的能量，从而引导其走出困境。

王诗慧点点头，喜悦地说："第一个就是我敢开车了，以前不敢开，都是坐父亲的车出门。"

"是你刚拿到驾照，在练车吗？"我追问。

"不是，其实很早就拿到了。不过以前都是我父亲喝多了我才开一下，现在经常自己开车出去，还挺享受自己一人驾车外出的感觉。"王诗慧乐呵呵地说道。

"坐车和开车的感觉确实不一样，自己驾车可以主动把握方向盘，会产生一种力量感和掌控感。你一般都开车去哪里？"我回应道。

"平时大多是去商场，周末会和同学开去郊区玩。"她说。

"挺好的，这些都是你这个年纪的女孩喜欢做的事情。还有想要与我分享的吗？"我继续探寻着。

王诗慧一手托腮，想了一下，然后说道："我现在敢看恐怖片了，也敢和同学去玩密室逃脱了。这要放在之前，我想都不敢想！小时候曾看过，当时被吓到了，留下了心理阴影。"

王诗慧说得很轻松，但是我深知，这是一个很不容易的内在转化，是一个内在力量汇聚与成长的过程。

我需要在这个转化点上做一些强化和意识化的工作。于是回应道：

"为什么原来你自己想都不敢想的事情，而现在就能做了呢？我想要知道，你内心有了怎样的感受和解读，然后心里就变得淡定踏实了？可以和我分享一下吗？"

"当然可以！"王诗慧不假思索地说道。

她思考了一番，说："我觉得还是因为懂的多了。上次和您交流过后，我感触很深，回到学校后做了很多的思考。我发现自己不舒服的感受、害怕的体验和黏着的念头，都有一个类似的地方，就是我把'感觉'当成'真实'了。"

"可以举个例子吗？"我追问着。

"比如，以前看到电视上出现鬼怪什么的，就会吓得不敢动，越害怕就越不敢看，越不敢看就越害怕。而且还会想象出更糟糕的情况。现在，那些自己吓自己的想法就不会出现了，能知道那些都是人工做出来的特效，都不是真实的。"

说完，王诗慧有些自嘲地笑了，似乎在感慨自己以前的稚嫩。

我接过王诗慧的话，说道："嗯，现在你知道那些鬼怪都是虚构的，都是人们编纂出来的故事。如果你把故事里虚构的内容去掉，你就会发现内在的世界并没有那么嘈杂。"

她一边点头，一边柔和地回应："嗯，是的。"

我需要见证她的成长，这对于稳定化、持续化她新建立的认知行为模式是极为重要的一环。于是，我接过话题，继续引申道：

"这是你的一个成长，之前的你像个孩子，比较感性和情绪化，会将虚幻的东西当成现实。就像有时母亲会用黑夜吓唬孩子，因为孩子以为黑夜就是妖魔鬼怪居住的地方，是非常恐怖的。但随着阅历的丰厚、知识的增长，你就会知道，黑夜并不是鬼怪居住的地方，只是日出日落的自然现象。用逻辑事实的理性认识，这是一种成人式的思维模式。"

> **参与性概述**：是指心理医生把来访者的言语和非言语行为，包括情感，综合整理后，再对其表达出来，相当于内容反应和情感反应的整合。

"是这样，原来我太孩子气了，跟着感觉跑，结果是自己吓唬自己。"王诗慧认同地点了点头，不好意思地说。

接着，王诗慧似乎突然想到了什么，说道："医生，还有一点和您分享。我前一阵想增加见您的次数，感觉心里特别依赖您，恨不得天天来找您，不过现在这种感觉没了。"

王诗慧今天给我的反馈，不仅丰富厚实，而且着实给了我不少的惊喜。

我意识到，在王诗慧心理问题的化解过程中，她的顿悟是一个重要的疗愈因素。

"你是怎么做到的？你知道吗，你刚刚是在自我觉察，是在向内看自己，是非常不容易做到的。在你所分享的变化中，最让我欣喜的就是这点。你学会了自我觉察和独立思考，这是很宝贵的。"

我一边追问着原委，一边见证肯定着她的学习与成长。

"嗯嗯！"她笑了！笑得很灿烂！

"我真的很为你高兴。不是每个人都有这个觉察、内省和学习能力。有的人可能一生都学不会，但是你现在有了改变，开始变得有掌控力了。"我由衷地赞叹道。

王诗慧被我夸赞得不好意思地笑了，但我看得出来，她此刻是很享受被我肯定和赞美的。

是啊！人性皆如此。

若能被他人真实地肯定、认同和夸奖，的确是让人心生愉悦呀！

"我还是想要知道，你究竟是怎么做到的呢？你是用怎样的内部语言跟自己对话，怎么把自我感觉和外界信息做分离？你今天能够这么笃定，我想知道你内心的变化过程？因为这是你独立思考、独立完成的一个重要收获。"我接着问。

王诗慧很有表达的快感，继续说道："是的，有段时间觉得自己好像得了抑郁症了，而且上网查资料症状都对得上，就会想到自己会不会死，会想到自杀和一些不好的东西。通过咨询之后，就开始学习思考和解释，慢慢发现自己的这些想法和念头，对自己并没有带来什么好处，然后就把那些念头和想法放在一边，不再反复琢磨和纠结了。"

"也就是说，当念头来了就让它过去，采用不批判的态度，来了就来了，就允许想一下，就如脑海里的潮起潮落。也许，当你学会了用多元的眼光看待这个世界，你会发现自己有了更大的张力，内在的空间也变大了。"

说到这儿，我没有停下来，而是继续用问话去见证丰厚她的成长，问道：

"你这样的改变是怎么来的？如何接纳自己的这一部分存在，而不是用对与错的二元解释来评价？"

王诗慧微笑着，用自信的语气，回道："可能之前如您的分析，父母一直把我当孩子照料，我十分依赖他们，很害怕失去他们。上次跟您讨论关于自我独立的问题，我回到学校后想了很多，觉得您说得特别有道理，意识到自己不能一直安于被父母宠爱照顾，后来就尝试自己独立做点儿事，并且很顺利就做到了。这对我也是一个很大的激励，我变得自信了。"

我回想着上次和王诗慧交流的内容，然后回应道："上次我们探讨过独立这个话题。你回去后经过整理思考，得出了一个重要结论：你要以一个独立生命的姿态去探索这个世界，而不再是跟在父母身后的孩子。"

说到这里我略微停顿了一下，看到王诗慧聚精会神的样子，我接着说道：

"此时，你做出了一个重要的决定！就是不再无条件地接受父母的照料保护，不再把自己锁在一个虚构的安全壳里，而是要以一个独立的自我去亲近这个世界，因为你想让自己成为一个独立的人。"

"是的。记得我在中学时，看到别人到厦门大学读书了，感觉特别羡慕，特别渴望也能去外地读书。不过，我父母坚决反对，自己也有担心，就没有坚持。现在想来，如果当时更勇敢一点，可能就不是现在这个状态了。

所以，我特别想让自己变得独立起来。"王诗慧很笃定地回道。

当王诗慧说到这里时，我觉得有必要对当下的谈话内容做一个小结。

于是，我说道："是啊！人终其一生，也唯有生命故事。你开始重新书写你自己的故事，你用独立的视角去感受、亲近和探索这个世界，你发现自己是有能力的、安全的。现在，你能够一人独自驾车外出，能够重新开始看恐怖片。最后你发现，你的世界其实是由你创设的！"

王诗慧认同地说道："是的，当时就是害怕自己得病了，而且是重病，或者是什么怪病。虽然做了很多检查都说没有病，但还是会焦虑恐惧。"

但凡一个人持续焦虑恐惧，都有其深层的心理根源。

于是，我再一次试探性地问道："你再沿着害怕的感觉去看内心，害怕的最深层冒出的念头是什么？"

王诗慧沉默了一会，然后幽幽地说道："医生，其实您是知道的。我爸妈年龄很大才有了我，所以我特别害怕他们离开我。"

听到王诗慧这么一说，我有点感受到她害怕的根源了。

害怕与亲密关系的人分开，内在拒绝的是"分离"。再追踪到深层心理结构，指向的就是孤独和死亡。

依据存在主义心理治疗理论，人对死亡的终极恐惧会以一种乔装打扮的方式，出现在我们的生活里，如身体功能紊乱、怀疑疾病、担心与亲人离别等。但是，其问题的心理根源是潜意识里对死亡的恐惧。

咨询至此，关于死亡，已是一个绕不开的话题了。

"你害怕与父母分离，在深层心理上是一种对死亡的焦虑恐惧。所以，你会用一些转换的方式去减轻焦虑，比如担心患重病，不断地求医，好像用这样一种方式，就能保护自己。但是，最后发现这个方式并不能真的保护自己，反而导致变得更加不好。于是，你决定来看心理医生，之后引发你做了很多思考，有了现在的这些感悟和成长。"

王诗慧感慨道："医生，其实我特别想帮助自己康复。自从在您这看病之后，我开始通过运动来增强自己的体质，一直坚持每天跑步，现在已经成一个习惯了。"

听了王诗慧的叙述，我禁不住地欣喜，快速回应道："现在，你用成长的方式面对问题，不再是防御的方式，把恐惧焦虑掩藏到身体症状之下。另外，你还能够以理性的方式，接受与父母的分离，把原来那些本能的伪装都拿掉了，开始学习真正面对自己。此时，你有了新的发现，那就是你并没有失去什么，反而激发了自己的力量，发现了潜力，也找到了踏实的感觉。"

听到我这样说，王诗慧笑了。

"你有了这样的变化，你父母有感觉吗？"我问。

王诗慧眼睛突然一亮，面带喜色地，说道："有呢！可能是我最近经常开车去看望姥姥，我爸妈觉得我好像长大一点了，能担起一些事儿了。"

"都担起什么事儿？能具体说说吗？"我追问。

"我姥姥住郊外，屋子挺大的，还带个小院儿，平时就俩老人自个儿住，挺冷清的。前段时间去看姥姥，姥姥说晚上睡觉时感到害怕。后来，我就自个儿去宠物市场买了只猫，然后又去超市买了一堆东西给姥姥送过去了。"王诗慧一口气讲了很多。

"嘿嘿，后来姥姥和父母说了这事儿，我爸当时看我的眼神，简直把眼珠子都瞪直啦！连说了好几句'咱家闺女长大了'！"接着她又补充了一句。

王诗慧说这件事的时候，脸上洋溢着满满的自豪。

"为姥姥做了这些事情，给你带来了什么样的感受？"我追问。

王诗慧朗声笑道："特开心！我爸还告诉我说，姥姥、姥爷原本经常吵架，但自从有了这只猫以后，他俩忙着照顾小猫，看着猫玩耍，没工夫吵架了。我感到自己能够替爸妈分担一些事情了。"

这种快乐可以在家人之间产生一种情感联结。以温暖的方式去关心自己所爱的人，可以让他们感到快乐，而亲人们的快乐，反过来能够带给她自己更多的快乐，这才是一种温暖美好的良性循环。

王诗慧又接着说："对了！现在，我特别想感谢这段时间，它让我比同龄人多了一段重要的人生经历。"

听到王诗慧说"感谢"这两个字，我内心也涌起一股暖流。于是，我好奇地问：

"怎么会想到说要感谢这段时间？这是一个很温暖的词汇。"

王诗慧莞尔道："其实在我特别难受的时候，还是想赶快摆脱那种状态。但是，情绪调整好了之后，我发现自己好像可以从那段时间里学到一些什么。"

我问道："学到了什么？能不能具体说说？"

她应道："我觉得与其恐惧未来的分离，不如现在去珍惜！我感觉自己不只是想法变了，我的生活方式也发生了改变。我每天坚持跑步，感觉身体和心情都变好了。"

王诗慧的成长可以用蜕变来形容。

我想通过见证的方式，让她能看到自己的巨大变化。

于是，我说道："如果把你的现在与之前做一个比较，你会怎么看现在的你？"

"我感觉现在的我，越来越接近我期待中的自己了。"王诗慧笑着回答。

"假如，时间再过五年，你已踏上了工作的岗位。你再回看今天的自己，你会想要对今天的你说一些什么？"

我尝试采用一种时空见证技术，由薄到厚丰厚她生命的故事。

> 时空见证：叙事治疗中，心理医生常常引导来访者透过不同特殊意义事件的行动去看到不同时空可能拥有的意义，通过不同时空的见证，使来访者在时间的转换中，逐渐从问题的自我认同转向较期待的自我认同。

王诗慧微微地闭上了眼，似乎在脑海里想象着五年后自己的样子。

不一会儿，她睁开了眼，说道："五年后的我，会特别感谢现在的自己。因为，这段时间我很努力地让自己变得更好。"

"是的，你走过来的这段路是很不容易的，包括你要请假从学校到医院，要走很远的路、要坚持约定看心理医生、要做很多思考、要做很多改变等。这不是每一个人都能坚持下来，也不是每一个人都能做到的。"我回应。

王诗慧连忙点头说道："我每次都特别渴望来见您，因为每次来这里都很开心。"

"你说的开心，具体是怎样的一种感觉？"我好奇道。

她没有立刻给出答案。之后，思考了一下，语气诚恳地说：

"我每次看到您都有一种安心的感觉，有好多话跟父母都说不出来，在您这都能说出来，感觉自己很安全，也很放松。真的感谢能遇到您！"。

"我也同样要谢谢你！在我看来，生命最宝贵的就是自己独有的故事，你把你生命最宝贵的东西讲给我听，这对我来说也是最值得珍惜的。而且我看到今天的你是如此的智慧，能说出感谢这段生活，感谢这两个月的生病，因为它让你成为了更好的你。这一切都不是理所当然的，这真的很难得！"我说。

王诗慧听了，脸上流露出了喜悦的神情。

这时，她把眼睛望向我，真诚地说道："医生！您知道吗？我在您这听到的话，在其他的地方都听不到。您好像每次都能在我身上看到我最好的一面并且告诉我，这对我很重要。其实，我每次都是透过您才看到了我自己宝贵的一面。所以我心里是特别感谢您的！这也是我每一次都特别渴望见到您的原因！"

看到王诗慧如此纯真可爱的一面，我也禁不住地感慨。

是啊！有感恩心的人，总是能够更多地感受到这个世界的善意、温暖和美好。

此时，我需要再一次见证她蜕变性的成长。这种成长，是属于她的精神财富，将陪伴她整个的人生。

"我想说，你看起来外表娇柔，但我觉得你比很多人都勇敢！当你决定依靠自我面对问题的时候，你就不再用防御的方式来躲避问题，而是觉察、探索和改变。然后每天想办法，从锻炼身体开始，让自己一天一天变好！另外，内心敏感的你，还能够从父亲的人生经历中去体悟，从别人的故事中找到力量，这同样不易，但是你都做到了！"

听完我的话，王诗慧的两颊上，泛起了两朵红晕，这让她显得格外漂亮。

此时，王诗慧动情的回应我：

"医生，我会记住您的话，也会让自己变得更好一些。"

又到了咨询结束的时间了！

我们微笑着互相道别，她迈着轻盈的步伐离开了诊室。

在感慨王诗慧成长的同时，我脑中冒出了多年前看过的一段话：明天变成了今天，今天又成了昨天。

直视死亡，反而让我心安

死亡的尽头，住着希望。死亡虽是终点，但人生的意义却不会因此湮灭；死亡虽是宿命，但看待死亡的视角却可以让人们获得拯救。

我怎么也没有料到，一个月后我和王诗慧又在心理诊室相遇了。

但是，这一次她不是为了解决心理困扰，而是专程来和我分享近期她新的思考、觉察和感悟的。

今天的王诗慧剪了短发，配上一条紧身的牛仔裤，白色的运动鞋，越发显得精神了。两只眼睛里带着笑意，展现出活泼生动的神情。

也许这就是精神力量的神奇吧！当一个人心情舒畅的时候，掩藏不住的笑颜里都溢满了踏实和幸福感。

我用笑容迎接了她。待她落座后，我好奇地探询着，问道：

"没想到今天你会来，有什么想要说的吗？"

"今天，我就是想要跟您说说我最近的一些感悟。"王诗慧回应道。

"好啊，这是很难得的啊。"我有些欣喜，也有些出乎意料。

对于王诗慧主动来与心理医生分享她成长中的感悟，我在喜悦之余，还有对她的赞赏。

"最近一个月，我开始分析自己生病的整个过程。我记得，一开始是怀疑自己有抑郁症，因为抑郁症与自杀有关联，特别害怕自己死去。另外，就是看到自己脸上有红点，就怀疑自己可能是白血病，也会想到死亡。"她说道。

通常人们对于"死亡"这个话题都是讳莫如深、避之不谈，是怎样的触动使她能够坦然面对这个触及人内心终极冲突的话题呢？

"你为什么今天会特意来跟我说这个话题呢？"我探索着。

王诗慧笑了一下，用平静的语气回说："不久前，我买了一本关于论述死亡的书，书名是《直视骄阳》，读了它之后对我帮助很大，感觉自己对死亡有了新的感悟，可以面对它了。"

王诗慧提到的这本书，我并不陌生，这是一部很有影响力的著作，是美国资深心理治疗师欧文·亚隆先生编撰的。

书中令我印象最深的一句话：死亡虽是终点，但人生的意义却不会因此湮灭；死亡虽是宿命，但看待死亡的视角却可以让人们获得拯救。

一瞬间，我有些明白她为什么能够坦然谈论'死亡'这个话题了，因为书中关于人类在陷入死亡恐惧时表现出的各种问题症状，伴随而来的无根感焦虑，以及如何应对死亡恐惧的分析，实在是鞭辟入里，发人深思。

> **无根感焦虑：**存在主义认为，这是人类焦虑的底端，是最根本的焦虑，它要比死亡焦虑切入的更深。许多哲学家将把死亡焦虑看作是无根感焦虑的一个象征。

但正如一千个人心中有一千个哈姆雷特，同一本书对不同人的影响皆有所差异。

我想要了解这本书究竟如何影响到王诗慧的，于是我问道：

"你还记不记得这本书里，有哪些话语触碰到了你？"

王诗慧认真地思考了一会儿，很认真地说："书中举了很多关于死亡恐惧的案例，我就发现其实每个人对死亡都是有恐惧的，我不是唯一的那一个，心里就轻松了一点。以前我一直深陷在一个恐惧的循环里无法自拔，现在我不会那样了。不再为未来担心，想要先过好现在，丰富我自己的生活。然后好像原来链条上的某个环节就断掉了，我就彻底走出来了。"

王诗慧对自己心路历程的解读十分形象，让我着实想要拍手称赞。

我说道："你可不可以举一个例子，告诉我哪个环节断掉了？我想知道你走出恐惧循环的路径方法是什么，以后也许会遇到同样需要帮助的人，我就可以把你的心路历程分享给他们，帮助他们走出迷城。"

王诗慧点点头，很有感触地对我说："以前，只要身体有不舒服的感觉，我就会不断地去查资料印证，结果越查越害怕，特别需要别人跟我说：你一定没得这个病！这样我才会感觉到安全。现在我不需要别人告诉我了，我可以跟自己内心进行理性对话。然后让我安然地活在当下，做我想做的事，说我想说的话，吃我想吃的美食。"

"是的。最开始你期待有一个全能的拯救者来帮助你，但现在你有力量了，你能够用理性的方法帮助自己，过上平静、充实和安稳的生活。"我回应道。

我想，今天王诗慧远道而来，是为了分享她对死亡与恐惧这个主题的感悟。于是，我继续问道："你通过阅读和反思，我想知道你是如何看待死亡这个问题的？"

"我记得书里有这么一句话'学习如何好好活着，就是学习如何好好去死。'我想，每个人最终都会死，所以不管以后怎样，都要好好享受生活，好好拥有当下。"王诗慧把她的感悟清晰地表达了出来。

看着王诗慧淡然的神态，我问道："现在想到死亡还会觉得害怕吗？"

"很少去想它了。"王诗慧摇了摇头，坚定地说道。

我接过这个话题，说："其实，我们可以问问自己，当有一天死亡跟我们不期而遇的时候，我们究竟怎样生活，才能够坦然面对死亡而没有遗憾？"

王诗慧喃喃道："是啊！我也在想，怎样才能让自己没有遗憾呢？"

"每一个人都是不一样的，所以回答也是不一样的。在我看来，最重要的是'自我意识'的觉醒。这样才能去触摸自己真实的心愿，并且遵循心愿去选择自己想要的人生，过上充实、丰盈而有意义的生活。如果有一天死亡来临，我们也将带着感恩而宁静的心去面对它，不再挣扎，因为这是人类共同的归途。对今天我们而言，死亡的存在其实也是一种力量，它提醒我们要去珍惜属于生命的每一天。"我和王诗慧分享着自己对这一问题的理解。

王诗慧的眼睛瞪得很大，似乎被我的话深深吸引了。

看着王诗慧的表情，我微微一笑，继续说道："说到当下，今天就显得特别重要，因为它同时联结着过去和未来。每一个过好的今天，都是为无憾的未来搭建的一个阶梯。此时，你会发现似乎死亡唤醒了我们生命中被隐藏的希望、力量和潜能。"

"我也有这样的感觉，以前我害怕时只会把自己藏起来，但是现在我有办法了。"王诗慧小声念叨着。

"其实，死亡是作为一个深层心理动力存在的。你仔细回想一下，如果没有恐惧死亡的感觉，怎么会带来这么多的思考、学习和成长呢？怎么能学会用理性跟情绪对话，让自己的内心变得宁静呢？你又怎会发现自己的思维模式要调整的呢？这一切似乎都是从你的害怕开始的，尤其当直面死亡时，你真正开始从独立的视角出发，认真思考如何好好地活在当下。"我继续阐释着。

王诗慧点点头，说道："是的，我已经能感受到您说的这些了，它可以帮助我更多地珍惜现在的生活。"

我的恐惧，能够说出口了

"现在我能清楚看到，自己从出现恐惧到恢复宁静，内心经历了三个阶段的变化。"

此时，王诗慧停顿一下，面露微笑地对我说：

"医生，我还对自己生病的过程做了一个总结呢！我发现自己从出现害怕到恢复宁静，经历了三个阶段的变化。"

望着娓娓道来的王诗慧，洋溢在她身上的那种自信和笃定，让此时的她显得格外有魅力。

"第一个阶段我什么都不知道，只是在胡思乱想，感觉很迷茫、无助和心慌。第二个阶段是时好时坏，好像知道了一点点道理，但还会出现情绪变化。第三个阶段就是挖到内心深处害怕的东西了，比如害怕死亡，此时才开始真正开始深思、面对和学习。"她继续说。

"不简单啊！你能觉察到深层恐惧的根源是害怕死亡，这是你自我学习与成长的一个重要突破点。"我禁不住插话道。

看到王诗慧如此理性淡然地将自己的康复过程剖析得如此清晰，我内心充满了欣喜，及时回应道："能够挖到问题深层的原因是死亡恐惧，你就能解释之前在你身上出现的很多症状，比如害怕男生伤害你、害怕高楼、害怕自杀、害怕血液病等。最后，你通过主动的学习，深层的剖析来帮助自己，这是难得而宝贵的。"

听到我如此评价她，王诗慧开心地笑了，说道："我的这些进步和思考，都是在您的引导下进行的，每一步都有您在呢。"

此时，我觉得王诗慧的心理咨询已经达成了既定目标，于是，我对她说：

"在你的努力下，在我的陪伴见证下，你原有的心理冲突和恐惧纠结，不仅已经化解了，而且你还激发了自我潜在的智慧，收获了很多不同以往果实，真是为你高兴呢。"我真诚地说。

"另外，我还要特别感谢你今天过来和我分享你的这些新感悟，这些都非常珍贵。"

听了我的话语，王诗慧显得有些激动，脸上再次泛上了红晕说：

"谢谢医生！我也觉得自己可以面对真实的生活了，心情是宁静的。我下一步的计划是与同学约好，一起去巴厘岛旅行。"

就这样，王诗慧带着微笑，离开了我的诊室。我们彼此相遇在她困顿之时，离别于她在疗愈之时。生命之间的这种陪伴支持、探索思考和分享成长是一个多么真实美好的存在！

 结束语

　　人类对未知的恐惧是与生俱来的。人头脑中的念头和想法，是可以在没有事实依据的情况下，通过主观臆想和嫁接形成某种信念，这恰恰是灾难化思维的主要特征。当你重回事实本身时候，这种担心就会减少，自然也就不再那么害怕了。

第一杯咖啡：为何要透过表层问题洞悉深层冲突

发现隐匿于潜意识的深层心理冲突，是个体问题解决与成长的重要部分。

　　心理学家弗洛伊德提出了冰山理论，将心灵比喻为一座冰山，认为浮出水面的只占整座冰山的小部分，它象征着人类的意识；而埋藏于水面之下的绝大部分，则是人的潜意识，是人无法感知到的一种存在。在心理咨询中，来访者能讲述的是身心的不适感，是在意识层面上的感知。对此，心理医生需要通过一定的过程，协助来访者进行内在自我的探索，发现隐匿于潜意识中的深层心理冲突，为问题解决提供帮助。

　　本案例中，王诗慧就诊的表面原因是焦虑、心慌、失眠等症状，并就诊于多家医院，也已看过多名医生、专家，也尝试过药物治疗，但效果均不佳。因此，需要去探究发现其症状背后的深层根源。在心理问题具体化的过程中，心理医生捕捉到王诗慧最初的害怕，源自于她拒绝一个男生的求爱之后。

　　随着咨询深入，发现王诗慧害怕的对象逐步泛化，如害怕从高楼跳下、害怕患抑郁症自杀、害怕皮肤斑点是血液病征兆等。至此，透过一系列表层问题的探索，洞悉了王诗慧隐匿于"冰山之下"的深层心理冲突——对分离与死亡的恐惧。

　　通过对死亡恐惧这个主题的深入觉察和剖析，使来访者清晰看到自身的症状表现，其实都源自于对死亡和分离的恐惧。

　　之后，围绕死亡恐惧引发的情绪和躯体反应进行阐释，并将生命的有限性作为出发点，激活此时此地，引申出珍惜当下的每一天，将死亡恐惧转化为一种心理动力。最终，既消除了她恐惧的根源，又促进了独立自我的成长。

第二杯咖啡：接纳敏感特质为何具有疗愈意义

当一个人真正接纳了自己，才能够发展出最适合自己特质的行为及思维方式，才有可能做"最好的自己"。

心理学研究认为，个体在成长过程中受遗传和环境的交互影响，使个体之间存在一定的差异性，在身心特征上会显示出彼此各不相同的现象，这些差异主要体现在性别、智力、认知方式和个性特征上。在心理咨询中发现，很多来访者出现心理问题的根源，就是无法接纳自己身上"与众不同"的特质，即无法接纳自己与他人的某些差异性。

殊不知，差异并不等同于差距，只有当一个人真正接纳了自己，他才能够发展出最适合自己特质的行为及思维方式，才有可能做"最好的自己"。

本案例中，王诗慧无法接纳自己在现实生活中存在着诸多不愉快的感受和不舒服的体验，认为这是一种病理性反应，为之苦恼不已，并提出了"为何自己与他人反应不同"的疑问。对此，心理医生用心理学理论解释了敏感性作为一种特质，在每个人身上的表现可能是有差异的，敏感性的高低并无好坏之分，只是个体要学会如何跟自己的敏感性相处。

当一个人不接受自己的敏感时，就会聚焦于自身的敏感，当觉察到自己的敏感时，就会产生拒绝、反抗、挣扎。这样不但会让一个人的痛苦越来越深，而且也会让人越发变得敏感。由此，便会陷入一个恶性循环。然而，当人一旦接纳了自己的敏感，一方面对敏感的关注会减少；另一方面也会发展出跟敏感相处的方法，让敏感成为帮助自我成长的一种存在。

第 9 篇

人将死去，活着有何意义

人物独白：父母相继逝去，我彻底失眠了！是一宿连着一宿的、彻夜无法入睡的，很难想象的一种痛苦与折磨！无奈之下，我才愿意试一试心理治疗。结果让我惊讶地发现，原来是我内心世界发生了海啸……

◆死亡，一直是一个讳莫如深的话题。它作为人终极的心理冲突，若无法直面，也许有一天它还会乔装打扮，以另外一种样子闯入到我们的生活里来。

彻夜失眠，让我无望焦躁

如果一种恐惧令人无法理解也无法定位，也因此无法去面对，那么它就会变得更为可怕。这种如影随形的体验，将会引发更多的焦虑与恐惧。

七月，树上的蝉声此起彼伏，仿佛诠释着夏日的酷热。很多人不断抱怨天气过热，酷暑难耐。其实，更令人感到难耐的，往往不是酷热的天气，而是焦灼的心。

诊室外，年近五十的夏柳青正在楼道里来回踱步，匆匆来回的脚步，透露了他此刻内心的焦躁，他已经50多天都没有睡过好觉了。在这期间，他看了很多医生，尝试了很多方法，但并没有多大效果，每天晚上依旧辗转反侧，难以入睡。经朋友介绍，夏柳青今天来到了心理诊室。不过，他好像对此并没有抱过多的希望，也不敢抱太多的希望。

也许，他害怕希望越大，失望越大。

当他走进心理诊室的时候，我用目光迎接了他，面带微笑并示意他坐下。似乎，也因那一抹微笑，令夏柳青原本忐忑的心放松下来不少。

"医生，不知道为什么，我一走进这个房间，就很放松，感觉比刚才好多了！"夏柳青一落座，就迫不及待地把自己当下的感觉说了出来，并期望从我这里得到印证。

他的感觉没错。**心理诊疗室**整个色彩氛围的营造与布置，都本着给人以安全、和谐和舒适的感觉。不少来访者第一次进我的诊室时，都有着和夏柳青一样的感觉。

> **心理诊疗室**：①安全舒适，感到信任和放松。②安静温馨，防止噪声干扰。③阳光充足，通风良好。这种舒适自然的氛围，明亮轻松的环境可以潜在地调动来访者内心的积极情绪。

"我来看心理医生的愿望其实很简单，就是希望和别人一样，能睡个好觉，可是我现在连这个愿望都无法实现。"夏柳青说道，言语之中饱含着渴望。

凭我的经验，我隐隐地感觉到在夏柳青焦虑失眠的背后，可能隐藏着他并未意识到的，潜在的深层心理冲突。

"你自己感觉是什么原因呢？"我问道。

"也没觉得有什么，就是在前段时间想要一个孩子。"

我示意夏柳青继续说下去。

"一年前我父亲心脏病突然就走了，今年母亲住院半年多也走了……"说到此处，夏柳青的眼中闪过一丝黯然。

他稍停顿一下，接着继续说：

"半年前，我在照顾母亲的时候，看着她躺在病床上只能依靠别人照顾的情景，脑海中突然冒出一个念头，将来我和妻子也老去，当我们躺在病榻上的时候，谁来照顾呢？当时，我心里就产生了一股无力感，开始后悔年轻时没要孩子。之后，脑子里就反复冒地出现这个念头，现在我有些控制不住这些念头了，每天满脑子都是。"

当夏柳青提到孩子时，眼神中既有一丝期盼，又有一丝落寞。

年轻的夏柳青在美国获得博士学位后，与妻子一同回国工作。他身兼重任，工作十分忙碌，国内外的商务洽谈很频繁，经常一离家就是十天半个月。妻子也是一名职场精英，情况基本与他相当。

当时，夫妻二人都觉得事业很重要，生活也很充实，无暇养育孩子。一拍即合下便共同做出了不要孩子的决定，双双将自己的精力扑在了事业上面。

现在，夏柳青已是国内大型企业高管。在同事眼中，他早已功成名就，属于令人尊敬而羡慕的专家型管理者。

夏柳青原本也是这么看待自己的，他对自己到目前为止的人生也同样满意、安然。

然而，幸福美满的画面持续到三个月前，便戛然而止了。

在父母相继离世之后，他与妻子交流了对老年生活的担忧，并商量着想要一个孩子。妻子同意了。但令人沮丧的是，在做了各种检查与评估之后，夏柳青夫妇被告知他们已不适合再受孕了。

不久，他出现了"失眠"。

难眠之苦。犹如附骨之疽，挥之不去，驱之不散，给他的身心带来了极大的痛苦。

"医生，我是知道的，没有孩子不会让我生活质量下降。从理性上来说，我是接受这一点的。"

他略停顿了一下，我没有追问。他眼帘下垂，继续低声地说：

"现在每天，我满脑子都是孩子这件事，有时候看到同事带着孩子，就马上联想自己没有孩子的寂寞。一想到这儿，我就会反复纠结在这个地方，骂自己为什么偷这个懒。"

说到这里，夏柳青的情绪开始变得有些不安。

在讲述的过程中，我一直在仔细端详着他。

他气质知性儒雅，发型修剪得当，戴着一副铂金色半框眼镜，颇有几分学者风范。从与他的交流过程中，我不仅能感受到他的理性，也能感受到他的学识底蕴。

于是，我心里不禁想，能让一个理性的人感到如此痛苦，想必这份心痛在他心中一定刻痕颇深。

随着他的叙述，我也快速把相关信息梳理了一下，对夏柳青当下的心理困扰，做出了初步的分析判断：

从表层上看，是要孩子不如愿而引发的焦虑性失眠。但是，人情感世界的事情，远比我们表面看起来的要更复杂。

为了找到失眠的深层心理原因，我开始对摄入性谈话所获得的信息，进行着快速的整合分析与整理，也许"要孩子"而未得的失落是一根能看见的导火索，但真正引爆内在炸药的深层原因，则可能是父母相继去世后引发的"死亡恐惧"。

> **死亡恐惧**：个体了解死亡的不可避免，以及想要延续生命的渴望，这两者间的张力形成心理冲突的核心。其中，死亡是焦虑的原始来源，所以也是精神病理的基本来源。但另一方面，觉察死亡是一种"边界处境"，会使生活观发生改变，因此是治疗师可利用的非常重要的治疗力量。

死亡，这个既存事实。是如此的残酷而冰冷，当它突然站在你面前时，的确会让人手足无措，不寒而栗，但却不知该如何面对。

面对死亡，我无助又恐慌

死亡终有一天将如期而至，没有逃脱之路。这是一个恐怖的真相，引发人们巨大的心理恐惧。

在中国传统文化中，死亡一直是一个讳莫如深的话题，也是临床心理咨询与治疗中一个既沉重、又厚重的话题。

美国的临床心理学家欧文·亚隆说过，死亡终有一天将如期而至，没有逃脱之路。这是一个恐怖的真相，能引发人们巨大的恐惧。于是，每每提及，众人大都谈死色变，唯恐不及避之。

> **欧文·亚隆：**美国存在主义心理治疗师和团体治疗师。关于死亡引发的终极心理冲突，以及冲突的心理治疗，在他的专著《直视骄阳》中有具体的展现。

事实是，死亡并非只是垂死的人才需要面对，它有可能在任何时候从某个地方跑了出来，与你直面。是啊！每当我们患病，亲朋好友离去时，都会强烈地意识到死亡的存在。此时，我们没了否认和逃避的退路，也就无法再去否认和逃避。

存在主义心理学认为，假如死亡作为终极心理冲突，是人类无法避免的，那么我们就不应该仅仅是本能地否认和逃避，而是要学会如何面对死亡，让死亡作为一种生命觉醒的力量，促使我们思考并过上更有品质、内涵和意义的生活。

犹如存在主义哲学家海德格尔所言，"向死而生"！

慎重思考过后，我决定不绕弯子，直接切入死亡恐惧这个话题。

于是，我开始问道："一年时间里，家里父母相继离世，是否让你突然意识到，死亡对你来说并不是那么遥远的事情？"

听了我的问话，夏柳青似乎怔住了。尽管，他刹那间的恍惚后便回过了神，我仍然捕捉到了他眼神之中所感受到的震撼。

他可能从未想到，有人会如此轻描淡写地揭开死亡这层冷峻又神秘的面纱。

夏柳青陷入了一阵沉思，眉头悄然皱起。

我知道这可能触及了他内心深处的痛楚，他需要一些时间去整理。此时，我没有催促，静静地等着他的回应。

夏柳青抬起了头，将目光投向了我，语调低沉地说：

"医生，您可能说到我心里的症结了。我一想到自己也会像父母一样死去，对生的渴望就更强烈了，想要一个孩子的念头就控制不住了。"

对于他的回答，我没有感到意外。

心理学家罗伯特·利夫顿，曾将人类试图获得**象征性永生的模式**分为五类，其中的生物学模式就是通过繁衍子孙、通过血脉延续而获得一种永生的感觉，以此缓冲死亡带来的焦虑。

> **象征性永生的模式**：① 生物学模式：通过子孙后代的血缘连接而活下去。②神学模式：在一个不同的更高等的存在层面活下去。③创造性模式：通过个人作品及其创造性的长久影响力而活下去。④永恒自然的主题：通过与支配生命的自然力重新连接而活下去。⑤超验的模式：在一种非常热切，以至于时间和死亡都不复存在的状态中，通过"忘我"而持续活下去。

夏柳青的求子不得，打破了他通过血脉延续去对抗死亡的防御方式，引发身心出现功能紊乱的症状。

我尝试进一步触碰他内心的世界，继续就这个话题深入。

"那么，你有没有认真地想过，即使有了孩子，也不能避免有一天我们都将离开这个世界的事实？因为我们知道，死亡是一定会发生的。"我缓慢地说。

他本能地垂下了眼角，没有立即回应我的问题。但是，从他迟疑的眼神，下垂的眼睛中，我已经似乎知道了答案。

心理学家欧文·亚龙认为，直视死亡如同直视骄阳，会给你带来痛楚，但是，在深入地反思了人生的必死之痛后，你会获得内心的和谐平静。

这时，我决定把话题重新拉回到养育孩子这件具体的事情上来，也许这会给治疗带来进展。

于是，我直接提问，说道："记得你跟我说，你特别渴望要一个孩子。那么我想知道，你是真正出于对一个生命的渴望呢？还是想通过这个新生命的诞生，来满足你自己想要延续生命的渴望呢？"

不待夏柳青做出回答，我便紧接着补充，问道：

"我用一句更简单的话来问，你想要个孩子，是出于对那个新生命的爱呢？还是因为更爱你自己呢？"

我的问题看似简单的二选一，但其实答之不易，里面隐隐包含了对人性深层的拷问，也同时帮助来访者看到自己真正的内心需要。

两分钟过去了，我等待着。

经过一番胶着，夏柳青似乎已有了答案。

看到我的耐心、鼓励和肯定的目光之后，他终于下定了决心，说道：

"医生，说心里话我其实更爱我自己，而不是那个孩子。我内心对死亡的恐惧是存在的，我想如果有个孩子，就能冲淡或者转移我对死亡的恐惧，让我后面的日子好过一点。"

说完之后，夏柳青不由自主地长舒了一口气，之前紧皱的眉头也比先前稍微舒展了，似乎心中解开了一个沉重的枷锁。

他或许不知道，刚才短短的两分钟，他的内心迈过了一道无论对心理治疗或对他个人来说都十分重要的关卡。

现在，他看起来的确没有初进诊室那么焦虑了。

如果有一种恐惧令人无法理解也无法定位，那么它将变得异常可怕。因为，你将无从面对，更无法应对了。

这种如影随形的恐惧体验，使人感到焦虑，进而引发人的无助感，进一步加重焦虑，由此产生恶性循环，甚至强迫性地固化在某一个"替代"死亡的念头上，比如要个孩子。

夏柳青刚才迈过的槛，恰恰就是将对未知事物（无物）的焦虑，转化为对某种具体事物（某物）的恐惧。

当有了具体的恐惧对象之后，心理治疗才能有的放矢地进行。

夏柳青的坦诚相告，说明他直面了自己的恐惧，没有再通过防御性否认或逃避的方式来面对死亡，这对后续的心理治疗，具有十分重要的意义。

人的生命，究竟有何意义

人像一粒种子偶然地飘落到这个世界上，没有任何本质可言，只有存在着。要想确立独立自我的本质必须通过自己的行动来证明。

一周之后，夏柳青又来到了诊室。

可能是上次有关"死亡恐惧"的讨论，让他对自己内心的恐惧有了一些不同的认识和思考，此次前来的他，表情看起来比上次轻松了一些。

落座后，夏柳青主动说道："医生，我妻子最近想法特别多，想学舞蹈，还想学绘画。我虽然没有反对她，但我觉得她学的这些东西以后都会消失，并没有什么意义。您认为呢？"

我能理解，夏柳青所表达出的感受是真实的。这种**无意义感**，是存在主义心理治疗中指出的，四种终极心理冲突之一，它有时会伴随着死亡这个终极心理冲突一起出现。

> **无意义感**：存在主义心理治疗认为，追寻意义、赋予意义是人独有的能力与需要，但对于宇宙自然而言，"无意义"却是一种事实。因而，两者之间的矛盾将引发心理层面的冲突。

我没有立即回答他，而是反问道："那么，我想知道如果每个生命注定会死亡，那么在你看来生命有什么意义呢？"

他思索了片刻之后，讪讪一笑，放缓语速，看着我说：

"对于这个问题，我的看法可能比较负面。我觉得人死去之后，所有的东西都会消失，包括自己所掌握的技能和知识，全都会烟消云散，所以也就都没有意义了。不知道您是怎么看的呢？"他反问。

关于生命意义的问题，着实不易回答。

它涉及两个真实的，但又相互矛盾的两个命题：人是追寻意义的生物，而宇宙世界本身是无意义的。这两个命题结合在一起，就转变为一个根本性的问题，即需要意义的人类，如何在一个没有意义的宇宙中找到生命的意义？

这不仅是一个重要的哲学命题，也是各种宗教学派里的一个重要部分。

古往今来，无数哲人、智人都曾思考过这个问题，甚至穷其一生去追寻这个问题的答案，但结果依然是各执一词。

法国哲学家萨特说："人像一粒种子偶然地飘落到这个世界上，没有任何本质可言，只有存在着。要想确立自己的本质，必须通过自己的行动来证明。人不是别的东西，而仅仅是他自己行动的结果。"

> 萨特：法国 20 世纪最重要的哲学家之一，法国存在主义的主要代表人物，西方社会主义最积极的倡导者之一。

我清楚地知道，在短短数十分钟的时间，作为心理医生几乎无法将这个生命意义的重大课题阐释清楚。

但我愿意与他分享一些关于生命意义的理解与思考。

于是，我回答道："记得季羡林先生曾说过：'世人所说的人生意义和价值，都是我们赋予它的。'如果你问我的理解，我认为生命的意义就在于过程，也就是过程即意义，或者说存在即意义。比如做一名心理医生陪伴来访者，对我来说是有意义的；阅读时我觉得精神被滋养了，是有意义的；听音乐时我觉得旋律很打动我，它于我也是有意义的；与知心朋友的倾心交谈，我也觉得很有价值。"

"您认为过程即是意义。我知道了。但说真的，我现在还不能完全明白，我需要再想一想，也想抽空多看一些书。"

夏柳青听得专注，但听完之后，他还是有困惑，需要独自再多想一想。

考虑到生命意义论题的复杂性和多维性，我决定继续做一些相关的分享。

"其实，人是自然的产物，自然生命的起点和终点，都不是我们个体所能决定和掌控的。如果按照存在主义哲学的观点来看，每个生命都不是自己选择的结果，而是被'抛入'到这个世界上的；如果你认同这个哲学观点，那么我们的使命就是选择让每一天怎样度过。"我说。

他看着我，似乎意犹未尽，等待我继续说下去。

"用我的理解来说，如果把每一天的生存用'时间'这根线串起来，它就是生命的过程。这其中包括生活的内容、选择、决定和行动，也包含着人的意志、情感和爱恨。然而，这一切存在着的'存在'，都是我们人赋予它的。这是我的理解，很愿意与你分享。"我说。

　　他点一点头，望向我，诚恳地说："我都听进去了。以前我都在忙工作，很少思考这方面的问题，也几乎没有跟人谈过这个话题。回去后我需要整理一下自己的想法。现在，我自己的思绪也有一些复杂。"

　　在我们后面的交流中，他似乎更开放了一些，开始讲述他的过往。

　　夏柳青年轻的时候，学业与工作对他而言，充满了机遇和挑战，他辛勤的付出，为他赢得得了知识与技能上的充分发展，经济上带来可观的收入，事业上带来莫大的名誉。所有这些，都能够带给他意义感和价值感，能让他觉得自己所做的事情是有意义的，内心得以充实和愉悦。

　　当下，他事业的发展到达了一定的高度，他不再需要像年轻时那般夜以继日地工作，开始有了更多的剩余时间。

　　随着与他交流的渐渐深入，我对夏柳青的心理冲突有了一些新的理解。

　　很显然，夏柳青是个以工作为生活内容的人，当工作无法再填满他的生活时，这种空闲于他而言就是一种漠然的空虚寂寥感。此时，潜意识中的无助焦虑也会慢慢浮现出来，加之年迈的父母相继离去，潜隐的焦虑恐惧也会乔装打扮，以生理紊乱的形式表达了出来。

　　他开始无所适从。

　　对生命终将死亡的感受与恐惧，才是他所有困扰的核心症结所在。所以，我需要对他当下的工作状态、死亡恐惧和渴望孩子等，这些复杂问题做一个引申性的解读。

　　我放慢了语速，缓缓说道："当你有了更多的剩余时间，感觉生活缺少内容时，又恰好经历了父母因病相继去世的痛苦过程，死亡也因此突然被带到了你的面前。亲人的死亡，分离的伤痛，会带给你很大的情感冲击，甚至心理创伤。尤其是亲历父母衰弱与死亡的过程，很容易让人产生关联性念头，即父母已逝，我将其后。"

　　夏柳青认同地点点头，回道："是的。原来觉得死亡似乎离自己很遥远，可是这半年来感觉完全不一样了，觉得其实它离我并不遥远。"

　　看着他越来越自如的回应，我进一步说道：

　　"具体对于你来说，父母离去后，潜在的死亡恐惧，以及填补生活寂寥的心理需要，被下意识地联结了起来，于是就萌发了要孩子的念头，它具有情感转移与替代的作用，实质上也是一种心理防御机制。"

　　伴随着对生命意义的**解释**，我一并阐释了困扰夏柳青的这段复杂的心路历程。

> 解释：是指心理师基于相关知识和理论，对来访者所提供的信息予以理论分析和说明的过程。

夏柳青一边听，一边像在思索着什么，说道："哦？您是说，特别想要孩子的念头，是因为能在情感上转移替代我内心的焦虑和恐惧？"

"这样理解是可以的。"我回说。

为了便于他的理解，我进一步解读道："其实，你也可以问一下自己，生儿育女这个你早已认真思考过而放弃的决定，为什么会在当下这个时候被重新提起并想要改写？"

"是的，我与妻子对孩子这个问题很认真地想过，最后，我们共同做出了不要孩子的决定。"

夏柳青一边频频点头，一边回应我的问题。

"为什么是现在要改变？因为它与你当下的生活和心理需要相吻合。如同先前分析，生儿育女不仅能够缓冲死亡带来的恐惧，也能用照顾孩子填满你空余的时间，从而继续在忙碌的生活过程中获得安慰，冲淡内心的恐惧。你有这个想法吗？"

"有啊！孩子需要我照顾，我就会忙起来了。"他很快回应道。

针对夏柳青的回答，我感觉他依然对没有孩子纠结着。

我继续引申话题，说："其实，我不知道你有没有想过，就算有个孩子来到你的生活中，但这个孩子也会老去，也会在未来死亡？"

夏柳青听到这里，似乎内心被触碰了。他坐直了身子，很认真地对我说：

"医生，您刚才所讲的话，还有您追问我的一些问题，都很触动我！现在，我心里有了一些新的、不一样的感受，但还有些模糊，我需要一些时间去想想。"

我想，如果给予夏柳青一些时间去整理和思考，他应该会有所收获。

对生命意义的探寻永无止境！

但无论结论如何，活在当下的人们都应该回归到真实生活的本身，而不是脱离开现实的生活去臆想。

探讨完这个话题之后，我结束了今天的咨询。

慢下来，别忽略了生活美好

人在欲望层面的追逐既是本能，也是永无止境的。不要为了满足欲望去追求更多的东西，而失去对你的生命本来很有价值的东西。

此后一周，夏柳青因出差未能前来。

再见时，已是两周之后。

今天的夏柳青身着浅灰运动服，带着浅浅的笑，脸上的黑眼圈消失不见，人看起来精神了很多。

一落座，他带着笑意，便迫不及待说："医生，我现在能睡着了！"

短短的一句话，欣喜与激动之情已溢于言表。虽然我在诊室已见过无数次这样的表情，但此时的我仍十分高兴。

人最幸福的时刻，便是在奔向目标的途中，渴望和需求得到满足的那一瞬间。

现在的夏柳青，便是如此。

紧接着，夏柳青说："我现在能放松了，已经很少再想到孩子这个问题了，尽管偶尔看到同事的孩子还会冒出这个念头，但大多都是一闪而过，不会反复纠缠了。"

在夏柳青谈及孩子这个话题时，我一直在暗暗观察他。

他能够在一个月时间里，就化解平复了在孩子这个问题上的纠结，不禁让我刮目相看，欣喜之余，也感慨他的理性思考力之强大。

在心理诊室，我遇到过很多不同的人。有的人理性，学习能力和思考能力都很强。在解决他们心理困扰时，你只需要在认知逻辑层面给予必要的澄清、分析与阐释。之后，他们会通过自己的理性反思，继而修通那些紊乱的内在情感关系。这时，他们原有的心理困扰也就化解了。

显然，在事业上颇有成就的夏柳青，就是这样一位理性、逻辑且善于思考的人。

所以，我决定今天咨询的重点，放在如何面对死亡这个主题上。

从存在主义心理治疗原则出发，死亡作为人终极的心理冲突，若无法直面，那么也许有一天它还会以伪装粉饰的方式，以另外一种样子闯入人们的生活里来，引发多种身心紊乱的症状。

也许，有人内心强大到能够海纳百川，无所不容。但大部分人，在面临生命终将死亡这个无法回避的事实时，能做些什么呢？

在我眼里，每个生命都是这个世界的礼物。犹如散落在原野上的蒲公英，风起，随风飞扬，风停，随地而落。

在生命飞舞的时候，我们只知有一天终将落地，但却不知将于何时落于何地。

未知的恐惧弥散在空中，一直尾随着我们，驱之不散。

倘若在此时，还能看到在空中不断飞舞的蒲公英，我们就会感到些许慰藉，内心将不再那么恐惧，飞舞的翅膀也将不再那么挣扎无力。

只因，我们不再是孤独的行者。即使不能携手，至少我们能够同行。

于是，我决定与夏柳青分享两个真实的生命故事，也许会对问题的解决带来帮助。这缘于，人类命运的**普同性**和心路历程的相似性。

> **普同性**：心理医生通过分享，帮助来访者发现自己并不孤单，更不是唯一的不幸者，他人也和自己有着同样的，或者相似的经历、体验和苦难。这有助于松解其内在的压抑感，并从中获得新的领悟，引发新的思考。

第一个故事，是有关亲人死亡恐惧的体验。她是一位大学老师，父亲已近九旬，身体向来健朗。但是一场大病后，便卧床不起。她每次回家探望时，看到的都是父亲日渐憔悴的面容，她心里会不由自主涌出一股很痛苦的悲凉感。

她说，有一天晚上，梦到和父亲并肩向前走着，但突然发现父亲离她而去了，背影依稀可见，但距离却越来越远。她十分焦急，一边追赶，一边呼喊，但父亲仍是继续渐行渐远，身影越来越模糊，直到消失在她视野中。当父亲的身影完全消失的时候，她悲痛地号啕大哭，从梦中惊醒！

显然，这是个有关父亲死亡的梦境！从此，她的情绪进入了悲哀的谷底。

事后，她说："我心里那种恐惧，就像一个'黑洞'把我卷了进去，黑洞里没有一丝光亮，也没有一点温度，只有无尽的悲凉，我感到难忍的窒息、孤独和无助。在那个黑洞里，我失去了所有自我控制的能力。"

所谓"情绪黑洞"，其实和萨提亚所提及的**冰山隐喻理论**有些类似，它们都指向人类的潜意识，即人无法意识和控制的那一部分心理活动。

> **冰山隐喻理论：** 美国心理治疗师维琴尼亚·萨提亚提出。它指一个人的自我就像一座冰山一样，我们只能看到表面很少的一部分，而更大一部分的内在世界，却隐藏在更深的层次，不为人所见，恰如冰山一样。

夏柳青听完了我的讲述，忍不住插话，说道：

"医生，这种窒息和孤独的感觉我也有。半年前我生病的父母逝去了，我忽然感到'死亡'原来离我这么近，也让我清楚地看到死亡会发生在我身上。这种无助的感觉让我害怕、心慌和恐惧，但又无能为力。"

这是夏柳青第一次在咨询中，能够坦然地、主动地与我谈论他对死亡的感受。

他开始正视死亡这个现实，不再采用回避或替代方式，这对他的疗愈有积极意义。

于是，我给了他积极的反馈，说道："你能开始与我谈论死亡这个话题，并觉察由它而来的情绪变化、内在感受和深层体验，这对你而言是重要的。其实，对死亡的恐惧每个人都有，是普世存在的。就像我刚才跟你分享的这个故事，她梦境中就是父亲死亡的意象，她在黑洞里面感受到的正是死亡恐惧。"

"那么，后来呢？她从里面走出来了吗？"夏柳青还在追问结果。

我意识到这个分享对他是重要的，他人生命故事带来的触动，会有助夏柳青对自我问题的进一步觉察、反思与思考。于是，我回应了他的好奇，说道：

"她告诉我：有一天，她突然意识到，她所有的痛苦都来自'逃避否认'父亲终将死亡这个事实。当她决定直面死亡真相的时候，她发现自己的坏情绪得到了缓解。有时，还有念头出现，她会提醒自己那只是一种本能反应，但这种反应并无法改变事实。与此同时，她更专注于她自己当下的生活。"

真实的生命故事是极具疗愈意义的。

夏柳青沉默了一会儿，然后对我说："医生，您刚才分享的这些感受，还有您对我说的话，对我的触动很大，我在来您这儿以前从未想过，也没有任何人跟我提及过。但我还需要时间消化一下。"

"我跟你分享他人的故事和心路历程，并非让你简单地去模仿拷贝，而是帮助你去靠近自己的感受，觉察内心的体验。因为，人在死亡这个终极心理层面上的感受是相似的。"

从心理精神动力性观点出发，如果将潜意识中未知的恐惧意识化，临床上因未知恐惧而引发的心身症状就会得到有效改善。

直视骄阳，心灵生命的觉醒

人若能做出遵循自己内心的选择，无悔、真诚与坦荡地活着，这已是弥足珍贵的一生了。

我跟他分享了第二个故事，它是关于生命意义的。

他是一个成功商人。他曾告诉我，他人生的信念就是：大把挣钱大把花，食色人间不枉来。三十五岁那年，他在一次聚餐后突发急性胰腺炎，差点没抢救过来。同年，貌美的妻子又离开了他。

经历了这些以后，他说自己迷失了，突然觉得金钱和食色对他而言，都失去了意义。

那时，他开始淡出所有人的视线，仿佛在这个世界上消失了。所有人都认为他就会一直这样沉沦下去。

然而，两年之后，他又回来了。

再见面时，他一改之前"小弥勒"身材，变得精神而匀称。脸上的笑容也十分真诚，给人一种淡定、从容而又积极阳光的感觉。

我曾经带着职业的好奇问他："究竟是怎样的经历，让你得以蜕变如斯？"

他说："真实的人生让我改变！"他从最开始对金钱和食色的索取，转变为向内心自我的不断追问！

他开始反省自己的人生，当外在的东西失去的时候，什么才是沉淀在自己生命里，真正属于他自己的存在呢？在那段人生的低谷，他发现之前自己走得太快了，也太轻狂了，忽略了很多生命本身的美好。

讲到这里，我略微停顿了一下，接着说道：

他还说，正是人生磨难的出现，才让他有机会反思，究竟什么才是真正的生活？什么才是生命的意义？

最后他领悟到，人生是短暂的，生命的意义是自己给的。幸福与快乐的感觉，永远是属于自我心灵与精神世界的。

他开始重新捡起了室内设计这一老本行，按照心愿设计了一个敞亮宽大的书房，他手持画笔，绕在耳畔的是舒缓的音乐，眼前摆放的是大叶绿色植物。此时，他感受到了从未有过的充实自在，已经失去的设计灵感也都回来了。

他说找到了自己生命存在的意义——就是让自己的心灵从容、踏实而富有地存在着。

是啊！究竟什么才是有意义的生活呢？

其实，人的幸福并不取决于你得到了多少身外之物，而取决于你是不是失去了对你本来最重要的东西。

夏柳青沉思了一会儿，然后眼睛望向我，深有感触地说："您的这个分享对我很有启发。看来不仅每个人对生命意义的理解不同，就算是同一个人在不同境遇下的理解也不同。所以，我也不会再去追求一个标准性的答案了。""对我来说，现在也算小有成就了。我不必再去追逐外在的、缺失的或者虚幻的东西，反而要重视自己已经拥有的，但又被自己忽略了的生活内容。"

"这样的感悟很难得！其实关于生命的意义是一个哲学上的命题，也许需要我们每个人用一生去回答。不过在我看来，遵循心愿过好每一天，就是生命最好的意义。"

夏柳青微笑着，认同地点点头。

我也期待刚才分享的故事能扰动他的内在，帮助他做出符合自己心愿的选择，过上让他舒畅而无憾的生活。

最后，他告诉我下一周他要出差半个月，暂时无法来做心理咨询。

出于对他理性思考能力的了解与信任，我决定给他一些具体的方法，帮助他在工作之余继续对自我状态进行调整与思考。

> 指导：咨询师直接告诉来访者做某件事情以及如何做或者以某种方式去做。

我提供了三个建议。

一是察觉自己的负性情绪与念头，并尝试找出减轻缓冲这些念头的方法。二是回望整理自己当下的生活，发现其中被自己疏忽了的部分。三是思考如何活在当下？如何在生活中增加新的内容，并做出行动计划安排。

三周后，夏柳青出差归来，再一次来到心理诊室。

他告诉我，他与妻子一起回望了他们已有的人生，结果发现，当下这种踏实而舒适的生活状态是他们一直想要的，如果换一种表达方式来说，就是现在拥有的生活内涵，已经远远超过了他们俩最初的期待。

"最近睡眠好吗？还失眠吗？"我问他。

"能睡了。从跟您说了死亡开始，我的恐惧焦虑就松解了不少。之后，又开始关注人生意义的内涵。现在心情放松了，睡觉也好了。"他轻松地回答道。

我笑着追问了一句："那么孩子呢？还有遗憾吗？"

他郑重其事的回答了这个问题，认真地说道："我真正想通了，与其把我对未来人生的期待，寄托于另外一个生命，那就不如自己今天充分的去生活，让自己没有遗憾。"

"你妻子呢？她是什么感受？"我继续笑着问。

"我妻子一直觉得我贪心，她比我有定力多了。"他笑着，轻松地应道。

心灵，是有灵性的！这是我多年心理医生历程里的真实感受。尽管，在每一段生命的历程里，都会遇到不同的困惑、纠结与磨难。

我在欣喜之余，也不禁心生感慨！

在生命颠簸不安的岁月里，在命运十字路口的徘徊中。若能做出遵循自己内心的选择，无悔与坦荡地活着，这已是弥足珍贵的一生了。

记得哲学家叔本华说过这样一句话：不要为了满足欲望去追求更多的东西，而失去对你的生命本来很有价值的东西。

因为，人在欲望层面的追逐既是本能，也永无止境！

所以我宁愿相信，每一个生命都会在心灵觉醒之时，让自己的人生无悔地度过。

心理医生在诊疗室的人生，就是生命与生命之间的每一次遇见，每一次道别。

期待他内心的宁静和满足，能够弥久芬芳。

本篇 结束语

时间是伟大的！在时间的隧道里，不仅能证明一切，也能改变一切。时间也是一个忠实的记录者，它见证了季节的寒暑，草木的枯荣，以及生命的从生到死！于我们今天而言，唯有珍惜！

第一杯咖啡：如何发现失眠背后的深层原因

探究隐藏在失眠背后的深层心理原因，是心理咨询与治疗的关键点之一。

　　人生中有三分之一的时间是在睡眠中度过的。据调查统计发现，因生理、环境和躯体疾病等引发的失眠仅占小部分，因焦虑、抑郁和压力等心理因素引发的心因性失眠占大部分。一般来说，心理因素引发的失眠，多来自情感、人际、工作和学习等压力问题。所以，探究出隐藏在失眠背后的深层心理原因，是心理咨询与治疗的关键所在。

　　结合本案例分析，夏柳青来咨询的主要问题，初看似乎是睡眠障碍，实则不然。心理医生通过提问与澄清，发现他执着想要孩子的想法，是在父母相继去世之后萌生的。顺着这条创伤性的情感线索，继续往内心深处探究，结果发现严重失眠出现在求子失败之后，从此揭开了隐匿于焦虑失眠背后恐惧死亡的面纱。至此，夏柳青严重失眠的根源得以澄清，心理医生便聚焦于如何帮助夏柳青处理死亡恐惧，并展开了系统心理治疗。

　　值得关注的地方是，他在目睹父母衰老死亡的过程之后，脑海中反复出现了"我也会死去"的念头，由此带来了巨大的心理恐惧。"我想要个孩子"是个体通过生物学本能模式，来缓解死亡恐惧的一种方式。

　　然而，看似没有孩子让人苦恼不堪，其实这并非是解决焦虑恐惧的关键所在，而是人在试图缓解死亡恐惧中的另一个被外化了的心理冲突。如果心理医生仅仅围绕失眠和生育孩子的主题展开，就很难帮助来访者获得真正的心理疗愈。

　　总而言之，发现表层问题下的深层心理冲突，永远都是心理治疗中的难点与关键点。

☕ 第二杯咖啡：追寻意义是生命永恒的主题

有限的生命如何在本无意义的宇宙中寻找其意义？这不仅是存在主义终极心理冲突之一，也是一个重要的哲学命题。

无意义感，是存在主义四大终极心理冲突之一。无意义感常伴随对死亡的恐惧出现，当个体觉察到死亡的必然性，知道自我无法避免死亡之时，很容易提出这么一个问题，那就是既然生命的结局都是死亡，那么生命有什么意义？人又为什么要活着？人应该怎样活着？

宇宙本无意义，它只是一种存在，而追寻意义则是人独有的一种能力。一个有限生命的个体如何在本无意义的无限世界中寻找生命的意义？这是一个很大的哲学命题，但在心理咨询中，这也是来访者经常会提出的一个问题。

在本案例中，夏柳青在对死亡进行省思之余，又产生了对生命"意义"的追寻和思考，提出了生命有何意义的疑问，在这里心理医生从如下四个方面来提供帮助：

第一，通过分享其他人的故事案例，让夏柳青看到无意义感是每个人都会思考的问题，是终极的冲突，是普遍存在的，以减轻其焦虑。

第二，在哲人阐释"意义"观点的基础上，心理医生结合自己的体悟，使其认识到人作为一种智性动物，追寻意义是人的需要，肯定了夏柳青对"意义"思考的价值。

第三，分享"意义"是被人赋予的这个主题，并指出没有唯一标准。每个人会在不同的境遇下，对不同的事物、需要和情感赋予意义。这会带给人踏实与可控的感觉；反之，没有意义感的生活则会带来莫大的空虚寂寥感。

第四，结合具体情况，给出了一些建议，包括建议他回归，并投入到当下真实的生活中去，鼓励他去构建属于他生命的意义，以此摆脱"无意义感"带来的空虚漂浮。

在实践中，一定要根据来访者心理问题的特点和发展阶段，及时给予有针对性的心理治疗，这对于提升来访者的生命质量，顺利度过心理应激创伤期，是十分重要的。

心理咨询学习之旅

附文一

跟随老师学做咨询

我与老师的初见

初见董燕教授，是在五年前。

那时，我作为老师在第四军医大学招录的硕士研究生，在三月下旬的一个下午，去科室主任办公室拜访她。

未见老师时，我内心是忐忑不安的。我知道，她是中国第一批国家人力资源和社会保障部心理咨询师培训专家，第一批国家心理咨询师职业资格鉴定专家，也是第一版心理咨询师教材的编撰专家，获得过"十一五"优秀教师奖励，影响了一批又一批心理学爱好者走上了心理咨询从业之路。

但真正和老师见面时，她的一颦一笑，让人如沐春风，瞬间就拂去了我内心的紧张。老师的气质温文尔雅，声音质地悦耳轻柔，犹如一股沁人心脾的泉水，让人不由自主地感到放松、自在和舒适。

那次交谈中，老师让我印象最深的有两点：首先，是她对临床心理咨询与治疗发自内心的热爱。她说："我这一生最值得骄傲的选择和决定，是从一名内科主治医生，通过系统学习心理学而成为一名临床心理医生。"其次，是她言谈举止中蕴含的自信与笃定。她告诉我："人的心理健康与生理健康同等重要。不同的是，外科医生是用手术刀完成躯体上的手术，而心理医生则是通过特定的语境系统来完成心灵上的手术，因为它是一个需要投入心力的工作。"

时至今日，老师当日那席话仍犹在耳。

咨询的深宅大院

2015 年，我在第四军医大学完成了研究生第一年公共课程，来到了空军总医院临床心理科，跟随老师开始学习心理咨询与治疗。自此，我也算是走到了心理治疗这扇"深宅大院"的门前，内心是欣喜的。

此前，我读过一些临床心理咨询与治疗的书，自认为虽未做过现场的心理咨询，但也应该和书中所言相去不远。不料，当跟随老师第一次进入心理诊室后，我的内心不止一次地受到了极大的震撼。

在老师的心理诊室里，没有来访者和专家权威的标签，有的只是"两个生命在诊室的相遇"。

来到心理诊室的来访者，困扰不尽相同，表达方式也是千态万状，有一进门就沉默不语的，有一进门就泪流满面的，也有一进门就怒气冲冲的……但无论他们以何种状态进入心理诊室，老师都能用她平静中蕴含着的力量，温婉中饱含着暖意的话语，让大多数来访者安静稳定下来，转而逐渐将内心的困扰缓缓道来。在这种承接容纳之下，对来访者纠结于心的困扰，缠绕郁闷的心结，采用像剥洋葱皮一样的技术，逐一进行剥离、捋顺和化解。直至愁眉消散、笑颜再现，重燃对生活的热情与渴望，回归到他们正常的生活轨道之中。

每当我在心理诊室看到这一幕，总会让我想起《大学》里所说的："知止而后有定，定而后能静，静而后能安，安而后能虑，虑而后能得。"

平日，在跟随老师出诊之后，老师都会专门抽出一些时间与我探讨当日的咨询个案，分享在整个治疗过程中的技术应用、问题分析与感悟。

老师是在存在主义视角下，做短程整合式心理治疗。她如行云流水一般的咨询现场，心理问题化解的流畅路径，言语的知性温和，不由让我产生了一种错觉，好像心理咨询没有特别的难度。

有一天，轮到我单独做一个25岁男性咨询时，我却一下子傻眼了。他说：我压力很大怎么办？工作我不喜欢怎么办？父母总是否定我怎么办？我很难受又摆脱不了怎么办？面对他不断抛出来的困惑、纠结与现实问题，我开始焦虑了，只觉得脑中一片空白，原先在老师咨询中学到、听到的理论、技术与方法技巧，它们像约好一样，一溜烟全部跑掉了。

"唉，剧情不应该是这样的啊？"我内心暗自苦笑道。

之后，老师对我说："咨询是不容易的，如对问题切入点的选择、语境语系的使用，以及知识逻辑技术的应用，这都意味着现场咨询是在变化中展开的，而不是对所学理论知识与技术的简单复制。它是一个贴近来访者的，有结构、有层次、有技术的复杂过程。"

我听进去了，谨记在心。

咨询的语境氛围

我开始尝试记录整个咨询过程中的技术逻辑要点。说实话，起先我仍有些不以为意，因为我发现老师是不做现场记录的，但在案例分享讨论时，她依然能够完整地还原心理咨询与治疗的现场。

我认为老师能做到的，我应该也可以。于是，在现场记录时常有省略，在经历了几次窘迫的案例讨论之后，我便不再敢效仿了，因为我意识到，老师和我是不一样的，她能做到，并不代表我也能做到。

后来，从其他老师和师兄妹们那里得知，老师的记忆力超乎常人，尤其是她的听功更是厉害。所以，为了尊重来访者与保持流畅性，她几乎不在咨询现场作任何记录。于是，记忆力泯然于众人的我，便再也不敢怠慢了。

在忙碌地记录了将近三个月时，我突然发现，在与老师的个案剖析分析过程中，我在回忆个案时不仅变得容易了，而且在回忆的过程中，似乎开始能够略微揣摩老师的咨询逻辑和思路了。

我隐隐感觉到，这应该是现场笔记所给我带来的益处。有一天，我把这点感触与老师分享后，她说道："想要得到最好的回报，就得付出最辛苦的努力。你对咨询现场观察、记忆得越多、越仔细，就能将治疗过程还原得越具体完整，你的吸纳、内化和收获也就随之增加。"

听到老师这番话语，已经初步尝到甜头的我深记于心。于是，在之后的跟诊过程中，我便尽可能地将整个咨询过程记录下来，特别是语言的表达、理论与技术的现场灵活运用。

坦白说，现场记录的过程很累，但对我帮助很大。我曾经也试图通过录音来减少当场记录的负荷，但有一次被老师觉察后，她严肃地告诉我，身为一个职业心理人，应当遵守相应的职业伦理和道德。

老师的话，让我无可辩驳，当下羞愧得满脸通红，只恨自己不够勤奋，老变着法想要偷懒。

就这样一晃十个月过去了。

功夫从不负耕耘

一年以后，老师根据工作需要，要求我进入独立接诊实务，每周一次。

起初，我的内心忐忑，有些缺乏自信，毕竟老师的咨询给我留下的印象太深刻了，难以想象我的咨询会是怎样的一番情景。但是，所学终究要归于实践检验，在老师的鼓励下，我尝试接诊了。

几次接诊下来，我惊讶地发现，在与来访者交流到某个心理话题时，经常脑中会浮现出老师之前在咨询中，遇到类似问题时可能会追问的逻辑关系、会反馈的信息和使用的言语，然后我就凭着记忆说了出来，果然颇为有效。

我心欣然，当我把这种感受反馈给老师时，老师莞尔一笑，说道："功夫不负耕耘苦！之前你播下的种子，终于开始发芽了。"

仔细想来，一年多来心理诊室的实践，我用于分析咨询技术的记录本已十余册了。我有一个很深的感受，就是每当在咨询中遇到困惑时，我再去翻看以前的文字记录，发现曾经的咨询现场很快就能浮现在脑海之中，虽然不复先前精准，但整个咨询思路仍能很好地印刻在脑海中，似乎我已"内化"了某些宝贵的东西。

一想到此，除了惊讶，我心中涌起更多的是对老师的感激。倘若没有她悉心的教导指点，也许我不会有这样的体验与感悟，也更不会是今天这个自己了。

老师的用心让我明白了，点滴的成就都需要耕耘付出，并无所谓捷径，犹如千里之行始于足下，一步一个脚印地走，才能行远致远，踏实稳健。

此后，每当在出诊时遇到难以承接的问题时，除了之后请教老师，我也时常会翻阅以往的咨询分析记录，通过回忆和复现老师咨询现场的真实情景，帮助自己整理咨询和治疗思路。

三人行必有吾师

二年后，老师又多了一个弟子，他就是我的师弟李诚，他本科毕业于北京师范大学心理系，在我眼里他是一名聪明、踏实、帅气又能干的小兄弟。

于是，老师决定建立一个三人讨论与分享小组，创设一个平等自主的学术氛围，让彼此思想上的碰撞带来更多心灵上的丰富。

老师是一个理性、独立而很有主见的人，但同时也是一个十分开明亲和的人。在案例讨论与学术分享的过程中，她十分尊重我和师弟的想法，只要我们能说出足够的理由和想法，她通常都会积极回应，欣然接纳。

在褪去最初几次学术讨论的拘谨之后，老师与我们有时也会在学习之余，分享各自在近期的所闻、所见、所感和所思，尤其是在信任安全的氛围里，各自分享来自内心的声音。

我们讨论案例的地点在老师办公室。办公室十分安静，窗外是一片绿地，窗台上还有君子兰等绿植相衬。在讨论时，老师还会打开轻柔的音响，相伴悠悠的丝竹乐之声，如潺潺流水一般，弥散萦绕在时空里，此情此景，以至于让我有了身在山林幽静之所的感觉。

老师和我们，就在这神静心安之地，畅游在知识的海洋之中。

私底下，我和师弟时常都在感叹，我俩能跟随老师有如此这般时间的学习，真是一种莫大的幸运与幸福。在这里，我们不仅能亲临心理咨询现场，通过近距离的体验式学习，还能在学术思想上与老师进行深入分享，这种立体化多层次的体验学习与分享，我想应该是所有学习者梦寐以求的吧！

《周易》有云：二人同心，其利断金。同心之言，其臭如兰。

自我觉醒的背后

书山之途，幸有我师焉！

老师其表如兰淡雅，其言如酒醇厚，其行如山沉稳，其性如水顺柔。老师说过："心理学是一门心灵温暖心灵的科学。心理学这一门科学，是人类情感的延伸。如果没有对人的关爱，任何创造最终都不可能真正给人带来幸福……当来访者遇见困扰陷入泥泞时，我愿陪他们走过这一程，帮助他们看到自己本身就是一个发光体。"

在老师身边学习的日子，我有了更多的思考，也有了更多的追问，这其中很大一部分原因是受到老师影响，她的哲学思想、她的言谈举止、她的语言和表达，她对人性的关注和仁爱，让我逐步形成了一个优秀心理医生的样子——就像老师一样吧！知性、优雅、亲和，智慧、博学。在心理诊室，她用一份耐心、一份真诚、一份智慧倾听来访者的心声，用她多年积累的经验技能帮助一个又一个的来访者走出心灵阴霾，被来访者亲切地称为不用听诊器的"护心人"。

在案例讨论之余，还不时能听到老师与我们分享她的人生感悟——从当年一名上山下乡的知青，一路成长至如今的全军知名心理专家。这其中每一步的历程，都能让我感受到老师当年艰辛的付出、意志的坚忍与刚强，每每至此，我心中的敬意与佩服之情都会油然而生。

　　三年学习时光，匆匆，太匆匆！感谢这一路能有老师与师弟相伴携行，这是我莫大的幸运。

　　如今，我已完成硕士研究生学业，毕业离开了空军总医院，但我的心从未如此时一般踏实。

　　《接纳不完美的自己》一书，承载了老师二十余年来心理咨询与治疗理念，书中文字与疗愈，皆为她在心理诊疗室里的亲历、真言与实操，相信品阅之人，一定能嗅到书中所散发出的馥郁芬芳。

　　《徵调曲》道："落其实者思其树，饮其流者怀其源。"

临床心理学硕士　郭久亮

2018 年 8 月 19 日于北京

附文二

原来，心理咨询要这样做

心理诊室里的体验

从北京师范大学心理系本科毕业的时候，我就有了成为一名心理治疗师的渴望和梦想，2015 年的秋天，我终于考入了第四军医大学医学心理学系，走进了临床心理学的大门，成为了董燕老师的研究生。

记得初入心理诊室时，正值八月盛夏，我的内心充满忐忑与好奇。果然，我看到了一个不一样的诊室，淡绿色的沙发，色调柔和的壁画，生机勃勃的绿萝和蝴蝶兰……我不由自主地感到内心宁静下来，仿佛这间诊室隔绝了世间的喧嚣。

作为助手，我静静坐在老师的身后，等候着来访者的到来。随着治疗的开始，心理咨询的神秘面纱逐渐在我面前展开，它是一个技术性很强的专业，在咨询的过程中充满着阻抗、曲折和荆棘，并没有我想象得轻松和容易。正因为如此，我也坚定了一个信心，我要好好提升自我，将来也成为能够疗愈他人心灵的治疗师。

感受，是一种能力

在正式进入心理治疗实践之前，老师反复强调的一句话是："要想成为一名合格的心理治疗师，首先要完成自我成长，否则不仅无法助人，还可能伤害到人。"我点头称是。但是，真正让我有体验和感悟，是经历这样一件事之后。那是研究生督导小组的一次讨论，主题是"你觉得自己是怎样的一个人？对你影响最大的故事人物是谁？"大家讨论得很热烈，仿佛都有说不完的话。

但是，轮到我却只有三言两语，甚至有些排斥这个话题，认为这样一个人生的命题和心理治疗技能毫无关系，简直是浪费时间。最后，甚至我有一个提议，希望能减少这样的讨论，增加咨询案例分享的时间，以更好提高心理咨询技术。

有一次，在老师完成一位 34 岁女性的情感咨询后，我依据自己所学的心理学理论与认知，对这位女士的情感问题表达了看法、意见和评论，并自认为是这位女士的认知行为出了问题。这时，老师缓缓说道："在咨询中，情感咨询是最复杂的，因为它是混沌、原始而强大的存在，在人性的最深层。大多数来访者陷入痛苦时，也无法清楚地感知自我情感需求的方向。"接着，老师给我提了几个问题："你了解她吗？你了解她情感后面的故事吗？你了解她的夫妻关系发生了什么吗？在这些关键信息都是问号的时候，你不能用自己的价值标准做出结论性的评判。"之后，老师要求我去体验来访者的感受，感受情感问题背后的心路历程，以及情感出现纠葛的复杂原因。

这一刻，我才发现，没有对人性的多层次的理解，没有对情感和感受的觉察和体验，就无法与来访者的内心进行沟通，也就无法做心理咨询了！

此时，我才深刻地认识到，感受和表达感受实质上是深层共情的能力，这是开展心理咨询的基础。

我也第一次深刻地意识到，心理咨询是心灵与心灵之间沟通的学问。如果一直用理论和知识说话，而不是用心灵去体悟感受，心理咨询将会变为一场意识层面的说教，心理疗愈将很难发生。

在此之前，我一直认为，一些不符合我价值观的认知、行为和情感，我是很不愿意去触碰的，认为它们可能会对我产生消极影响，甚至担心将失去原本的自我。此时，老师给我打了一个很通俗的比喻，一棵大树，如果它的根扎得足够深，无论多大的风雨都不会动摇，更不会倒塌。老师强调，我自己的价值观就是这个大树的"根"，自我的成长就像树干的年轮一样，随着岁月将会不断的扩展、壮大和丰富，建构起一个更加开放的、更包容的多元价值体系。包括要去了解与自己不同的人，了解不同性别的人和不同年龄阶段的人。

最后老师说，一个成熟的心理咨询师很清楚自己的价值观是什么，但同时又可以很好地感受他人的内心，允许与尊重他人的价值观。

从此以后，在各种咨询中我都不断地用这些话来提醒自己：你了解他们吗？你知道事情背后的故事吗？你知道他们的心路历程吗？

在咨询室里，我开始更多地倾听别人的感受，不断地培养自己的共情能力，尝试走进来访者的内心，试着用多元的视角去看待事物的能力，以及挖掘自我分析与探索的能力，并在咨询过程中学会了述情性表达。

共情，促自我突破

不知不觉间，一年过去了。

当我有机会开始做心理治疗的时候，我才能感觉到老师原来跟我讲的那些话是多么的重要，比如学会用心倾听、身临其境的共情、用好奇心感知、用述情去反馈，激发起来访者自我的觉察和内省，恢复理性的思考和判断。

记得，在一个 22 岁大学生的箱庭治疗中，来访者在沙盘里堆满了妖魔鬼怪的沙具，仅在中央骷髅旁有一朵紫色小花，我感受到了她的伤感和期待，以及内心的挣扎。

于是，我试着把聚焦点放在这朵小花上，由此带来了意想不到的治疗突破，不仅激发了她的自我觉察，帮助她接纳了内心的渴望，最后萌生出了自我改变的动力。

老师见证了我的进步，询问我是如何做到的。反思过后我发现，正是我暂时"忘掉了"使用技术，而是用心感受着她的感受，体验着她的痛苦，就在这种深层情感的互动中，激发了我对治疗方法的选择和对技术的灵活使用。原来，心灵与心灵的沟通与共情，才是临床心理治疗有效性的核心与灵魂。我深深意识到，只有深入了解了来访者的所思所想，现场心理治疗技术的应用才能做到有的放矢。

另外，让我意外的是，"感受与共情"的力量也帮助到了我自己。先前，每当我有压力而心烦焦虑的时候，我要么选择逃避，要么选择对抗。有时还在心里骂自己，怎么不可以再坚强一点、再刻苦一点，结果我会在心身疲惫的状态下煎熬着、焦灼着。

现在，我学会了与自己的情绪对话，探究这些感受从何而来？它想向我表达什么？需要我为它做点什么？当我找到这些问题答案的时候，我"知道"需要做什么了，而这种"知道"和"做"会带给我安心。

至此，从学习咨询中，我也学会了如何去帮助自己，而不再反复使用消极评价的方法！

奇妙的技术整合

学习与收获常常是在不经意之间发生的。

至今，对我印象深刻的是，有次治疗进行得并不很顺利，一个 16 岁的中学生始终无法跳出自己的思维模式，处处表现出对治疗的"反抗"，整个咨询有一种"卡住了，带不动"的感觉。在分享讨论个案的时候，老师对我说："往往被卡住的个案，正是需要我们向内反思、不断追问的时候，也是帮助我们探索性地拓展出其他咨询路径的时候。"

的确，咨询做得越多，就越体会到心理咨询与治疗的不容易。因为，每个生命都是如此的不同，来访者中带有强烈阻抗、沉默少语和很难沟通的人并不少见。每当这时，老师都会对我说："来访者是不可选择的，正因为如此，这也成为了我们在技术能力上拓展和精进的一个职业动力。"

慢慢地我发现，老师在面对不同的来访者时，会采用不同的方法。有时候，我会好奇地问道，老师是哪个流派的？老师微笑着说，她是在存在主义心理治疗框架下，做技术上的整合治疗。由此，我也带着对整合治疗的好奇，从多个视角去解读来访者的故事。

一天，转介来了一位 51 岁的男性，他在双亲去世之后，出现严重的强迫症状。半年来，他已在多地治疗，症状没有缓解。老师从存在主义心理治疗的角度进入咨询，发现其深层原因是死亡恐惧。死亡恐惧会以化妆后的样子表现为各种各样的症状，此时，老师用婉转的方法引入了对于死亡的讨论，结果两周以后强迫症状开始缓解。

从存在主义的视角看，只有揭开死亡神秘的面纱，面对真实的自我，找到问题解决的方法，才能够使疗愈真正发生。

还有一个厌学的 14 岁女孩，一个多月拒绝去学校。在咨询中，老师一直在聆听与探索她生命里的故事，好奇地问她是如何一步步走过来，其间没有提及任何关于学习的事情。但神奇的是，第三次咨询时她开始主动分享与讨论在学习中遇到的一些困扰，以及想要重回学校的计划。

咨询结束后，我急切地问老师，究竟是什么咨询技术让她有了如此大的改变。老师微笑着回应我说，这个案例主要体现着叙事疗法的运用，即放空自己贴近来访者，采用对问题外化和解构的方式，重写和丰厚她生命的故事，使其获得积极的自我认同，促成内在改变的发生。

我越来越感到，心理咨询理论在解决实际问题时是一个十分灵活的过程。比如认知行为疗法，它主要在理性层面工作，帮助来访者修通自己的认知。但是，我发现老师在做一些儿童治疗的时候，就会采用隐喻的方式："如果你在草原上看到一匹黑马，就能够断定草原上所有的马都是黑的吗？也许还有黑白相间的，也许还有棕色的。"

这样一来，枯燥的说理变得生动了，变得容易理解了，也达成了纠正了儿童以偏概全思维的目标。

基于临床实践的复杂性，每一种流派技术都有最适宜的问题和人群，但是，心理医生在实际临床工作中总会遇到各种各样"非典型"的情况，例如，同样是失恋问题，背后隐藏的心理冲突模式可能大相径庭。正如老师所说，不同的心理咨询技术组合就是药物的配方，只有打破理论、流派的界限，因具体问题整合相应的心理咨询技术，才能做到以人为本、而不是以方法为本的心理咨询，因为这不是出于治疗者的需要，而是出于来访者的需要。

潜移默化的成长

作为临床心理研究生，我感到学习心理咨询与治疗的过程，让我对科学研究的理解带来了不曾有的影响。毋庸置疑，临床科学研究的最终目的是服务患者，而心理咨询与治疗是解决心理问题的"最后一公里"，是临床科研课题的来源与科研成果的试金石。

我发现，结合临床的感悟，可以在浩如烟海的文献中整理出自己的研究思路，就像有了灯塔指引的航船，而不再盲目出发。据此，完成的实验设计，会让自己有一种踏实、有根的感觉。有时候来访者的一句主诉或者一个反馈，能够提供一个新的思路，让我进一步去探究，从而会形成一种不断前行的动力。

做实习心理治疗师一年多了，我感觉自己渐渐变了，在为人处世上"柔软"了很多，不仅愿意表达自己的感受，也更能照顾别人的感受。我知道，感受是心灵的语言，也是心灵与心灵沟通的基础，它不仅有自己的温度和色彩，更有心灵独有的智慧。

在心理诊室里，聆听的生命故事越多，我越觉得每个生命都不容易，比如，父母的突然去世，让 8 岁的孩子不得不独自面对人生；相爱至深的人因为伤害性言语，就可能让他们重回孤独；经营了 10 多年的公司，也许会因一个决定而导致负债累累等，而这些都是真实的存在，都是人生历程上的风风雨雨。

我越来越理解老师的话，即，要从每一个生命的角度去看待人性和解读人性。

正如存在主义所揭示的那样，作为抛入到这个世界的生命，每个人都需要面对死亡、孤独、自由和无意义感这四大终极心理冲突。有了这些觉察和思考，我发现在追寻人生目标的同时，对自己、他人、周围的环境都更加宽容，对各种温暖的相遇和相处都更加珍惜。

这就是我所感受到的心理咨询。它是一个完整系统的过程，从诊断评估，到咨询目标确立、方法技术的选择，它既充满理性，也交融着感性。

很喜欢董老师说过的一句话：生命一程，唯有故事！

临床心理学硕士　李诚
2019 年 2 月 19 日于北京

后 记

《接纳不完美的自己》一书，终于与大家见面了，就在此时此刻，撰写这本书时珍藏的记忆又涌现了出来。

感谢我的研究生——郭久亮和李诚。他们在前后 4 年的学习时间里，跟随我参加了临床心理咨询与治疗工作。他们带着对心理咨询职业的执着，对诊室里每一个生命的尊重和关怀，和我一起亲历与见证了生命的相遇，以及心理诊疗室的春夏秋冬。

感谢我的来访者！作为心理医生，我与他们相遇在心理诊疗室，通过心理学架起的桥梁，彼此分享、陪伴与相携相助。正是他们的故事带给我的感动，以及心灵成长与领悟的神奇美好，才点燃激发了我将它们分享出来的心理动力。

如果没有他们的鼎力支持和帮助，就不会有今天这本书的问世。所以，在本书出版之际，再一次感受到生命旅程相伴的珍贵。

我期待，通过分享这些生命故事，每一个人都能从中汲取心灵成长的养分，唤醒潜隐于生命深层的智慧，探索靠近内心本真的自我，并遵循心愿做出人生的选择，助力我们更加珍惜当下，无怨无悔！

生命是一次旅程，愿心理学相伴每一个生命的心灵成长！

董 燕
2019 年 3 月 29 日
北 京